雲南文庫

学术名家文丛

云南文库

学术名家文丛

李文辉学术文选

李文辉　著

云南大学出版社
云南人民出版社

作者简介

李文辉，男，汉族，湖北黄冈人，中共党员。1934 年出生，1950 年参加工作，1996 年退休。在人民解放军空军部队工作 9 年。转业到地方后，曾任中共云南省委宣传部理论处处长，副厅级巡视员，省委写作组组长，省社科联常委，云南大学兼职研究员，中华人民共和国国史学会理事等职。从事宣传工作主要是理论工作四十余年。组织全省干部进行理论教育、理论宣传、理论研究，做了大量工作。撰写机关内部文稿，包括参加省第四、五、六次党代会报告起草，约三百万字。在国家和省级报刊上发表文章一百余篇。有 10 项成果（含合著）分获省政府颁发的社会科学优秀成果一、二、三等奖。1991 年，被评为“云南省劳动模范”。2006 年，被评为“云南省有突出贡献的哲学社会科学老专家”。

总 序

中共云南省委书记 李纪恒

“盖文章，经国之大业，不朽之盛事。”一部承载责任与使命的好作品，必将是一部千古不朽的立言典范，也必将是一部历久弥新的传世教科书。千百年来特别是明代以来，许多贤人君子和名人大家在广袤的云岭大地耕耘、思考和写作，留下了闪光的足迹和丰厚的作品，足以飨及后进，启迪晚辈。在搜集、遴选和整理云南明代以来学术大家、学术名家著作的基础上，由云南宣传部门牵头推出了《云南文库》，这一丛书的面世诚为云南学术研究和出版界之盛事。

编纂《云南文库》是传承云南地域文明、提高云南文化自觉的有益尝试。“七彩云南”这片神奇的土地孕育了对中国乃至世界文明都有重要影响的古人类，造就了云南文化的丰厚积淀，从而构成了博大精深的云南文化艺术宝库。作为中华文化圈、印度文化圈和东南亚文化圈的交汇地，云南自古以来都不缺乏学贯中西的大师和博古通今的大家，从来都不缺乏魅力四射的光辉著作和壮美奇绝的文化遗存。其中，许多学术作品都凝聚了深邃的思想和超凡的智慧，体现了鲜明的地域特色和民族特色，彰显了有云南自身特点的知识谱系和学术传统。今天，我们将历史长河中的明珠拾起，用心记载云南学术史上的灿烂篇章，正是为了守护云南优秀的地域文化，为了汲取进一步繁荣发展云南哲学社会科学的养分和动力，进而筑牢云南文化自信的根基。

编纂《云南文库》是树立云南文化品牌、增强云南文化影响力的重要举措。云南文化是中华文化的有机组成部分，其悠久的历史文化、多彩的民族文化、独特的生态文化、包容的宗教文化，已经成为文化百花园中一枝流光溢彩、香飘四海的奇葩。千百年来，云南学者中英奇瑰伟之士以及众多寓居云南的外省学者念兹在兹，深植于云南沃土，扎根于传统文化，不懈探索、勤奋撰述，留下了一批经得住历史和实践检验的珍贵成果。特别是抗战时期，随着西南联合大学和相关研究机构的到来，昆明一时风云际会，云集了大批我国现代学术史上开宗立派的学术大师和著名专家，云南成为当时中国学术中心之一，诞生了大批学术经典。新中国成立后，云南学术研究取得很大进展，研究队伍空前壮大，学科建设卓有成效，学术成果日益丰硕，推出了一批享誉国内外的学术精品。近年来，《云南史料丛刊》《云南丛书》等一批历史文献和地方文献丛书相继刊印，云南文化的影响力和竞争力不断增强。今天，我们隆重推出《云南文库》，就是要为更多的人了解云南、熟悉云南、研究云南搭建一个平台和载体，为云南的经济社会发展、文化建设、文史学术研究等提供有益的历史借鉴，为在更广领域传播云南文化、打造云南品牌、增强云南软实力创造更好条件。

编纂《云南文库》是保障人民群众的基本文化权益的有效途径。文化建设的根本就是要用健康高雅的艺术、用智慧明辨的思想、用善良温厚的德行启迪人、引导人。编纂《云南文库》一个重要目的是丰富人民群众的精神文化生活、增进人民群众的幸福感。此次收入《云南文库》的著作，涉及哲学、历史、文学、语言、艺术、民族、宗教、政治、军事、外交等诸多方面，包含着丰富的自然、社会和人生哲理知识，体现了高度的人文关怀。阅读这些著作，有助于培育读者自尊自信、理性平和、积极向上的心态，有助于引导人们去发现、享用、珍惜世界和人生之美，能使大众的精神世界得以滋养和美化、人格得以陶冶和熏陶、心灵得以安顿和抚慰、情感得以丰富和升华，从而更好地满足人民群众多层次、多方面、多样性的审美需求。

编纂《云南文库》是推动云南跨越发展的必然要求。云南早在1996年就提出了建设“民族文化大省”的目标，是全国最早提出建设民族文化大省的省份之一。2000年，我省正式确立了“建设绿色经济强省、民族文化大省和中国连接东南亚南亚的国际大通道”的三大目标，把文化事业和文化产业的发展纳入了全省经济社会发展战略的范畴。2009年召开的中共云南省委八届八次全委会，作出了把云南建设成为“绿色经济强省、民族文化强省、中国面向西南开放的桥头堡”的重大决策，把云南文化建设推向了一个新的阶段。2011年11月，云南省第九次党代会进一步明确了科学发展、和谐发展、跨越发展的发展主题，要求更加自觉、更加主动地推动文化大发展大繁荣。当前，云南人民正豪情满怀地沿着建设民族文化强省的道路阔步前行，具有云南特色的文化模式已经也必将进一步焕发动人而耀眼的光芒。我们将以打造《云南文库》等一批社科品牌和文化精品为契机，继承优良传统，发挥优势，突出特色，以面向现代化、面向世界、面向未来的宏大眼光，锐意进取，积极开展学术研究，努力创造出无愧于时代、无愧于人民、无愧于历史的优秀学术成果和文化产品，更好地弘扬以高远、开放、包容的高原情怀和坚定、担当、务实的大山品质为主要内容的云南精神。

《云南文库》最终得以发行，首先是众位先贤心血和智慧的结晶。在此，我们要对创造了云南学术精品并因此而为中华文化做出杰出贡献的学者们表示崇高的敬意！在《云南文库》的编纂过程中，相关编纂单位、出版单位和参加整理的学者，以高度的责任感和使命感，兢兢业业地做好编校和出版工作，正是有了他们的辛勤劳动和精心工作，才有如今的翰墨流芳。在此，我要诚恳地道一声，大家辛苦了！《云南文库》从构想走向现实，离不开众多读者和社会各界人士的支持，我也一并向你们表示诚挚的谢意！同时，衷心希望同志们一如既往地为云南文化建设献智献策，欢迎更多的同仁志士参与到云南文化建设的伟大事业中来！

谨为序。

目　录
Contents

民族问题研究

思想路线与工作重点转移

干部理论教育

历史回眸

文艺随笔

民族问题研究

试论民族问题与阶级斗争

林彪、“四人帮”的极左路线，对边疆民族工作造成了极为严重的破坏。它的突出表现，就是推行“政治边防”的反动方针，大搞阶级斗争的扩大化和绝对化，用“阶级斗争”取代党的民族工作，破坏党的民族政策，对少数民族干部和群众实行残暴的封建法西斯专政。他们这样干时，采取的一个重要手法，就是歪曲、篡改毛泽东关于民族问题的完整论述，特别是肆意曲解“民族斗争，说到底，是一个阶级斗争问题”这一句话，为他们的倒行逆施制造所谓“理论根据”。为了进一步肃清他们的流毒和影响，完整准确地理解毛泽东关于民族问题的思想，弄清民族问题与阶级斗争的相互关系，这里，想就这个问题谈一点看法，作一些探讨。

毛泽东关于“民族斗争，说到底，是一个阶级斗争问题”这句话，见于他在1963年8月8日发表的《呼吁世界人民联合起来反对美国帝国主义的种族歧视、支持美国黑人反对种族歧视的斗争的声明》。通观全篇声明，可以清楚看到，这是针对着特定对象说的，就是引导受到美国帝国主义种族歧视的美国黑人，要透过种族歧视看到阶级压迫的实质，要团结白色人种中占绝大多数的工人、农民、革命的知识分子和其他开明人士，反对白色人种中只占少数的反动统治集团。没有疑义，毛泽东这样精辟地指出资本主义社会种族歧视的阶级实质，是完全正确的，给被压迫民族的革命斗争，指明了方向。毛泽东的这一论断，同列宁所说的“在资本主义制度下，要消灭民族的（和一般政治上的）压迫是不可能的。为此必须消灭阶级，也就是说，要实行社会主义”①，意思是一样的。

① 《列宁全集》第22卷，人民出版社1958年版，第319页。

在分析任何一个社会问题时，马克思主义理论的绝对要求，就是要把问题提到一定的历史范围之内。林彪、“四人帮”对毛泽东的论断的最大歪曲，就是抽去其特定条件，曲解其特定含义，并加以绝对化和凝固化。他们把民族问题等同于阶级斗争问题，把“说到底”歪曲为“斗到底”。从这样的歪曲篡改出发，他们鼓吹在边疆民族地区“要永远绷紧阶级斗争这根弦”，什么都要“以阶级斗争为纲”。在实际行动上，则是全面推行以所谓的“阶级斗争”为全部内容的“政治边防”的反动方针，使党的边疆民族工作遭到严重破坏，使少数民族人民遭受空前浩劫。

这里让我们看看林彪、“四人帮”一伙是怎样在“阶级斗争”的幌子下，在云南边疆民族地区推行“政治边防”的反动方针的，它造成了什么样的严重后果。

云南是一个多民族的省份。新中国成立以来，在党的民族政策的指引下，各级党组织做了大量工作，取得了民主改革和社会主义革命、社会主义建设的伟大胜利，使千里边疆发生了巨大变化。可是，林彪、“四人帮”一伙却全盘否定“文化大革命”前民族工作所取得的成绩，诬蔑云南“民主改革不彻底”，“阶级斗争盖子没有揭开”，是什么“礼貌边防，修正主义边防，和平过渡的边防”，胡说“文化大革命”前云南的民族工作是搞阶级调和，不是搞阶级斗争，把云南省委在“文革”前从实际出发，正确地贯彻党的路线和民族政策所采取的方针、政策、措施，统统扣上“修正主义”的大帽子，概括为“边疆特殊论”、“民族落后论”而大批特批。他们拚命夸大云南边疆民族地区的“敌情”。说什么“阶级敌人太多了”，“要像挖山药蛋一样一窝一窝地挖”；甚至认为少数民族干部和群众都是不可信任的，派遣大批内地的汉族干部和内地汉族贫下中农组成“贫宣队”，去边疆民族地区越俎代庖、包办“阶级斗争”。他们破坏党的统一战线政策，不分青红皂白地打击迫害民族上层，诬蔑党对民族上层采取的争取、团结、改造的政策是什么“阶级调和”、“阶级投降”。全省许多有影响的民族上层人士，遭受到他们严重的迫害。他们在推行“政治边防”和“划线站队”中，颠倒敌我关系，残酷地迫害打击少数民族干部和群众，制造了大量的冤案、假案、错案，并且在边疆民族地区搞重划阶级、第二次土改和“削尖”运动，对少数民族干部和群众的迫害进一步升级。补划所谓漏网地富时，依据的不是剥削关系而是生活富裕的程度，自行规定时间界限是什么“既要看解放前三年，又要看解放后三年，更要看‘文化大革命’开始后的近三年”。就是说，在这前前后后九年间，谁的生活富裕到冒了“尖”，就要补划为“地富”，没收“浮财”，削掉“冒尖”。他们阻挠和破坏民族地区的经济文化建设，说什么“边疆光提高文化，搞生产，离开了政治，离开了阶级斗争，怎么行?”，“有些事可慢慢搞，政治上的要快点抓”，竟把省委过去认真抓民族地区的生产、生活的正确做法，诬蔑为“典型的修正主义”，大张挞伐。在他们的“阶级斗争”的冲击下，我省边疆民族地区的经济、文化建设遭到严重破坏。

凡此种种，都说明林彪、“四人帮”一伙在边疆民族地区搞的“阶级斗争”，是无事不斗，无处不斗，无时不斗。各族干部和群众，被斗得人人自危，民不聊生。很明显，他们搞的“政治”，是封建法西斯极端反动的政治；他们搞的“阶级斗争”，是反抗社会主义革命和敌视、破坏社会主义建设的反动社会势力向无产阶级和各族劳动人民的斗争。他们就是要通过这种反动的阶级斗争，大搞历史上反动统治阶级的民族歧视、民族压迫和强制民族同化那一套，推行大汉族主义，制造民族分裂，破坏民族团结，破坏我国的社会主义边防，妄图使民族地区重新出现旧中国那种分崩离析的局面。这是他们篡党夺权的整个阴谋活动的重要组成部分，目的是颠覆人民民主专政，建立封建法西斯专政。

林彪、“四人帮”一伙在边疆民族地区推行极左路线，大搞阶级斗争扩大化，既然是以曲解毛泽东的论断为手段的，这就向我们提出了一个问题：对“民族斗争，说到底，是一个阶级斗争问题”，究竟应当怎样理解？它可以在什么意义上和什么范围内用来指导边疆民族工作？具体说，这涉及到以下四个问题：

一、怎样正确看待民族问题和阶级斗争的关系

民族问题和阶级斗争，是既有联系，又有区别的，这要作历史的、具体的分析。不用阶级分析的观点看待民族问题，是错误的；把民族问题等

同于民族斗争、阶级斗争，也是错误的。

马克思主义把阶级斗争学说引入民族问题领域，科学地揭示了民族压迫、民族斗争的根源是私有制，是阶级压迫制度。在阶级社会里，民族决不是一个利益完全一致的整体，民族内部一般都存在阶级对立。一个民族对另一个民族的压迫，实质上也是阶级压迫。马克思和恩格斯指出："现存的所有制关系是造成一些民族剥削另一些民族的原因。"① 占有生产资料的剥削阶级，不以压迫和剥削本民族劳动人民为满足，总是竭力去压迫和剥削别的民族，这样就产生了民族压迫。历史上封建统治阶级常常发动征服异民族的战争，掠夺它的土地和财物，强迫它缴纳贡赋，奴役它的人民。资本主义以更加残酷的手段压迫和奴役更多的民族，甚至用灭绝殖民地人民的办法实行资本的原始积累。到了帝国主义时代，民族殖民地问题，是帝国主义国家的垄断资产阶级对全世界被压迫民族争夺和瓜分造成的。所谓民族压迫，实质是帝国主义、压迫民族的剥削阶级，压迫被压迫民族。既然有民族压迫，就必然有反抗民族压迫、争取民族解放的斗争。这种民族斗争，是阶级斗争表现的一种形式。全世界无产者和各被压迫民族的共同任务，就是要团结起来，组成最广泛的统一战线，为消灭殖民主义、霸权主义、帝国主义而斗争。正是在这个意义上，马克思主义认为民族问题是无产阶级革命总问题的一部分。鉴于历代反动统治阶级为了巩固他们的反动统治，总是竭力挑拨民族关系，制造民族矛盾，用民族矛盾来掩盖阶级矛盾，革命导师运用阶级观点、阶级分析方法，透过民族斗争，指明阶级斗争的实质，这是具有十分重大意义的。

但是，用马克思主义的阶级观点、阶级分析方法来研究民族问题，并不是说民族问题就等于阶级问题，或者全部只是阶级问题。这里，有必要把民族问题和民族斗争加以区别。我们知道，民族斗争是阶级对立、阶级压迫造成的，根源于剥削压迫制度。因而民族斗争是在一定历史阶段出现的现象，可以随着无产阶级革命的进程，在不很长的时期内得到基本解决。而无产阶级革命所要解决的，不仅仅是这种反映了尖锐阶级对抗的民族斗争，而且还要解决范围更加广泛、内容更加复杂的长期存在的民族问

① 《马克思恩格斯选集》第1卷，人民出版社1972年版，第287页。

题。斯大林说："民族是人们在历史上形成的一个有共同语言、共同地域、共同经济生活以及表现在共同文化上的共同心理素质的稳定的共同体。"① 这就是说，一个民族内部，不论有什么样不同的阶级状况，都存在着很多的共同性；而不同的民族之间，在语言、文化、经济生活以及心理素质等等方面，必然存在着很大的差别。这种民族差别，由于历史上复杂的原因，也会形成为民族隔阂和民族矛盾。列宁指出，民族差别就是在无产阶级专政在全世界范围内实现以后，也还要保持很久很久。这就是说，即使无产阶级革命在全世界范围内取得胜利，民族内部的压迫剥削制度废除之后，反映在各民族之间经济、文化发展的不平衡，以及民族语言文字、风俗习惯差别等方面的民族问题仍将长期存在。我们不能把民族问题同民族斗争等同起来，更不能把民族问题同阶级斗争等同起来。

林彪、"四人帮"对毛泽东论断的歪曲，就在于他们偷换了民族斗争与民族问题这两个内涵不尽相同的概念，把一切民族问题都等同于民族斗争，把民族问题都说成是对抗性的阶级矛盾。他们在边疆民族地区就是按照这样的逻辑，推行他们的"政治边防"的反动方针的。

二、怎样估量现阶段我国的民族斗争和阶级斗争

对于民族斗争和阶级斗争，决不能看成是固定不变的。如同任何客观矛盾一样，阶级斗争和民族斗争也是生动、可变的，有它发生、发展和解决的过程。在民主革命胜利以后，特别是在民主改革和生产资料所有制的社会主义改造基本完成以后，随着社会主要矛盾的变化，阶级斗争和民族斗争的情况也发生了质的变化。这里，我们就考察一下随着社会主要矛盾的变化从而引起的阶级斗争形势的变化，又怎样带来了民族斗争状况的变化。

就云南来看，民主改革以前，民族之间的矛盾和民族内部的阶级斗争是十分尖锐复杂的。解放初期，流窜在边疆民族地区的国民党军队残部和

① 《斯大林选集》上卷，人民出版社1979年版，第64页。

土匪有12万余人。民族内部的剥削阶级和剥削制度还没有触动，民族隔阂还没有消除，民族矛盾和阶级矛盾交织在一起。这个时期的工作重点，当然应当主要抓阶级斗争。首先在清剿国民党军队残部和土匪的同时，大力疏通民族关系，消除民族隔阂。在这个基础上，根据各民族不同的社会发展情况，采取不同的方法和步骤，解决民族内部的阶级压迫剥削这个主要矛盾。民主改革和合作化以后，情况就大不相同了。国民党军队残部和土匪已经肃清，一部分流窜境外，已不构成严重威胁。全省的少数民族聚居区已建立起8个自治州、11个自治县；人口很少和散居各地的少数民族，也分别建立了民族乡或者有相当名额的代表参加了当地政权机关工作。各民族人民都获得了政治上当家做主和民族平等的权利。各民族之间，特别是汉族和少数民族的关系大为改善。除了这些以外，作为估量民族地区阶级斗争形势主要根据的民族内部的剥削阶级和剥削制度的状况，也发生了根本性的变化。经过民主改革，民族地区的剥削阶级，已经不掌握基本的生产资料了。他们拥有的各种特权也被废除了。可以说，民族地区原来完整意义上的剥削阶级和剥削制度已经基本上被消灭了。由于对民族上层采取了争取、团结、改造的正确政策，他们中的绝大多数人不但在大势所趋的情况下接受了民主改革，而且提高了认识，愿意跟共产党走社会主义道路，逐步改造成为自食其力的劳动者。事实证明，民主改革以后至今20多年，即使是在“文化大革命”时期，虽然客观上为一切反动势力的活动造成了有利条件，但是，除个别人以外，绝大多数民族上层人士并没有乘机起来搞反党反社会主义活动。总之，在民主改革和生产资料所有制的社会主义改造基本完成以后，阶级状况和阶级斗争形势已经发生了根本变化，作为阶级的奴隶主阶级、农奴主阶级和地主阶级已经消灭。阶级矛盾已经不是民族地区的主要矛盾，大规模的、急风暴雨式的群众阶级斗争已经过去了。

这种阶级斗争形势的巨大变化，影响和决定了民族斗争状况的根本变化。马克思和恩格斯在《共产党宣言》中指出：“人对人的剥削一消灭，民族对民族的剥削就会随之消灭。民族内部的阶级对立一消失，民族之间的敌对关系就会随之消失。”① 列宁也指出：“无产阶级把资本主义改造成社会主义之后，就会造成完全铲除民族压迫的可能。”剥削阶级和剥削制度一经被推翻，代之以社会主义制度，产生民族压迫、民族斗争的主要根源便基本消除了。这就决定了民族关系中的主流和总的趋势，必定是民族平等代替民族歧视，民族团结代替民族斗争。这就是说，基于阶级剥削、阶级压迫制度和尖锐阶级对抗的原来意义上的民族斗争，已经基本解决了。

当然，边疆民族地区在民主改革和社会主义改造基本完成以后，阶级斗争还没有结束。不过，这种阶级斗争已不同于过去，它是一种特殊形式的阶级斗争。在一定情况下，这种特殊形式的阶级斗争也会反映到民族问题上来，也可以说还存在某些民族斗争的特殊的、残余的现象。今天还存在极少数民族分裂主义分子，国际上的阶级斗争也会反映到国内民族问题上来；干部和群众中也还存在着可以为国内外敌对势力挑拨民族关系利用的大汉族主义和地方民族主义思想；目前林彪、“四人帮”在民族地区推行的封建法西斯的反动民族政策的流毒也还没有肃清。这些都是我国民族地区出现民族斗争的特殊的、残余的现象的原因，但是这种现象具有局部的、暂时的、非主流的特点，决不能夸大它的范围和影响。而且还要看到，这种民族斗争的特殊的、残余的现象，往往会同人民内部由于民族差别引起的民族问题交织在一起，出现错综复杂的情况。我们应当把这两个不同的问题严格地区别开来。对于阶级斗争问题，我们必须对极少数罪行昭著、证据确凿的敌对分子依法加以惩处；对人民内部问题，则应当按照正确处理人民内部矛盾的原则和方法加以解决。我们决不能采取那种把阶级斗争扩大化的极左做法，把本来不是阶级斗争的问题武断地认定为阶级斗争问题，把许多本来属于人民内部矛盾的问题误指为敌我性质的问题，结果把人民群众当作阶级斗争和“全面专政”的对象，导致混淆两类不同性质矛盾的错误。

在社会主义条件下，民族斗争虽已达到基本的解决，但是，民族问题还存在。它基本上都是劳动人民的问题，经常地、大量地表现出来的更是

① 《马克思恩格斯选集》第1卷，人民出版社1972年版，第270页。

属于人民内部的矛盾。如各民族大家庭的国家和各个民族的关系问题，中央和自治地方的关系问题，自治地方内的大民族和其他少数民族的关系问题，各民族经济文化发展不平衡问题，先进与落后的问题，不同民族成员的领导和被领导的关系问题，等等。至于各民族的语言文字、风俗习惯、文化形式、心理素质等等民族差别问题，则将长期存在。这些都只能用处理人民内部矛盾的方法去解决。

三、在民族地区开展阶级斗争要不要从实际出发

马克思主义关于阶级、阶级矛盾和阶级斗争的学说告诉我们，阶级是一个经济概念，是有严格的科学含义的。列宁明确指出："所谓阶级，就是这样一些集团，由于它们在一定社会经济结构中所处的地位不同，其中一个集团能够占有另一个集团的劳动。"① 阶级是随着社会分工的产生和发展以及生产资料私有制的出现而产生的。阶级的存在仅仅是和社会发展的一定历史时期联系着的。

显然，在民族地区正确地开展阶级斗争的一个最基本的要求，就是要对民族地区的社会经济结构和阶级构成以及各民族社会历史的不同特点，进行实事求是的具体分析，坚持从实际出发。由于民族地区原来的社会发展状况既区别于内地汉族地区，而且各民族之间也有很大差异，因而斗争的任务、策略和方式方法都应当有所不同。这是我们必须切实遵循的原则。

拿云南民族地区来说，民主改革以前各民族社会经济发展是极不平衡的。傣、拉祜、哈尼等民族约160万人口的地区，基本上进入了封建领主经济；小凉山7万人口的彝族地区处于奴隶社会；傈僳、景颇、佤、基诺等民族约60万人口的地区，还保留着比较浓厚的原始公社残余。从这些极不相同的实际情况出发，我们采取了不同的政策和方式进行民主改革。对于内地少数民族地区，由于情况同汉族地区基本相同，地主多为汉族，

① 《列宁全集》第29卷，人民出版社1956年版，第383页。

基本上采取了和汉族地区一样的土地改革方式，只是比汉族地区缓和一些；对于介乎内地与边疆之间的地区，采取了“缓冲区土地改革方法”，规定只没收地主的土地，斗争方式也比较缓和；对于边疆已进入阶级社会的民族地区，因为民族隔阂较深，各民族都有自己的政治、经济制度，而且地接国境，改革的每一措施，都对各方面发生深远的影响，因此，采取了和平协商土地改革的方式，即依靠农民群众，团结民族上层领袖人物，用和平协商的方式，达到消灭剥削制度和剥削阶级的目的；对于保留着原始公社制残余的边疆民族地区，则采取了直接过渡的方式，即不把土地改革当作一个群众运动来进行，不划阶级，不重分土地，而是团结一切劳动人民，团结和改造一切与群众有联系的公众领袖人物，在国家的大力帮助下，通过互助合作的道路，直接过渡到社会主义，在发展生产和互助合作过程中，逐步消除某些剥削因素和落后因素。

实践证明，以上这些做法，坚持了实事求是、一切从实际出发的基本原则，按照解决民族问题的客观规律办事，是正确的。经过民主改革和社会主义改造，云南民族地区推翻了剥削制度和剥削阶级，引导各民族人民走上了共同的社会主义道路。这就达到了在民族地区开展民主改革的根本目的。完成民主改革的 1956 年当年，全省民族地区农业增长 10% 以上，整个边疆政治稳定。周恩来 1956 年 5 月 3 日传达毛泽东的指示时提到，“云南和平土改实现了”，对我省的工作给予了肯定。林彪、“四人帮”一伙大肆攻击云南“民主改革不彻底”，那是因为他们根本不管千差万别的实际情况，从固定的概念和假想的敌情出发，拿起棍子瞎斗一气，有阶级敌人要斗，没有阶级敌人也要斗。他们甚至要到穴居野处的苦聪人中间去寻找“剥削阶级”和“阶级敌人”，没有，也得“制造”出来。天底下还有比这更荒唐的事吗?

为了正确理解民族地区的阶级斗争问题，还有必要澄清一下对待民族上层问题的是非。林彪、“四人帮”一伙诬蔑我们“不抓阶级斗争”，最重要的一条，就是所谓对民族上层实行“阶级调和”，搞“投降主义”。这个是非的大颠倒必须重新颠倒过来。对待民族上层采取争取、团结、改造的政策，在边疆民族地区的民主改革中，采取和平改革的方式，这是我们党根据这些地区的实际情况确定的。在我国的具体条件下，少数民族中的上层人士具有两个方面的特点。一方面，他们是剥削者。他们同劳动人民之间的矛盾有对抗性的一面，他们所代表的剥削阶级和剥削制度，必须经过社会改革（包括民主改革和社会主义改造）加以消灭，这是民主革命和社会主义革命所规定的根本任务，是不允许动摇的。另一方面，由于历代反动统治者，特别是国民党反动派勾结帝国主义，推行大汉族主义和民族歧视、民族压迫的反动政策，少数民族的上层人士同他们之间也有矛盾。这些上层人士中的大多数有能够接受共产党领导的一面。而且，在民族关系上，部分的还在宗教关系上，他们同劳动人民有一定的联系，成为本民族的公众领袖。在一部分少数民族中，这种公众领袖还有很大的影响。我们党要疏通民族关系，联系和团结少数民族人民群众，不能不首先做团结民族上层的工作。正是基于对民族上层的两个方面情况的全面分析，基于对民族地区阶级矛盾和民族矛盾错综复杂地交织在一起的实际情况的具体分析，我们党立足于依靠少数民族中的基本群众即广大的劳动人民，对民族上层实行争取、团结、改造的政策，在民主改革中，通过和平协商方式说服他们放弃剥削；同时，国家采取适当办法保证不降低他们的政治待遇和生活水平。这样做，决不是放弃阶级斗争，决不是什么“阶级调和”，而是阶级斗争的一种特殊形式，即依靠劳动人民，团结一切可以团结的力量，采取逐步的迂回曲折的方法达到民主革命和社会主义革命的目的。实际上，团结上层是为了更好地团结和发动群众，消灭剥削阶级和剥削制度。这里面，某些必要的、合理的让步，是有积极意义的。它并不妨碍革命任务的完成，而且有利于民族团结，边疆稳定，有利于统一战线的巩固和扩大，归根结底，是对无产阶级和劳动人民有利的。林彪、“四人帮”一伙对这些正确方针的攻击，说明他们对马克思主义是一窍不通的。

四、在民族地区开展阶级斗争能不能脱离生产斗争

阶级斗争和生产斗争是紧密联系的。无产阶级政党领导人民群众开展阶级斗争，正是为了变革旧的生产关系，扫除发展生产力的障碍，促进生产力的发展。生产力不断提高，又能有效地巩固阶级斗争的成果，巩固社

会主义制度。无产阶级夺取政权以后，特别是在完成生产资料所有制的社会主义改造以后，社会主义的生产关系和上层建筑取代了旧的生产关系和上层建筑，它同生产力、经济基础是基本适应的，为生产力的发展开辟了广阔的道路。这时，保护和发展生产力，加强社会主义的经济基础，已上升为社会基本矛盾的主要方面。因此，无产阶级政党的根本任务，就是要顺应生产力发展的要求，自觉地利用社会主义制度的优越性，把自己的工作重心转到经济建设方面来，把生产斗争放到首要的位置，把低下的生产水平提高到现代化水平，从而在生产发展的基础上逐步改善人民的生活。对于还存在的阶级斗争问题，对于生产关系和上层建筑的某些方面或环节同生产力不相适应、妨碍实现四个现代化的问题，对于不利于现代化建设的旧习惯势力，当然也要注意解决。但是，解决这些问题的目的，仍然是为了扫清障碍，更好地促进生产力的发展。民族地区在民主改革完成以后，毫无疑问，应该把生产斗争作为根本任务和工作中心。在全党实现工作着重点转移的今天，四个现代化已经成为全国的大局，成为当前和今后一个相当长的历史时期内最大的政治，发展民族地区的经济文化建设，特别是把农、林、牧业迅速搞上去更要作为一项重要任务提出来。这样做，是改变民族地区原来的经济、文化落后状况的需要，也是发展整个国民经济，实现四个现代化的迫切需要。林彪、“四人帮”一伙鼓吹民族地区只能搞阶级斗争，不能搞生产斗争，说什么经济建设“可慢慢搞，政治上的要快点抓”，完全是反马克思主义的谬论。

在民族地区积极发展经济、文化建设，还有其特殊的意义，这就是关系到能不能实现各民族事实上的平等。我国革命取得胜利以后，实行民族区域自治，各民族在政治上获得了平等地位，这有极重大的意义。但是毕竟还存在着由于历史上的原因造成的事实上的不平等。由于有些民族经济上和文化上十分落后，有的甚至没有工业，没有自己的工人阶级，这样，就不能充分享用民族权利平等给它们的权利和可能。它们得不到外来的真正而长期的帮助，就不能较快地得到发展，因而也不能赶上走在前面的民族。斯大林认为，“事实上的不平等仍然是一切不满和摩擦的根源”①。这

① 《斯大林全集》第5卷，人民出版社1957年版，第201页。

也是很清楚的。如果一些民族经济、文化很发达，生活很好，一些民族经济、文化很落后，吃不上饭，穿不上衣，很多人是文盲，民族平等、民族团结就是不巩固的，那肯定会滋长不满情绪，增加民族隔阂，加深民族矛盾。怎样实现各民族事实上的平等呢？就是要帮助少数民族发展经济文化建设。斯大林说："胜利了的先进民族的无产阶级必须帮助，真正地和长期地帮助落后民族的劳动群众发展文化和经济，帮助他们提高到高级发展阶段，赶上走在前面的民族。没有这种帮助，就不可能建立为社会主义最终胜利所十分必需的不同民族和部族的劳动者在统一的世界经济范围内的和睦共处和兄弟合作。"① 在这里，斯大林又把帮助少数民族发展经济文化、实现事实上的平等，同"社会主义的最终胜利"联系起来，强调了它的政治意义。

毛泽东十分重视少数民族地区的经济文化建设。他在《论十大关系》一文中指出："我们要诚心诚意地积极帮助少数民族发展经济建设和文化建设。"在1963年9月27日作出的对新疆工作的6条指示中，他又把"做好经济工作"列为第一条，要求民族地区"农业、畜牧业、工业要一年比一年发展，经济要一年比一年繁荣，人民生活要一年比一年改善"。可见，毛泽东关于在民族地区必须开展生产斗争的思想是十分明确的。值得注意的是，毛泽东的这个指示，同关于"民族斗争，说到底，是一个阶级斗争问题"的论断，是在相差仅一个月的时间先后作出的，是从两个侧面来阐述解决民族问题的同一个基本思想。我们应当把两个论断联系起来完整地领会，决不能把阶级斗争和生产斗争对立起来，得出民族地区生产建设无足轻重的错误看法。

林彪、"四人帮"一伙，把自己打扮成"捍卫"马列主义、毛泽东思想的"英雄"，实际上是明目张胆地割裂马列主义、毛泽东思想的完整体系，无耻地背叛了马克思主义的民族学说和历史唯物论原理。他们把阶级斗争和生产斗争割裂开来，对立起来。在他们看来，似乎阶级斗争和生产斗争是互不联系、互不相容的。讲阶级斗争就是"马克思主义"，讲生产斗争就是"修正主义"，甚至公然主张"政治可以冲击其他"、"阶级斗争

① 《斯大林全集》第5卷，人民出版社1957年版，第47页。

就是一切”。正因为如此，他们极力反对边疆民族地区发展生产，发展经济。他们就是要让边疆民族地区永远落后，要让各族人民永远贫困，喝着西北风去搞“阶级斗争”。他们这一套反动透顶的说教，必须彻底埋葬。

林彪、“四人帮”歪曲篡改毛泽东关于“民族斗争，说到底，是一个阶级斗争问题”的论断，把民族问题同民族斗争等同起来，把民族问题同阶级斗争等同起来，并以此为依据，在民族地区大肆推行封建法西斯专政，流毒极广，危害极大，必须坚决拨乱反正，正本清源。当前，我们要努力把各民族人民的思想统一到党的十一届三中全会精神上来，动员各族人民打好四个现代化的第一个战役。而要做到这一点，就必须坚持实践是检验真理的唯一标准，进一步肃清林彪、“四人帮”的极左流毒，端正思想路线，继续解放思想，调动一切积极因素，把经济文化建设迅速搞上去，使社会主义边防的巩固有更加雄厚的物质保证，使边疆各族人民在实现祖国四个现代化中做出更大的贡献！

（原署名中共云南省委写作小组，载《民族团结》1979 年第 5 期）

论民族问题的实质

一、问题的提起

1962年，统战部门曾开展政策思想检查，批判统战、民族、宗教工作中的所谓“投降主义、修正主义路线”，先是不点名，后来又点名批判李维汉。这个错误的批判，否定了新中国成立以来民族工作的巨大成绩和党在民族工作中的一系列正确的理论和政策，用一套“左”倾理论和政策取而代之，其基本点，就是提出了没有时间、地点、条件限制的“民族问题的实质是阶级问题”的普遍命题。当时，有人在报刊上撰写文章，宣扬民族问题的实质不管在任何时间、任何条件下都是阶级问题，说它是“观察和处理民族问题的一条马克思列宁主义原理”，并武断地说民族工作之所以出现错误，“主要是不懂得民族问题的实质是阶级问题这一条马克思主义的原理”。这种“左”的观点在当时就造成了相当的混乱，对实际工作和干部思想产生了不良的影响。

“文化大革命”中，林彪、“四人帮”把这种“左”倾的观点加以恶性发展，推向极端，成了在民族问题上推行极左路线的基本理论纲领和政治纲领。他们赤裸裸地鼓吹民族问题的实质就是阶级斗争的问题，而这种阶级斗争又都是对抗性的敌我矛盾，从而把民族问题和阶级斗争完全等同起来。他们以此作为理论的根据，大力推行“政治边防”的反动方针，大搞阶级斗争的扩大化和绝对化，用“阶级斗争”取代党的民族工作，践踏党的民族政策，破坏各民族的大团结，对少数民族干部和群众实行残暴的封建法西斯专政，制造了数不清的冤假错案，造成了一场空前的浩劫。

积30年民族工作的实践经验，使我们认识到，怎样看待民族问题的实质，不是一件小事。正确地抓住实质，是制定正确的方针政策的基础和前提，是把民族工作不断引向胜利的重要保证；反之，那就必然南其辕而北其辙，把民族工作引到邪路上去。

那么，民族问题的实质究竟是由什么来决定的呢？它是凝固不变的还是生动可变的？当前我国民族问题的实质又是什么呢？

我们认为，民族问题和阶级问题，是既有严格区别而又密切联系的两个概念。从人类历史的漫长过程来说，民族问题和阶级问题都是一定历史范畴的产物，两者都有从产生、发展到归于消失的过程。但它们发展的具体情况则是不同的。民族问题的过程，远较阶级问题要长远得多。阶级出现以前就有民族存在，阶级消亡以后，民族还会存在很长的时间。这说明民族问题不止是阶级问题；但在剥削阶级统治的阶级社会里，民族问题总是主要通过阶级问题而表现出来的。在一个国家内，剥削制度和剥削阶级被消灭以后，民族问题的具体内容则发生根本性的变化。这就是社会主义国家里民族问题的新概念。民族问题与阶级问题的区别，是在于：民族问题是属于各民族之间的关系问题，因此，就民族之间的矛盾、差别来考察，它是一个独立的问题，更不止是一个阶级问题。阶级问题，则主要是指民族内部不同阶级之间的关系问题。但阶级存在，主要是剥削阶级存在，民族问题又必然和阶级问题相联系，也无法离开阶级问题而求得民族问题的最终解决。这是因为：阶级存在，就必然在民族之间产生民族压迫；民族内部，必然存在阶级压迫。因此，必须推翻民族压迫和阶级压迫，才能实现各民族的平等和解放。消灭民族压迫和阶级压迫，这是解决民族问题的第一步，而最终地解决民族问题，实现各民族的大融合，则还有待于消灭历史上遗留下来的各民族经济、文化上事实上的不平等，极大地促进各民族的繁荣昌盛。这需要一个很长很长的历史过程。这是我们对于民族问题和阶级问题的关系的一个总的看法。

二、民族问题的实质是由社会主要矛盾及其矛盾的主要方面所规定和制约的，在不同的历史时期有不同的内容

各民族的存在，多数是千百年历史形成的。在人类社会发展的长期过程中，逐渐形成了有共同语言、共同地域、共同经济生活以及表现于共同文化上的共同心理素质的稳定的共同体，这就是我们通常所说的民族。民族的形成和发展，是为社会生产和社会制度所制约的。因此，当我们研究民族问题的实质即根本的、主要的实在内容以及与其他事物的内部联系的时候，就需要联系整个社会问题加以考察。

在剥削阶级统治的阶级社会里，剥削阶级同劳动人民的阶级矛盾，是社会的主要矛盾，剥削阶级处于矛盾的主要方面，取得支配的主导的地位。这种情况，决定了民族问题的实质是阶级和阶级斗争问题。这是因为，一方面，阶级是存在于民族之中的，每个人既属于一定的阶级，也属于一定的民族。阶级矛盾反映到民族问题上，那就是民族内部存在着尖锐的阶级对立。民族包括两部分人，一部分是上层、剥削阶级；百分之九十以上是工人、农民、小资产阶级，没有这些人就不能组成民族。阶级的划分是比民族的划分更为深刻的划分。民族内部的阶级对立给予民族内部的其他问题以深远的影响。另一方面，占有生产资料和拥有政治权力的剥削阶级，从来不以压迫和剥削本民族劳动人民为满足，总是竭力去压迫和剥削别的民族，这样就产生了民族压迫。民族压迫是阶级社会里民族问题最突出的表现。所谓民族压迫，并不是一个民族的全体去压迫另一个民族的全体，而只是压迫民族的剥削阶级，勾结被压迫民族中的剥削阶级，去压迫被压迫民族的劳动人民。因此，各民族的劳动人民，是命运相同的阶级兄弟；各民族的剥削阶级，是各民族劳动人民的共同敌人。既然有民族压迫，就必然有反抗民族压迫、争取民族解放的斗争，这种民族压迫和民族斗争是阶级斗争表现的一种形式。历代反动剥削阶级为了维护自己的统治

和利益，总是打着“民族”的旗号，用“民族利益”来掩盖民族压迫的阶级实质，因而它比一般情况下的阶级斗争更为复杂，不易为人们所认清。革命导师们运用阶级观点、阶级分析的方法，去观察剥削阶级统治的阶级社会里的民族问题和民族斗争，拨开迷雾，指明了它的阶级和阶级斗争的实质。马克思和恩格斯在《论波兰》一文中就明确指出：“现存的所有制关系是造成一些民族剥削另一些民族的原因。”毛泽东在支持美国黑人斗争时也说：“民族斗争，说到底，是一个阶级斗争问题。”这些有特定内容的论断，是符合客观实际的，完全正确的，给被压迫民族的革命斗争指明了前进的方向。

在剥削阶级统治的阶级社会里，虽然民族问题的实质是阶级和阶级斗争问题，但由于不同社会的主要矛盾不同，这个共同实质的具体内容却是不相同的。我国解放以前是半殖民地半封建的社会，国情特殊，帝国主义、封建主义、官僚资本主义同中国人民的矛盾，是社会的主要矛盾，它决定了当时中国的民族问题有不可分离的两重性质：一方面要反对国外的共同敌人——帝国主义，消灭帝国主义对中华民族的压迫；另一方面要反对国内的共同敌人——封建主义和官僚资本主义，消灭国内的民族压迫制度。由此可见，在不同的历史时期和不同的历史条件下，民族问题具有和各该历史时期的主要矛盾相适应、和革命性质相适应的不同的性质和任务。斯大林说得好：“民族问题不能认为是什么独立自在的、一成不变的问题。民族问题只是改造现存制度总问题的一部分，它完全是由社会环境的条件、国家政权的性质并且一般地是由社会发展的全部进程决定的”，民族问题和民族运动“随着革命的进程和结局而迅速和明显地改变自己的内容”。①

① 《斯大林全集》第4卷，人民出版社1956年版，第140页。

三、社会主义时期国内民族问题的实质是消灭各民族间经济、文化上事实上的不平等

社会主义时期国内民族问题的实质已经不是阶级问题。坚持所谓“民族问题的实质是阶级问题”的说法是错误的。它之所以错误，就在于无视发展变化了的情况，用一种僵化的观点对待民族问题，作出了根本不符合实际的估计。

经过民主改革和社会主义改造，我国已经消灭了封建剥削制度和资本主义的剥削制度，改造了小生产制度，社会主义制度确立了自己的稳定的统治。作为阶级的地主阶级、富农阶级已经消灭，资本家阶级已经不再存在。阶级斗争还没有结束，但今后再不需要也再不应该进行大规模的急风暴雨式的群众阶级斗争。阶级斗争已经不是我国社会目前的主要矛盾。现在，我国的生产发展水平还很低，远远不能满足人民和国家的需要。努力实现四个现代化，把我国目前很低的生产力水平迅速提高到现代化水平，为此而改革目前生产关系和上层建筑中那些妨碍实现四个现代化的部分，这就是我国现阶段所要解决的主要矛盾，也就是全国人民在现阶段的中心工作。

同国内整个阶级状况和社会主要矛盾的变化相联系，民族地区的阶级和阶级斗争状况也发生了深刻的变化。新中国成立以后，党和国家废除了民族压迫制度，实现了各民族在政治上的平等的联合，民族区域自治的普遍推行，使各民族人民第一次当家做了主人。民族关系大为改善，民族团结大大增强，作为国家领导阶级的工人阶级和各少数民族人民的联盟越来越巩固。20 世纪 50 年代，民族地区先后完成了民主改革和社会主义改造，逐步消灭了剥削制度和剥削阶级，原来处于不同的社会发展阶段的各族人民都走上了社会主义道路。这一切，表明了一个确凿的事实：阶级矛盾已经不是民族地区的主要矛盾了。

全国包括民族地区在内的这种阶级状况和社会主要矛盾的深刻变化，

具有划时代的意义。各民族劳动人民，不但有史以来第一次实现了由被统治地位到统治地位的转化，而且在完成消灭阶级，向无阶级的共产主义过渡的历史使命方面，迈出了有决定意义的一步。如果不是持着形而上学观点，如果具有起码的实事求是精神，那就理应认识到，这种情况不能不引起民族问题实质的历史性的变化。马克思和恩格斯在《共产党宣言》中说："人对人的剥削一消灭，民族对民族的剥削就会随之消灭。民族内部的阶级对立一消失，民族之间的敌对关系就会随之消失。"列宁在《关于自决问题的争论总结》中也指出："无产阶级把资本主义改造成为社会主义之后，就会造成完全铲除民族压迫的可能。"我国国内包括民族地区的剥削制度和剥削阶级一经消灭，代之以人民民主的社会主义制度，产生民族内部的阶级对立和民族压迫、民族斗争的主要根源便基本消除了。今天，各民族间的关系都是劳动人民之间的关系。这是一种平等、互助、团结、友爱的新型的社会主义民族关系。显然，当前我国民族问题的实质，已经不是阶级和阶级斗争问题。诚然，我国阶级斗争还没有结束，国内阶级斗争又往往同国际阶级斗争密切联系着，在一定的条件下，这种阶级斗争有反映到民族问题上来的可能。但是，这种阶级斗争是一种特殊形式的阶级斗争，决不能夸大它的范围和影响，它不是当前民族问题的主流和实质。如果继续坚持"民族问题的实质是阶级问题"的观点，那势必混淆两类不同性质的矛盾，重犯阶级斗争扩大化的错误，而且必然要给内外敌人以可乘之机。

当前我国民族问题的实质是什么呢？可以明确地回答，就是要消灭各民族经济和文化上事实上的不平等。这是由当前我国社会主要矛盾所决定的，也是社会进程发展到今天必然提出的历史任务。

在消灭了剥削制度和剥削阶级以后，仍然存在民族问题。从我国的实际情况看，民族问题主要表现在四个方面：如何完善民族区域自治，巩固各民族政治上的平等团结的问题；各民族间语言文字、风俗习惯、心理素质、宗教信仰不同所形成的民族差别问题；历史上遗留下来的民族隔阂以及大汉族主义和地方民族主义的思想影响问题；各民族经济文化发展事实上的不平等问题，等等。在这些问题中，什么是主要的呢？没有疑义，事实上的不平等是一个带关键性的主要问题。新中国成立前我国大多数少数民族处于落后的社会形态，有些民族还停留在封建农奴制度、奴隶制度以至原始公社残余阶段，加上历史上残酷的阶级压迫和民族压迫，造成少数民族的经济文化一般都十分落后。过去，阶级矛盾是主要的矛盾，掩盖了事实上的不平等这个次要的矛盾。那时开展阶级斗争，进行社会改革，消除民族压迫和民族内部的阶级对立，是当务之急；当消灭了剥削制度和剥削阶级并实现了各民族政治上的平等以后，事实上的不平等就上升为主要矛盾了。斯大林说："事实上的不平等仍然是一切不满和摩擦的根源。"①少数民族人民迫切地要求发展生产，繁荣经济，改善生活，尽快摆脱贫穷落后的状况。如果这个要求得不到满足，必然在民族之间、领导和群众之间产生一系列的矛盾和隔阂。只有大力发展经济文化建设，使落后的民族赶上和接近先进的民族，真正实现事实上的平等，才能巩固政治上的平等团结，从根本上消除民族隔阂，使民族之间的共同性逐步增多，并向着消除民族差别，实现民族融合的长远目标前进。可见，抓住了事实上的不平等，就是抓住了当前民族问题的实质和关键，抓住了解决民族问题的钥匙。

需要强调的是，自从党的十一届三中全会依据当前社会的主要矛盾提出实现四个现代化的总任务以后，民族间经济、文化上事实上的不平等的矛盾就更加尖锐和突出起来了。实现四个现代化，需要依靠各族人民团结的力量，需要开发利用全国的人力、物力资源。我国少数民族地区占全国总面积的百分之六十，那里资源丰富，尤其是我国的森林、草原和地下矿藏，大部分在少数民族地区。这些，是搞四化建设万万不可缺少的。但是，由于少数民族经济文化落后，有的甚至没有自己的工业、手工业，没有自己的知识分子队伍，开发和利用那些资源就相当困难；而广大民族地区的经济文化倘若得不到发展，要实现全国的社会主义四个现代化，也是不可想象的。因此，加快少数民族地区的经济建设和文化建设，逐步消灭事实上的不平等，不单是民族工作中的关键问题，而且是关系到整个四化建设成败进退的全局性的问题。23年前，周恩来在青岛民族工作座谈会上语重心长地指出："我们社会主义国家，是要所有的兄弟民族地方、区域

① 《斯大林全集》第5卷，人民出版社1957年版，第201页。

自治地方，都现代化。全中国的现代化一定要全面地发展起来。我们有这样一个气概，这是我们这个民族大家庭真正平等友爱的气概。我们不能使落后的地方永远落后下去，如果让落后的地方永远落后下去，这就是不平等，这就是错误。”让我们三复斯言，牢记不忘。

四、为民族地区兴旺发达、繁荣富裕而努力

既然当前我国民族问题的实质是要消灭各民族间事实上的不平等，这也就决定了当前民族地区的中心任务和奋斗目标是：以各少数民族干部和各少数民族人民为主，加强各族人民的团结，调动一切积极因素，从民族地区的实际出发，千方百计地医治林彪、“四人帮”造成的创伤，发展国民经济，提高各族人民的物质生活水平和文化科学水平，有计划有步骤地使各民族地区和各族人民兴旺发达、繁荣富裕起来。我们要为实现这个中心任务和奋斗目标而不懈努力。

最近，党中央对西藏工作提出了八项方针。它的基本精神同样适用于全国其他民族地区，也适用于我们云南这个多民族省份。为实现民族地区的中心任务和奋斗目标，我们必须切实遵循这八项方针。联系云南的实际，我们认为特别需要注意处理好以下两个关系问题。

要正确处理共同性和特殊性的关系。无论汉族和少数民族，都要共同努力于实现四个现代化，在实现四化的过程中，都要坚持四项基本原则，这是共同性；少数民族和汉族的情况不同，各少数民族又都有各自的特点，这是特殊性。拿我们云南来说，少数民族有25个，分布在边疆、内地、坝区、山区等地区，他们原来的社会历史条件、经济文化发展水平、语言文字、风俗习惯、宗教信仰等极不相同，情况千差万别。什么工作都搞一个标准，一律照办，整齐划一，统一进度，一刀切，是完全行不通的。林彪、“四人帮”一伙，曾经在我省大肆批判“边疆特殊论”、“民族落后论”，不承认民族差别，不承认发展的不平衡，反对讲民族特点，反对从实际出发，对我省民族工作造成了极大的破坏。这种猖獗的唯心论和形而上学，毒害了不少人。我们有些同志也往往摆脱不了主观主义的思想

方法和工作方法，不问实际情况，习惯于照抄照转，照搬汉族地区的一套做法，有的干部甚至成年累月在“一般号召”、“原则指示”中打发日子，舍不得花一点力气、下一点功夫去研究实际情况。这种状况，很难适应新的形势和任务的要求。今天，在实现民族地区中心任务和奋斗目标的过程中，我们一定要把改进思想作风和领导方法摆到重要位置上来。一定要坚持党的思想路线，注意把共同性和特殊性很好地结合起来。既要坚持共同性，又要坚持特殊性，立脚点则是要研究特殊性，真正做到实事求是，从实际出发。要注意了解、研究本地区、本单位的实际情况，根据那里的自然条件、民族特点、经济结构、各族人民的思想觉悟和生活状况等，提出贯彻执行中央有关的方针、任务、政策的具体措施，解放思想，放宽政策，实行切合民族地区实际的具体指导。

要正确处理以少数民族为主和汉族帮助的关系。发展民族地区的建设依靠谁？主要的是要依靠少数民族干部和人民发扬自力更生、艰苦奋斗的精神，以主人翁的态度，用自己的腿走路。在这个问题上，也要肃清林彪、“四人帮”的流毒，克服大汉族主义的思想影响。林彪、“四人帮”是不相信少数民族的，极力排斥民族干部。这种流毒对我们的干部也是有影响的。有些同志总是不相信少数民族干部能挑得起担子，在工作中程度不同地存在着轻视、排斥民族干部的倾向。相信不相信少数民族干部和人民，这是一个群众观点的问题，党性原则的问题。少数民族经济文化落后，缺乏专业化的干部和技术人才，这是一方面的事实；少数民族勤劳、智慧，蕴藏着极大的社会主义积极性，30 年来，一大批优秀的民族干部在党的培养下成长起来，这是另一方面的事实。我们要坚定地相信、依靠少数民族干部和群众，让他们把建设民族地区的主要责任承担起来。但是，这并不是说汉族干部和人民对兄弟民族的帮助是不需要的。国家和发展程度较高的汉族人民大力支持和帮助少数民族搞好四化建设是义不容辞的责任。这种帮助不是以“恩人”和当然的“领导者”自居，不是包办代替，而是要帮助少数民族干部和人民更快地提高、发展起来，帮助他们更好地承担起建设民族地区的主要责任。斯大林说过：“如果在什么地方必须辩证地提出问题，那正是在这个地方，正是在民族问题上。”① 同样，在以少数民族为主和汉族帮助的关系上，我们也要辩证地看问题，避免片面性。我们的目的是要巩固汉族同少数民族的大团结，为实现四个现代化这个伟大任务而共同奋斗。

（原署名中共云南省委写作小组，载《思想战线》1980 年第 4 期，人大复印报刊资料 1980 年第 11 期转载）

① 《斯大林全集》第 2 卷，人民出版社 1953 年版，第 309 页。

对马克思主义民族理论若干问题的思考

在学习、贯彻马克思主义民族理论的过程中，由于翻译原文的不够准确，由于理解的不同，以及“左”倾错误的影响等原因，我国理论界往往对若干理论观点产生认识上的分歧，以至展开旷日持久的争论。如20世纪50年代关于汉民族形成实际涉及世界一切民族形成问题的争论，60年代初毛泽东关于民族斗争的论述及林彪、“四人帮”对其歪曲，由此引发十一届三中全会后关于民族问题的实质的讨论等。在诸如民族的定义、民族自决权、民族间事实上不平等等问题上，也是见仁见智，论见歧出。特别是随着国际国内形势的发展变化，民族领域出现了许多新的问题。在苏联解体、东欧剧变后，怎样看待马克思主义民族理论的正确性？一些社会主义国家瓦解了，这些国家的社会主义民族是否还存在？在社会主义初级阶段，怎样运用马克思主义民族理论指导解决我国各民族的发展与繁荣问题？马克思主义民族理论怎样同中国具体实践相结合并具有中国特色，从而成为建设有中国特色社会主义理论的有机组成部分？诸如此类的新问题，在经典著作中找不到现成答案，需要民族理论工作者积极地进行探索，不断地研究新情况，解决新问题，作出新的理论概括。马克思主义民族理论不是封闭的体系，它随着实践的发展而发展，从而保持强大的生命力。因此，各种创造性的理论探索是必要的，有益的。这里，仅就马克思主义民族理论中几个重要的问题，谈谈看法。

一、关于斯大林的民族定义

研究民族理论，首先遇到的是关于民族的基本概念问题。对基本概念没有形成共识，必然导致在一系列问题上出现不同意见。1954 年在汉民族形成的争论中，不少对立的意见就是源于对民族定义理解上的歧义。所以，弄清民族的定义，是一件需要开宗明义的事。

我们认为，斯大林关于民族四个特征的定义是一个科学的概念，但不能作机械的、绝对化的理解。

马克思、恩格斯在《共产党宣言》、《家庭、私有制和国家的起源》等著作中曾指出，民族具有一定的地域、共同的语言和民族性格等特征。1903 年列宁在《崩得在党内的地位》一文中，进一步指出，民族有地域、语言、心理、生活条件的特点①。斯大林继承和发展了马克思、恩格斯、列宁的观点，在考察分析欧洲和俄国民族问题实际情况的基础上，于 1912 年底到 1913 年初写出了《马克思主义和民族问题》的著名论文，第一次给民族定义作了完整的表述："民族是人们在历史上形成的一个有共同语言、共同地域、共同经济生活以及表现在共同文化上的共同心理素质的稳定的共同体。"② 需要指出的是，列宁对斯大林这篇论文给予高度评价。他说，在详细论述民族纲领的原则方面，"首屈一指的是斯大林的论文"，"文章写得好极了"③。可以认为，列宁对于这篇文章中关于民族的定义是赞同的，至少没有提出异议。

斯大林关于民族的定义之所以是科学的，主要表现在三个方面：第一，它揭示了民族最本质的特征。一个民族在不同的社会发展阶段，尽管其规模、活动和具体形式会有很大差别，但均具有最基本的共同特征，即共同语言、共同地域、共同经济生活、共同心理素质。这四个基本特征，对各种类型的民族有普遍的适用性。既适用于现代民族，也适用于人类各

① 《列宁全集》第 7 卷，人民出版社 1959 年版，第 78、83 页。

② 《斯大林选集》上卷，人民出版社 1979 年版，第 64 页。

③ 《斯大林全集》第 2 卷，人民出版社 1953 年版，第 386 页。

个不同发展阶段的民族共同体。第二，它完整地表述了民族的各个方面的特征，是民族之间互相区别的标志。第三，它严格区分了民族和其他人们共同体的界限。

民族的四个基本特征是相互联系的，一般说，任何一个民族都是由四个特征结合而成的，特别是"共同心理素质"这个特征稳定性最强。但是，四个特征又具有相对性，不可作机械的、绝对化的理解，如果要求每个民族四个特征缺一不可，否则就不承认其为民族，那就会产生"削足适履"的毛病。斯大林在提出民族的科学定义后，有些论述就有这种缺点。如他说："这些特征只要缺少一个，民族就不成其为民族"，"只有一切特征都具备时才算是一个民族"①。这些绝对化的说法，并不符合世界各民族的实际情况。在现实中，各民族由于受自然、社会、历史等各种因素的影响，特别是各民族长期日益频繁的互相交往、互相学习，一些民族的某些基本特征会发生变化，有时候是这一个特征比较突出，有时候是另一个特征比较突出，相应地有时有的特征又不明显，甚至不具备某个特征。这样的例子很多。例如我国云南省的蒙古族元代迁来云南，经过六七百年的发展变迁，已改操彝语或汉语，但它明显的不是彝族或汉族，而是和操阿尔泰语系蒙古语族蒙语支的内蒙古自治区的蒙古族是同一民族。我国的裕固族讲两种语言，一种是尧乎尔语，一种是恩格尔语；瑶族讲三种语言，分别属于苗语支、瑶语支和侗水语支。这些语言互不相通，但因为其他特征相同或基本相同，这些操不同语言的人们自认是同一民族。相反，不同的民族有的又操同一种语言，例如美利坚民族和英吉利民族都操英语。我国回族操汉语。又如因人口的流动变迁，出现了民族杂居的现象，有些民族并不生活在共同地域。我国的回族分散居住于全国大部分省区。犹太民族在以色列国建立以前，散布于世界各地，并没有居住于共同的地域。斯大林正是以生活在不同地域并操不同语言为由，否定犹太人是一个民族。②列宁却认为，犹太人是"被压迫民族"③。

鉴于斯大林的民族定义还不能充分解释上述种种非典型性现象，因

① 《斯大林选集》上卷，人民出版社1979年版，第64页。

② 同上，第64、66页。

③ 《列宁选集》第3卷，人民出版社1972年版，第760页。

此，在国内外学术界就有一些学者提出不同的见解。有的认为斯大林的定义只适用于现代民族，而不适用于有悠久、复杂历史的古老民族。有的认为在“四要素”之外还需要补充其他要素，如“共同的称谓”、“民族的自我意识”、“共同的历史传统”等等。但这些意见还未形成为大家公认的定论。我们认为，斯大林的民族定义不失为科学的定义，是可以继续使用的，只是应综合把握民族的四个特征，正确认识民族特征的不典型现象，不拘泥于这个民族定义。

二、民族是否是资本主义上升时代的产物

斯大林在《马克思主义和民族问题》一文中指出：“民族不是普通的历史范畴，而是一定时代即资本主义上升时代的历史范畴。封建制度消灭和资本主义发展的过程同时就是人们形成为民族的过程。”① 单从字面上，当然只能理解，凡是没有进入资本主义阶段的人们共同体，都不能称为民族。1954 年，已故历史学家范文澜在一篇文章中提出汉民族形成于秦汉时代的论点，当即遭到一些人的反对。反对者就是以斯大林的上述观点为理论依据的，认为鸦片战争以前中国还没有进入资本主义阶段，因而那个时候的汉族不可能是民族，而只能是“部族”；只有到了鸦片战争以后，中国有了资本主义的发展，汉族才由“部族”发展成为民族，也就是汉族作为民族只有 100 多年的历史。按照这种逻辑，中国几十个少数民族新中国成立前都还没有进入资本主义阶段，因而没有一个可以称为民族。这种显然有悖于事实的观点，当时就引起一些少数民族干部的反感，认为是对他们民族的不尊重。这就不仅是学术问题，而成为影响民族团结的大问题了。

其实，问题出在当时业已存在的一种不良的学风，即把马恩列斯的只言片语神圣化和绝对化，而没有全面、准确地理解和把握他们全部论述的精神实质。经过一些学者多年的努力，仔细地核对原文和译文，通观有关经典著作，终于把问题弄清楚了。但是，学术研究的成果有待于普及宣

① 《斯大林选集》上卷，人民出版社 1979 年版，第 69 页。

传，在组织广大干部学习马克思主义民族理论的过程中，仍有必要进一步澄清在民族起源和形成问题上的模糊认识。

原来，斯大林的上述观点，是专门针对现代民族即资产阶级民族讲的，并不是论述世界上的所有民族的起源和形成问题。在上述引文之后，斯大林举了英吉利人、法兰西人、德意志人和意大利人的例子，这些都是在资本主义上升时代形成的现代民族。不仅如此，在《马克思主义和民族问题》发表以后，斯大林自己多次更明确说明了这个问题。1921 年，他在联共（布）十大上提交大会讨论并经党中央批准的提纲《论党在民族问题方面的当前任务》中说："现代民族是一定时代即资本主义上升时代的产物。"① 他在 1929 年著的《民族问题和列宁主义》一书中，又作了详细说明，包括对前述观点的解释："世界上有各种不同的民族。有一些民族是在资本主义上升时代发展起来的，当时资产阶级打破封建主义和封建割据局面而把民族集合为一体并使它凝固起来了。这就是所谓'现代'民族。""这种民族应该评定为资产阶级民族。……在斯大林的《马克思主义和民族问题》小册子中说，'民族不是普通的历史范畴，而是一定时代即资本主义上升时代的历史范畴'……这里指的正是这种资产阶级民族。"② 看来，斯大林的基本意思是清楚的，他是专门讲世界上各种不同民族中有一部分现代民族形成于资本主义上升时代。这无疑是正确的。不过，也要看到，斯大林在表述时也有某些含混不确切的地方。如他说："在封建主义时期，既然国家分裂为各个独立的公国，这些公国不仅没有用民族的纽带彼此联系起来，而且根本否认这种纽带的必要性，那么民族怎么能产生和存在呢？……在资本主义以前的时期是没有而且不可能有民族的，因为当时还没有民族市场，还没有民族的经济中心和文化中心。"③ 显然，这里是就欧洲封建主义时代一些国家的情况而言的，并不包括世界上封建主义时代所有国家的情况。例如，中国在封建主义时代，早就成为统一的多民族国家，早就有了民族市场和政治、经济、文化中心，在国家实现统一时，各民族的联系是紧密的，不存在彼此隔绝的情况。斯大林在分析一种带特

① 《斯大林全集》第 5 卷，人民出版社 1957 年版，第 14 页。

② 《斯大林全集》第 11 卷，人民出版社 1955 年版，第 288、291 页。

③ 同上，第 288—289 页。

殊性的情况时，却概括地提出“在资本主义以前的时期是没有而且不可能有民族的”似乎带有普遍适用性的结论，容易引起误解。我们有些同志正是拘泥于只言片语，把个别性的命题当成了普遍性的原则，从而走入了误区。

那么，在资本主义上升时代以前是否存在民族呢？回答是肯定的。这涉及人类发展史上一般民族的起源与形成问题。恩格斯在《劳动在从猿到人转变过程中的作用》一文中说：“劳动本身一代一代地变得更加不同、更加完善和更加多方面。除打猎和畜牧外，又有了农业，农业以后又有了纺纱、织布、冶金、制陶器和航行。同商业和手工业一起，最后出现了艺术和科学；从部落发展成了民族和国家。”① 这里，恩格斯很清楚地指出，民族最初是由部落发展成的。而部落是原始社会时代的产物，说明民族最早起源和形成于原始社会的部落时代。当时的民族一般也具备了民族的四个基本特征。世界上大多数民族都经历了由部落发展成民族的过程。当然，任何共同性并不能包括所有的特殊性。有的民族就不是由部落发展成的，而是由旧的民族分化出来一部分同其他民族的一部分结合在一起而形成的，它们形成的历史一般较短。例如美利坚民族，就是由世界上许多国家主要是欧洲移民结合在一起在资本主义时代形成的新民族，不过200多年的历史。它不但没有经历原始社会的部落时代，而且没有经历奴隶社会和封建社会的历史阶段，是一个典型的在资本主义上升时代形成的现代民族。因此，在看到“从部落发展成为民族”这一条规律的普遍性的同时，也要看到例外的情形，对每个民族的起源和形成问题，作具体的分析。

综上所述，我们认为，马克思主义关于民族的起源和形成的理论，有两个方面的含义：一是“从部落发展成为民族”的理论，它揭示的是一般民族的起源和形成的规律，这一理论既适用于古代社会的所有民族，也适用于今天还在繁衍发展的许多古老民族；二是从原有民族中分化出一部分人口而形成新的民族的理论，这一理论适用于阶级社会形成的新的民族，特别是适用于近几百年形成的现代民族。可见，恩格斯的观点和斯大林的观点并不是矛盾的，他们是分别论述不同历史阶段民族形成和发展的问

① 《马克思恩格斯选集》第3卷，人民出版社1972年版，第515页。

题，应作统一的理解。我国56个民族都有悠久的历史，绝大多数都经历了从部落发展成为民族的历史进程，早在资本主义在世界上出现以前，就形成了民族，理所当然地都应称为民族。

三、关于民族殖民地问题理论的一个观点

列宁、斯大林提出的民族殖民地问题理论中有一个著名观点，认为第一次世界大战和十月革命开辟了无产阶级社会主义革命的新时代。被压迫民族的革命斗争，已由世界资产阶级革命的一部分变成世界无产阶级革命的一部分。列宁早在一战期间就指出：民族解放运动“现在是一般社会主义”①运动的一部分。十月革命后，列宁又指出：“社会主义革命不会仅仅是或主要是每一个国家的革命无产者反对本国资产阶级的斗争。不会的，这个革命将是受帝国主义压迫的一切殖民地和国家、一切附属国反对国际帝国主义的斗争。”②斯大林也多次论述了相同的观点：“在帝国主义条件下，战争是不可避免的；欧洲的无产阶级革命和东方的殖民地革命必然联合为一条世界革命战线，来反对世界帝国主义战线。”③毛泽东也在《新民主主义论》中提出：“处在今天的国际环境中，殖民地半殖民地的任何英雄好汉们，要就是站在帝国主义战线方面，变为世界反革命力量的一部分；要就是站在反帝国主义战线方面，变为世界革命力量的一部分。二者必居其一，其他的道路是没有的。”④当然，列、斯、毛当时所提这个论点，主要是从阵线上来说的，不是指殖民地民族解放运动的具体内容。即从阵线上说，殖民地被压迫民族已从资本帝国主义后备力量转变为无产阶级革命的同盟军。

我们认为，这个理论观点，适合于部分殖民地半殖民地国家，例如旧中国的情况，从长远的角度看，这个观点原则上也是正确的。社会主义代

① 《列宁选集》第2卷，人民出版社1972年版，第863页。
② 《列宁选集》第4卷，人民出版社1972年版，第102页。
③ 《斯大林选集》上卷，人民出版社1979年版，第204页。
④ 《毛泽东选集》一卷本，人民出版社1964年版，第642页。

替资本主义是历史的必然，一切民族都会通过不同的形式和道路最终走向社会主义，这是不以人们的主观意志为转移的。社会主义和资本主义两种社会制度的对立和斗争，是当代政治、经济、文化领域最重要的实际。当历史发展到某一个阶段，时机和条件成熟的时候，世界各国的无产阶级和各民族劳动人民必然要联合起来，埋葬资本主义，通过社会主义最终实现共产主义理想，走向世界大同。但是，第二次世界大战以来的历史表明，事情的发展远比人们预计的复杂得多，社会主义在世界范围的实现，是一个漫长的历史过程。各国人民包括殖民地半殖民地人民的民族解放斗争，并不简单的是一个非此（社会主义）即彼（资本主义）的关系。毛泽东在20世纪50年代，自己就修正了前面所引的观点。他在1958年9月29日同巴西记者马罗金和杜特列夫人谈话时指出：在《新民主主义论》中讲到，第二次世界大战爆发以后，殖民地和半殖民地的资产阶级，要就是站在帝国主义战线方面，要就是站在反帝国主义战线方面，没有其他的道路。事实上，这个观点只适合于一部分国家。对于印度、印度尼西亚、阿拉伯联合共和国等国家却不适用，它们是民族主义国家。拉丁美洲也有许多这样的国家。这些国家既不站在帝国主义的一边，也不站在社会主义的一边，而站在中立的立场，不参加双方的集团，这是适合于它们现时的情况的。①

从毛泽东这次谈话以后几十年世界形势的发展，更呈现十分复杂的情况。发达资本主义国家出现了新情况、新变化。一是科学技术和生产力得到很大发展。从20世纪50年代开始，发达资本主义国家首先掀起了一场新的科学技术革命。新的科学技术的广泛采用，极大地促进了劳动生产率的提高和生产力的发展。战后资本主义世界生产力的发展，超过了过去200—300年。二是资本主义在不改变其基本制度的前提下进行了自我调节，对生产关系进行了一系列调整，最主要的是发展了国有企业和国有资本，即国家垄断资本主义。在私人垄断资本和国家垄断资本结合的基础上，加强了国家对经济的干预，适当进行了宏观经济调控。这样，一方面比较适应社会化大生产的发展，另一方面在一定程度上减轻或降低了经济

① 《毛泽东选集》第2卷，人民出版社1991年版，第710页。

危机的破坏作用。三是普遍推行以“高工资、高消费、高福利”为标志的福利主义政策。相当一部分劳动人民的收入和物质生活确有明显的改善和提高，从而使劳资矛盾得到一定缓和。这些国家从动荡、动乱走向相对稳定。四是实行更带欺骗性的新殖民主义。随着帝国主义殖民体系的瓦解，发达资本主义国家改变了老资本主义依靠战争和暴力扩大和掠夺殖民地，摧残殖民地国家民族经济的传统做法，而是在政治上允许原殖民地国家独立，经济上允许其民族工业有一定程度的发展，以此来扩大国外市场，主要通过贸易压低发展中国家初级产品的进口价格，抬高发达国家制成品和高精尖产品的出口价格，进行不等价交换，以获得高额利润，同时进一步加强了资本输出，从而使南北之间即穷国和富国之间，在经济发展和人民生活水平方面的差距越来越大。战后发达资本主义国家出现的上述新情况、新变化，没有也不可能消除资本主义的基本矛盾，消除资本主义社会的固有弊病，逃脱不了它必然灭亡的历史命运。但当代资本主义在当前还有很大的竞争力、影响力，并且继续在各个领域会有相当发展。列宁曾经指出：“无论哪一种社会形态，在它们所能容纳的生产力全部发挥出来以前是决不会灭亡的。”可以肯定，在当前和可以预见的将来，资本主义还不会很快退出历史舞台，资本主义国家还不存在爆发社会主义革命的条件。

社会主义运动在20世纪上半叶，在世界范围内获得了蓬勃发展。在第一次和第二次世界大战之后，曾经出现过两次社会主义高潮。以苏联、中国为代表的一大批社会主义国家的建立及其取得的巨大成就，显示了社会主义制度的优越性和强大的生命力。社会主义已成为当代进步的旗帜和举足轻重的力量。但是，进入60年代以后，由于种种原因，社会主义的发展逐渐转向低潮。80年代末以来，短短几年间，东欧社会主义国家的政局剧变，第一个社会主义大国苏联解体，使世界社会主义运动遭到严重挫折。真正的马克思主义者，坚信科学社会主义的真理，不会因为社会主义发展过程中出现的某些挫折、困难而动摇社会主义必然代替资本主义的信念，但同时也清醒地认识到，社会主义发展的长期性、曲折性和艰难性。世界范围内社会主义取代资本主义将是长期的，社会主义和资本主义两种对立的制度的共处和竞争也将是长期的。20世纪上半叶，一些社会主义者看到资本主义国家接连发生经济大危机，似乎资本主义的末日即将来临；又看到社会主义接连取得胜利，因而对世界社会主义的进程估计得过快，急于在世界范围内实现从资本主义向社会主义过渡。实践证明，这种看法不符合发展变化了的情况。

第二次世界大战以后，被压迫民族的民族解放斗争有了很大发展。国家要独立、民族要解放，成为不可抗拒的历史潮流。民族解放风暴的中心，50年代在亚洲，60—70年代扩大到拉丁美洲和非洲，通过各种不同方式的斗争，亚非拉先后有100多个国家宣告独立。这些国家一般都是发展中国家。它们中的大多数虽然采用资本主义制度，但与发达资本主义国家存在尖锐的矛盾。在日趋激烈的国际经济竞争中，许多发展中国家经济环境更加恶化，南北差距进一步扩大。它们为了维护独立主权和民族利益，在政治上不但不站在帝国主义一边，而且成为抗衡霸权主义、强权政治的重要力量。这些独立的民族主义国家，与中国这样的社会主义国家，有着共同的历史遭遇，在维护独立主权和谋求发展方面，也有共同的语言，因此团结友好的趋势正在日益加强。但是，这些经济文化落后的广大第三世界国家，新的生产关系所赖以存在的物质条件还没有成熟，因而一般说来还不会在短期内通过民主斗争走上社会主义道路。把它们当作社会主义团结合作的对象和力量是正确的；把它们看成是世界无产阶级社会主义革命的组成部分，则不符合实际情况。

综合以上对世界形势的分析，归结到一个主要之点，就是时代主题发生了重大变化。如果说20世纪上半叶的时代主题是战争与革命，那么，下半叶以来的时代主题就是和平与发展。整个世界形势、东西关系由紧张趋向缓和。社会主义和资本主义之间由军事对峙转向竞争共处，即进行经济、科学技术和综合国力的竞争。世界两极格局已经终结，各种力量重新分化组合，正朝着多极化发展。马克思主义者只能从实际出发，依据对时代特征的正确分析，制定自己的战略和策略。既然当代世界的主题是和平与发展，那就不能拘泥于前人在战争与革命年代所得出的个别结论，不能脱离实际地认为当前仍然是无产阶级社会主义革命高潮的时代，不能简单地把一切民族殖民地和第三世界国家的斗争都纳入社会主义革命的范围。如前所说，真正的马克思主义者决不放弃社会主义和共产主义理想，但是，在当代却不能把推进世界范围的社会主义革命作为奋斗的目标。不能再沿袭过去那种自封“革命中心”、“输出革命”、直接指挥各国革命的错误做法。邓小平在接见非洲等国家的外宾时多次谈到：“我和许多非洲朋友谈到不要急于搞社会主义，也不要搞封闭政策，那样搞不会获得发展。”① 而建议他们从自己的实际出发，致力于经济发展，摆脱贫穷。邓小平还明确提出：“第三世界有一些国家希望中国当头。但是我们千万不要当头，这是一个根本国策。……中国永远站在第三世界一边，中国永远不称霸，中国也永远不当头。”② 这些都是分析了时代特点，审时度势作出的正确论断。作为社会主义国家，其根本任务是要把自己国内的事情办好，要坚持以经济建设为中心，坚持改革开放，致力于实现现代化，使经济发展速度高于资本主义国家，经济实力逐年不断增长，最终在经济发展水平上赶上或超过发达资本主义国家，以此显示出社会主义的强大生命力和优越性，影响和吸引世界各民族人民或早或迟地走上社会主义道路。在这个漫长的过程中，要尊重各国各民族人民自己的选择，决不能强加于人。

四、关于民族自决权问题

革命导师关于民族自决权的论述，是马克思主义民族理论的一条重要原则。民族自决权或称自由分离权以及它所包含的直至建立独立民族国家的思想，对于殖民地半殖民地人民反抗帝国主义统治，争取民族解放、国家独立的斗争，有普遍的指导意义。但我们要联系革命导师论述时的具体针对性，理解它并不是适用于一切多民族统一国家的普遍原则。

马克思首次提出民族自决权的命题时，是针对波兰各民族应从沙皇俄国统治下解放出来的问题讲的。列宁强调民族自决权，更主要是针对沙皇俄国的情况。我们知道，俄罗斯在19世纪已发展成为帝国主义国家，拥有大量殖民地。那时在俄罗斯周围的一些民族，都是被沙皇俄国政权统治

① 《邓小平文选》第3卷，人民出版社1993年版，第290页。

② 同上，第363页。

着的，这是一种殖民统治。而且，当时俄国的各民族多数都是一个一个地各自聚居在一地。十月革命时，俄国无产阶级是首先在城市中起义取得了政权，然后才扩展到农村和少数民族地区。俄国是第一个社会主义国家，那时候要巩固革命胜利的成果是不容易的。同时，它又是在一个帝国主义的国家里进行革命的，所以必须摧毁旧有的殖民地体系。为了把各民族反对沙皇帝国主义压迫的斗争同无产阶级、农民反对资产阶级、地主的斗争联合起来，列宁当时强调民族自决权这个口号，并且承认各民族有分立的权利，愿意成为独立的共和国也可以，愿意参加到苏维埃社会主义共和国联盟来也可以。这样才能把过去那种帝国主义政治关系摆脱，而使第一个社会主义国家在政治上站住脚。当时的具体情况要求俄国无产阶级这样做。而且，由于他们各民族多数是分别聚居的，建立加盟共和国和民族自治共和国也是便利的。

旧中国是半殖民地半封建国家。在进行新民主主义革命时，运用民族自决权的思想，推翻帝国主义的统治，争取中华民族的解放和国家的独立是完全必要和正确的。而在革命胜利以后解决国内民族问题时，却不适宜于采取民族自决权即自由分离权的原则。这是因为中国与俄国的情况完全不同。中国的民族发展在地区上是互相交叉的，历史形成各民族杂居的现象，相互之间经济、文化、政治联系密不可分。就连藏族，也不单居住在西藏，它还分布于四川、甘肃、青海、云南的广大地区，同其他民族杂居在一起。这样的民族分布情况，就不可能设想采取如同前苏联那样的民族共和国办法。因为要构成一个民族共和国，需要构成一个独立的经济单位，绝大多数的民族人口要聚居。特别是近 100 多年，我们整个中华民族对外曾是长期受帝国主义压迫的民族，内部是各民族在革命战争中同甘共苦结成了战斗友谊，在中国共产党领导下，经过各民族长期的共同斗争，使我们这个民族大家庭得到了解放。历史发展给了我们民族合作的条件，革命运动的发展也给了我们民族合作的基础。我们这种内部、外部的关系，使我们不需要不可能采取十月革命时俄国所强调的实行民族自决，允许民族分立的政策，而是采取适合我国情况的、有利于民族合作的民族区域自治制度。邓小平指出："解决民族问题，中国采取的不是民族共和国联邦的制度，而是民族区域自治的制度。我们认为这个制度比较好，适合中国的情况。”①

明确民族自决权原则的适用范围，明确它不适用于统一的多民族的社会主义中国，有重要的现实意义。当前，西方敌对势力极力对我国推行“分化”、“西化”的图谋，国内极少数民族分裂主义分子极力进行分裂祖国的活动。如果我们机械地、片面地理解民族自决权原则，误以为民族可以分立，那就授人以柄，不利于维护祖国统一、反对民族分裂的斗争。

五、关于民族间事实上不平等的问题

1919 年，列宁在《俄共（布）党纲草案》中，在论述社会主义民族关系时，首先使用了“事实上的平等”的提法，表示要清除资本主义时代遗留下来的民族不信任和隔阂的一切痕迹。② 1921 年，在列宁主持的俄共（布）“十大”决议中，正式使用了“消灭民族间在事实上的不平等”的提法，以后斯大林又多次论述了这个问题，逐渐形成了关于消除民族间事实上不平等的理论。我国几十年来在民族工作中一直使用这个提法。因为对要不要继续使用这个提法存在不同意见，这里谈谈我们的看法。

“民族间事实上的不平等”是一个有特定内容的概念。它是专门用来指社会主义制度条件下，民族关系发展过程中存在的一种社会历史现象或民族关系问题。即在多民族的社会主义国家中，由于历史原因，造成一些民族自身经济文化发展的落后性的限制，不能充分享受法律所赋予的各种平等权利，同先进民族相比，表现在权利享受能力上的事实上的不平等。比如，我国宪法规定各民族在社会生活的各个方面的权利一律平等。那么，各民族人民无论在参政议政、接受教育、劳动就业、发展经济等方面的权利，按理说都是完全平等的。但是，旧社会民族压迫遗留下来的少数民族经济文化的落后性，影响了少数民族受教育的程度，文化的落后又导致人才缺乏，直接影响、阻碍了少数民族参政议政、劳动就业、发展经济

① 《邓小平文选》第 3 卷，人民出版社 1993 年版，第 257 页。

② 《列宁选集》第 3 卷，人民出版社 1972 年版，第 760 页。

等方面权利的实现。这种现象就是历史上遗留下来的民族间“事实上的不平等”。这个“事实上的不平等”是旧社会民族压迫遗留给社会主义新政权的“历史遗产”和包袱，无产阶级和劳动人民夺取政权后，不得不继承这份“遗产”，并要努力消除这个历史遗留下来的民族间事实上的不平等。但是，长期历史原因所造成少数民族经济文化的落后性，是很难在短期内一下子就消除得了的。所以，这种民族间事实上的不平等的彻底消除，还要有一个历史过程，它仍会在相当长的时期内，成为影响社会主义民族关系和谐发展的重要因素。因而，“消除历史上遗留下来的各民族间事实上的不平等”，就成了社会主义国家的重要使命，其核心就是大力发展社会生产力，促进各民族经济文化的共同繁荣。因此，“消除民族间事实上的不平等”的提法是积极的、正确的，是马克思主义的提法。

但是，由于“民族间事实上的不平等”的提法在不加解释的时候，容易被有些人误解为是承认社会主义社会现实生活中存在着民族不平等，甚至有可能被极少数别有用心的人加以歪曲，借以挑拨民族关系。所以，有人建议，为了避免少数民族干部、群众的思想混乱，在民族工作中，是什么问题就提什么问题，不宜使用“事实上不平等”的提法；也有人建议只从正面作表述；有的省区出于不同环境条件的需要，不再使用“事实上不平等”的提法，而改用其他便于群众理解、不致引起误解的提法。我们认为，从各自的实际出发，提或者不提“事实上不平等”，都是可以的。不提，也不妨碍在理论上和实践上体现、贯彻“消除事实上不平等”概念中的积极内容。但是，不能因此否定“消除民族间事实上不平等”这个马克思主义民族理论重要观点的正确性。这里，关键是要把“事实上不平等”的真正含义弄清楚，澄清误解。不能仅从字面上去理解这个有特定意义的概念，而要从整体上来理解它表述的是旧社会遗留下来的“历史遗产”。造成“民族间事实上不平等”的责任不在社会主义国家，而应由历史上压迫民族的统治阶级来负责。社会主义国家的责任，就是承认和设法消除这份“历史遗产”，真诚地、兄弟般地大力帮助后进民族赶上先进，实现事实上的平等。这是马克思主义彻底的民族平等观。

民族间事实上的不平等与发展不平衡，二者不能等同。不平衡是永远存在的。实现民族间事实上的平等，并不是要求各民族总是处在同一平衡发展水平上，这在实际上也是做不到的。所以不能用民族间的发展不平衡来代替“事实上的不平等”的提法。不平衡是个哲学概念，而消除事实上的不平等则是个政治概念，是从历史的角度提出来的社会主义国家的政治责任。

六、关于汲取前苏联在民族问题上的教训

继马克思、恩格斯之后，列宁、斯大林继承和发展了马克思主义民族理论，并用以指导第一个社会主义国家苏联解决民族问题的实践，在20世纪上半叶取得了举世瞩目的历史性成就。但不幸的是，十月革命胜利后的70多年，前苏联的民族问题不但没有解决，而且民族矛盾日益严重，演变为激烈的民族冲突，成为前苏联解体的一个重要原因。人们从这种惊心动魄的事变中，不能不提出这样的问题：马克思主义民族理论是不是正确，是不是还灵？它为什么不能指导苏联正确解决民族问题呢？这的确是一个值得人们深长思之并认真研究的大问题。我们初步研究的结果，得出的基本看法是：马克思主义民族理论是科学真理，当它与各国具体实践正确结合，是灵的，管用的。前苏联在处理民族问题上的失败，决不是证明马克思主义民族理论不灵，恰恰是背离马克思主义民族理论的结果。其教训是十分深刻的。我们党和政府的一贯立场是，不干涉别国的内政，尊重各国人民自己的选择。我们无意去评判别国国内政策的是非。这里，仅从汲取他人的教训、做好自己的工作的角度，谈一些初步认识。

首先，是理论上的失误。按照马克思主义民族理论的观点，民族是一个历史范畴，在国家消亡以后，民族问题也还要存在很长时间。但是，前苏联领导人没有坚持这个基本理论观点，对社会主义发展阶段存在超前认识，因而对复杂的民族关系缺乏正确的估计。例如1936年颁布的苏联新宪法中就宣布已完成社会主义社会建设和逐渐过渡到共产主义社会。斯大林于同年在《关于苏联宪法草案》的报告中宣布“制造民族纠纷的主要势力已不存在”，各民族中间“互不信任的心理已经消失”，实际上否定了客观存在的民族矛盾。赫鲁晓夫在1961年宣布20年基本建成共产主义社会，

提出已经形成新的历史共同体——苏联人民的理论概念，声称各民族共和国的边界已失去了意义。这实际上是否认各加盟共和国的独立自主权。勃列日涅夫在1967年宣布建成发达社会主义社会，认为苏联已经“彻底和一劳永逸地解决了民族问题”。戈尔巴乔夫上台后，也认为苏联已经解决了民族压迫和民族不平等的各种问题，说苏联人民是一个崭新的社会的非族际主义共同体，这个共同体是由一致的经济利益、意识形态和政治目标结成的。这实际上是否定了各民族的存在。理论的失误必然导致民族政策的失误。前苏联长期以来在民族关系方面报喜不报忧，竭力粉饰太平，人为地加快民族同化的进程，认识不清民族矛盾的严重性和爆炸性。

其次，联邦制度变成中央高度集权的单一制国家，导致各民族共和国与联邦中央之间的利益冲突。沙皇封建专制长达数百年，对少数民族一直实行高压政策。因此，列宁称沙皇俄国是各族人民的监狱。十月革命后，列宁为解决苏联民族问题，提出了民族自决权的重要思想。在筹备建立苏联时，列宁坚持各民族共和国自愿、平等、民主联合组成统一联邦制国家的原则。1922年通过的联盟条约和1924年通过的苏联宪法规定，联邦中央行使外交、国防、对外贸易、交通、邮电等方面的权力，以及批准全联盟统一的国家预算、货币制度、信贷制度和税收制度，其他方面如经济、财政、内务、司法和文化教育等方面的国家管理权归各加盟共和国独立行使，权限的划分是很清楚的。但是，列宁逝世以后，从斯大林开始及以后的苏联领导人，没有认真贯彻联邦制原则，把宪法赋予各加盟共和国的许多权力收归中央，忽视各民族共和国的特殊利益，从而造成各民族共和国与联邦中央之间的利益冲突和离心倾向。

第三，大俄罗斯沙文主义盛行，妨碍和破坏了各民族团结。前苏联有120多个民族，俄罗斯民族占人口总数的51%。大俄罗斯沙文主义在历史上就长期存在。列宁一贯坚持民族平等原则，曾领导全党同大俄罗斯沙文主义进行过坚决斗争。斯大林自己是一个少数民族，但却带有大俄罗斯沙文主义情绪。从20世纪30年代起斯大林就不批评大俄罗斯沙文主义，主要是反对地方民族主义，把重点搞错了。1937年7月，斯大林写了一封致联共（布）中央政治局委员的信，批评恩格斯的《俄国沙皇政府对外政策》的文章，说恩格斯忘记了一些基本史实，夸大了沙皇俄国的对外扩张性，这封信公开为沙皇的侵略扩张政策辩解。斯大林逝世后，历届苏联领导人走得更远。在他们的讲话中以及苏联报刊、历史著作中，长期大肆宣扬俄罗斯民族的“丰功伟绩”和对少数民族的无私援助，反之，却轻视、贬低少数民族的贡献；竭力歪曲沙皇俄国侵吞少数民族领土的历史，把侵占吞并说成是自愿加入俄罗斯帝国，具有“进步意义”，宣扬俄罗斯族是伟大民族和领导民族，对少数民族发展起了决定性作用；在全国强制推行俄语；等等。这样，就使俄罗斯族在社会生活中享有特殊地位，而其他少数民族实际上成为“二等公民”，严重伤害了少数民族的感情。民族主义泛滥，违背了马克思主义民族理论关于民族平等的根本原则。

在社会主义条件下，民族关系中存在的问题，基本上是人民内部矛盾，即使敌我矛盾和人民内部矛盾交织在一起，也要审慎地加以区分，采取不同的方法进行解决。前苏联领导人在处理民族关系问题时，在大俄罗斯沙文主义情绪支配下，往往不区分两类不同性质的矛盾，严重混淆敌我界限，极大地伤害了民族关系。如在20世纪30年代的肃反运动中，以所谓的“民族分裂主义”的罪名迫害了大批少数民族干部和知识分子；在卫国战争期间，借口一些少数民族中出现叛国投敌分子，动用武力不分青红皂白地把克里米亚地区的鞑靼人和苏联境内的德意志民族等11个弱小民族全体居民强制迁出他们的故乡，造成很大损失；采用行政命令方式把卡累利阿芬兰加盟共和国降格为自治共和国并入俄罗斯联邦；对歌颂本民族优秀历史和文化传统的少数民族干部、作家、诗人，动辄扣上“民族分裂主义”的帽子加以批判；等等。这些作法，在民族关系中埋下了隐患。

第四，少数民族地区经济文化长期落后，使联盟失去了吸引力和凝聚力。前苏联15个加盟共和国中，俄罗斯、乌克兰、白俄罗斯、格鲁吉亚和波罗的海沿岸三国经济、文化比较发达，其他共和国系边远地区，原来的基础差，经济文化落后。前苏联政府曾采取一些措施帮助少数民族地区发展经济文化，但是方法欠妥，效果不佳。先进地区抱怨援助过多，觉得吃亏，受援地区有依赖思想，埋怨支援太少。在经济发展中，往往无视各民族的社会条件、生态环境和地区综合发展的利益，一些民族共和国认为联盟中央和俄罗斯联邦在经济上剥夺了它们，其中包括财政收支分配、资源的低价利用、物资不等价调拨、投资倾斜等。因此，经过70多年建设，少数民族地区的经济文化仍处于落后的状况，如塔吉克共和国人均收入只相当于全苏平均水平的48%。这种状况增加了少数民族的不满。

第五，戈尔巴乔夫改革的失误，诱发了民族矛盾的大爆发。过去苏联国内的民族矛盾长时期被压制下来。戈尔巴乔夫在经济改革遇到阻力后，转而把政治改革提到首位，以为可以借此冲破阻力，推进改革，结果适得其反。在所谓“公开性”、“民主化”方针的鼓动下，民族矛盾、民族冲突一下子集中爆发出来，就像打开了高压阀门一样。为形势所迫，戈尔巴乔夫曾提出处理民族问题的三项基本原则，即统一的联盟、统一的苏共和民族平等，试图在保持苏联完整的前提下解决民族问题。据此，苏共于1989年9月制定了《党在当代的民族政策》的纲领，强调“没有强大的联盟就没有强大的共和国”，决定完善联邦制，扩大共和国和自治地方的权利，并相应制定了10项法律。但是这一切都为时已晚，联盟瓦解的形势已不可逆转。莫斯科大学政治学教授布坚科1995年8月30日在俄罗斯《真理报》上著文说：中国领导人认为只有解决了经济问题，才能解决意识形态和政治问题。在此基础上确定近期和远景目标及先后次序。选择的道路不是破坏性的突变和唐突的政变，而是有根有据的改革，既保留了原有的经济基础，又剔除了消极成分。而戈尔巴乔夫并无适合国情的理论，缺乏分阶段的、目标明确的概念。先是诋毁、排斥原来的经济基础，想把社会主义的一切统统扫干净。戈尔巴乔夫“自上而下的改革”，想通过官僚实现反官僚主义的变革，搞乱了全国经济和政治生活。结果是经济滑坡，多少年来形成的经济和政治联系瓦解。这位俄罗斯教授的观点，有助于我们思考前苏联改革的教训。

第六，西方国家推行和平演变攻势，是前苏联处理民族问题失败的重要外部原因。社会主义制度的诞生和发展，打破了资本主义的一统天下，使资本主义感到了威胁。颠覆社会主义国家，消灭社会主义制度，始终是西方敌对势力的既定战略。在使用武力和武力威胁都不能达到目的的情况下，他们转而主要采取和平演变这一手，促使社会主义国家从内部演变为资本主义，用他们的话说，就是“打一场没有硝烟的新的世界战争”。他们利用20世纪70年代以来，国际形势由紧张转向缓和，由对抗转向对话，社会主义国家相继实行改革开放的时机，加紧展开了和平演变的全面攻势。其中一个重要方面，就是支持所谓的“持不同政见者”和反对派组织，挑起民族矛盾，制造民族纠纷，甚至策动和支持民族地区的动乱，从而激化了民族矛盾，加剧了民族冲突。

从前苏联解体、东欧剧变的严重教训中，人们深深认识到，能否正确处理民族问题，的确关系到社会主义的成败进退、生死存亡。我们一定要坚信和坚持马克思主义民族理论的基本原则，同我国的具体实际结合起来，创造性地加以运用，用以指导我们的民族工作。一定要清醒地认识到民族问题的重要性、长期性和复杂性，在建设有中国特色社会主义的过程中，始终把处理好民族问题作为一项重要任务，决不可掉以轻心。一定要坚持民族平等的根本原则，把它贯穿于民族政策、民族工作和社会生活的各个方面。一定要坚决维护祖国统一和各民族的大团结，决不允许做任何损害民族团结的事。警惕和揭露国内外敌对势力对我“分化”、“西化”的图谋，与之进行坚决的斗争。一定要坚持和完善民族区域自治制度，切实保障各民族当家做主的权利。一定要大力培养少数民族干部，把它作为解决民族问题的关键来抓。特别是一定要大力发展民族地区的经济文化事业，努力实现各民族的共同繁荣，把它作为民族工作的中心任务，扭住不放。我们坚决相信，只要在建设有中国特色社会主义理论和马克思主义民族理论指导下，从实际出发，努力做好民族工作，苏联、东欧国家的情况就不可能在中国重演。

（载中华社科基金资助项目《马克思主义民族理论与中国解决民族问题的实践》，云南人民出版社 1996 年版）

树立汉族和少数民族谁也离不开谁的观点

各民族之间的平等、团结、互助，从来是革命事业中的一个极其重要的问题。在我们这个统一的多民族国家，革命事业本来就是各族人民的共同事业，只有动员和依靠各族人民团结互助的力量，才能完成革命的任务。民族不和与分裂，势必抵消革命的力量，妨碍革命任务的完成；而当各族人民团结起来时，就像握紧了的拳头，必然形成克敌制胜的伟大力量。我们在全面开创社会主义现代化建设新局面的新的历史时期，努力进行社会主义现代化建设，逐步消灭历史遗留下来的各民族间经济文化上事实上的不平等，实现各民族的共同繁荣，这是各族人民的共同任务和根本利益所在，也是民族团结的新的政治基础。从社会主义现代化建设任务的艰巨性来说，又必须依靠民族团结和民族互助的力量。正如党的十二大报告中所指出的："民族团结、民族平等和各民族的共同繁荣，对于我们这个多民族的国家来说，是一个关系到国家命运的重大问题。"

为了加强民族团结和互助，要做的工作很多。从思想方面来说，最主要的是充分认识我国各民族之间在社会主义现代化建设中相互依赖的关系，牢固地树立汉族离不开少数民族、少数民族离不开汉族的观点。这是巩固加强民族团结、克服大民族主义和地方民族主义必不可少的思想基础，也是新宪法有关民族问题条文的基本精神。

汉族占全国人口的绝大多数，一般地说，经济、文化发展水平比少数民族为高。在社会主义现代化建设中，汉族人民理应勇挑重担，发挥主要的作用，做出更大的贡献。但是，离开少数民族，单靠汉族却是不行的。第一，现代化建设需要丰富的自然资源，而自然资源的优势主要不在汉族地区，却在少数民族地区。只有把少数民族方面的自然资源同汉族方面的人力和技术的优势紧密地结合起来，才能相得益彰，有力地促进现代化建设。第二，汉族地区的经济有自身难以克服的弱点，需要得到少数民族的帮助。历史形成汉族地区以农业（主要是粮食种植业）为主的经济。占全国总人口百分之九十三点三的汉族，密集度很高地聚居在只占全国总面积百分之四十到五十的宜农地区。八亿农业人口搞饭吃，粮食生产占了大量土地，可开垦的荒地已经不多。这种情况，对实现四个现代化是很不利的。逐步改变这种传统的经济结构、人口分布、土地利用以及食品构成的状况，是汉族地区经济进一步发展的要求。而实现这种改变，就离不开少数民族的帮助。例如，少数民族地区有广阔的山区、牧场，可以设想，如果充分发挥少数民族在畜牧业方面的优势，使汉族人民的食品构成中增加肉类的比重，那么，就可以相对减轻粮食生产在土地利用上的压力，可以更好地发展多种经营。第三，进行社会主义现代化建设，需要有一个巩固的边防提供安全方面的保证。在我国漫长的陆地边防线上，大多数是少数民族居住的地方。离开少数民族，建设巩固的边防是不可能的。这些都说明汉族离不开少数民族。

少数民族也离不开汉族。在民族地区进行社会主义现代化建设，主要的是要依靠少数民族干部和人民发扬自力更生、艰苦奋斗的精神，以主人翁的态度，用自己的腿走路。但是，国家和汉族人民的支持和帮助，也是不可缺少的。由于历史上残酷的阶级压迫和民族压迫，造成大多数少数民族经济文化的落后，而且发展极不平衡。新中国成立前，我省二十多个少数民族，就分别处于原始公社残余、奴隶制、封建农奴制等不同的社会发展阶段。新中国成立以后，党领导各族人民从不同的起点出发，走上了社会主义道路，有的民族跨越了一个乃至几个社会发展阶段。这是一件大好事，它使少数民族避免了许多历史性的痛苦和灾难。但是，又必须看到，由于少数民族地区原来的经济文化基础薄弱，这就给民族地区的社会主义现代化建设带来了严重的困难。离开汉族的帮助，是难以克服这些困难的。比如，有些少数民族连自己的手工业都不完备，要是没有汉族的帮助，怎么能发展现代化的工业、交通事业呢？有些少数民族还没有形成自己的知识分子队伍，要是没有汉族的帮助，怎么能发展科学、文化、教育事业呢？我国少数民族要尽快地缩短自己在经济文化方面同先进民族的差距，迎头赶上我们整个国家社会主义现代化建设的前进步伐，汉族人民兄弟般的真诚帮助，也就是一个带有决定意义的条件。因此，少数民族同志也应努力加强同汉族人民的团结，欢迎汉族人民对自己的帮助，这才符合本民族的利益。

（载《云南日报》1983 年 6 月 20 日）

为什么说民族是一个历史范畴

“范畴”是个哲学概念，其含义之一，是“区分过程中的一些小阶段”。所谓历史范畴，在这里，是指民族是人类社会发展到一定历史阶段的产物，同任何社会历史现象一样，它也是受社会历史发展规律支配的，有它产生、发展和消亡的客观过程。

民族并不是自有人类以来就有的。在漫长的原始社会，以血缘关系为特征结合而成的氏族和部落，是社会的基本结构。那时，并没有民族差别。到了原始社会末期，由于青铜器的发明和使用，大大促进了社会生产力的发展，出现了社会分工，出现和增加了剩余产品。在这种情况下，不但扩大了商品交换，促进了各部落之间的经济联系，而且导致了部落之间经常发生掠夺性的战争。为了掠夺财富或防御的需要，比较亲近的部落便结成了暂时性的或永久性的联盟。部落联盟的出现是一件大事，是朝民族的形成跨出了第一步。因为在部落联盟内部，随着部落之间经济上、军事上、政治上、文化上联系的加强，人们构成氏族、部落的血缘关系便逐步遭到破坏，而为地缘关系所代替。不同的氏族和部落不可避免地混杂起来，原来各自的领土成了共同的地域。在频繁的交往中，还逐步形成了共同的语言、共同的经济生活和共同的心理素质。这样，便逐步形成了民族共同体。正如恩格斯指出的：“从部落发展成了民族和国家。”

从氏族、部落、部落联盟发展成为民族，是民族形成的一般规律。它既适用于古代社会的所有民族，也适用于今天还存在的古老民族。我国包括汉族在内的许多民族，都有悠久的历史，都是遵循这一规律形成和发展起来的。另一方面，进入阶级社会以后，特别是到了近代，随着资本主义国家向殖民地大量移民，又不断形成了许多新的民族。这些新的民族并不是由部落发展而成的，而是由古老民族中分化出若干人口，发展成了新的国家和新的民族。例如美利坚民族，从形成到现在，不过二百多年的历史。从部落发展成为民族的理论和从原有民族中分化出一部分人口而形成新的民族的理论，构成了马克思主义关于民族的起源和形成问题的学说。

民族形成以后不是一成不变的，它是随着社会的发展而发展变化的。人类社会经历了原始社会、奴隶社会、封建社会、资本主义社会、社会主义社会五种形态。民族在产生、形成后，也是遵循这五种社会形态的顺序而发展的。由于各社会发展阶段的性质不同，从而决定了民族发展过程中出现了不同类型。马克思主义经典作家把民族分为三种类型，即：资本主义以前的民族，或称为古代民族；资本主义民族和社会主义民族，这两种民族统称为现代民族。我国56个民族中，新中国成立前绝大多数都还处于资本主义以前的社会发展阶段，属于资本主义以前的民族。新中国成立后，随着我国社会进入社会主义，我国汉族和各少数民族都已经发展成为社会主义民族，并且建立了平等、团结、互助的新型的社会主义民族关系。

民族不是永恒存在的。随着历史的不断向前发展，将来人类必然要从阶级社会进入到无阶级的社会。那时，民族将逐步消亡。这是因为经过社会主义的长期发展过程，世界上各民族的政治、经济、文化在高度发展的基础上，通过长期的交流和合作，各个不同民族之间的差别将最后自然地消失，全世界各民族将融为一体。实现全世界各民族的大融合，是一个很长的历史时期。列宁说，各民族和各个国家之间的民族差别和国家差别，“就是在无产阶级专政在全世界范围内实现以后，也还要保持很久很久”。首先是阶级消亡，而后是国家消亡，最后才是民族消亡。我们当前所处的社会主义阶段，不是民族融合的阶段，而是各民族在平等团结基础上共同发展繁荣的阶段，是社会主义民族和社会主义民族关系充分发展的阶段。在社会主义阶段，各民族互相学习，互相帮助，共同前进，共同性的东西也增多了，差别在逐步缩小。当然民族差别和民族特点还将长期存在。如果把民族融合的远景当作当前的实践纲领，那就会犯“强迫同化”的错误，这对我们的事业是十分有害的。

（原署名雷和，载《支部生活》1983年第10期）

民族文化与“四化”

偶尔翻捡音乐史料，看到唐太宗李世民在统治高昌以后，曾立十部乐。其中燕乐、清乐两部是汉族传统音乐，西凉、龟兹、疏勒、高昌四部是唐朝境内少数民族音乐，其余四部则是高丽、天竺等东方和西方的外国音乐。这十部乐的曲调，已不得其详；但可以想见，那一定是丰富多彩、蔚为壮观的。这十部乐含有那样多的不同民族的音乐成分，单这一点，就不禁使人发生许多联想。

唐朝国力强盛，经济繁荣，在我国封建社会是空前的，在当时的世界上也是仅有的。正是在这个基础上，产生并发展了辉煌灿烂的文化，形成中国封建文化的一个突出的高峰。

在唐太宗的治国方略中，对待民族关系和民族文化，有一个比较开明的态度和正确的方针。他曾说：“自古皆贵中华，贱夷狄，朕独爱之如一。”反映在民族文化问题上，那就是有一种兼容并蓄的宏大气魄，对各个民族的文化，一视同仁，不厚此薄彼，鼓励各民族独立地发展自己的文化，同时，又提倡广泛交流，取长补短，还注意吸收外国的进步文化，从而形成了统一的而又异彩纷呈的中华民族文化。这种灿烂的民族文化和繁荣的经济、稳固的政治结合在一起，就出现了我国历史上一个著名的强盛的朝代。

今天，我们在建设社会主义现代化强国的伟大实践中，同样有一个如何正确理解经济建设与民族文化的关系，如何正确对待民族文化的问题。

我国当前的经济、文化，一般说来，落后于世界的先进水平。四个现代化，决定着我们国家和民族的前途命运，集中代表了各族人民的根本利益。没有经济的繁荣，一切无从谈起。所以，经济的建设、发展和繁荣，是发展文化的决定性的前提和条件。

作为观念形态的一定的文化，固然是由一定社会的政治和经济决定的，然而，一定的文化，又会给予伟大影响和作用于一定社会的政治和经济。如果我们整个中华民族的科学文化水平极大地提高了，如果各族劳动人民充分掌握了现代生产技能和科学文化知识，同时造就了一支宏大的各民族的知识分子队伍，那我们从事经济建设，就有更多的有利条件。强大的社会主义要有三个高峰：理论的高峰、自然科学的高峰、文艺的高峰。没有这三个高峰就不叫四个现代化。今天，我们各民族的文化还处于落后的状态，努力繁荣和发展社会主义文化，提高各民族的科学文化水平，这是摆在我们面前的一项十分紧迫的任务。

我们是一个统一的多民族的伟大国家，我们要繁荣和发展的文化，应当是社会主义的民族文化，应当带有多民族的特点。中华民族由 56 个民族共同组成，各民族不分大小，都是一律平等的。繁荣和发展各个民族自己的文化，不但是建设社会主义现代化强国的需要，也是各个民族享有的不可剥夺的权利。我们既要重视和发展汉族的文化，还要重视和发展少数民族的文化。只有各民族的文化都繁荣起来，发展起来，同时建立相互吸收和相互补充的关系，这样，才能相得益彰；才能如汇百川于大海，共同形成深厚广博、繁荣昌盛的中华民族的社会主义新文化。

林彪、“四人帮”一伙，极端蔑视和破坏少数民族文化。我们要同他们的极左路线以及属于这条路线的大汉族主义的反动文化政策彻底划清界限，在对待民族文化的问题上，来一个根本的拨乱反正。很清楚，如果不肃清林彪、“四人帮”的流毒影响，自觉不自觉地保持着大汉族主义的偏见，不重视、不去积极帮助发展少数民族的文化，甚至连使用本民族语言文字的基本权利也不予尊重，那么，这些少数民族怎么能够进一步学习和掌握现代的科学文化知识呢？民族地区的四化建设又怎么能够顺利进行呢？而如果广大的民族地区的经济、文化停滞不前，所谓实现全中国的四个现代化，岂不成了空话？

繁荣和发展社会主义的民族文化，是一个艰巨的任务，需要做多方面的工作。我想就两个问题谈谈自己的看法。

发展民族文化的一个重要问题是什么呢？我认为仍然是坚持实事求

是，从实际出发的问题。我国各民族的经济、文化都比较落后，拿云南来说，有一些少数民族地区，特别是一些高寒边远山区，至今初等教育还没有普及，文盲很多，没有形成自己的知识分子队伍，作为文化的一种表现的生活方式还很落后，饭菜简单，衣着简陋，卫生常识尚未普及。在这种情况下，固然不能忘记建设繁荣昌盛的社会主义新文化的奋斗目标，但更重要的，一定要从实际出发，多做踏踏实实的文化普及工作。对于他们，第一步需要还不是"锦上添花"，而是"雪中送炭"。普及工作的任务更为迫切。"文化大革命"以前，云南省委根据毛泽东关于民族地区"农业、畜牧业、工业要一年比一年发展，经济要一年比一年繁荣，人民生活要一年比一年改善"的指示，认真地抓民族地区的生产建设和人民的物质文化生活，采取了一系列从经济、文化、教育、卫生、科学技术上帮助少数民族的具体措施。如派出民族工作队和山区工作队，拨出专款，在民族地区兴办学校、医院，采取办学习班、训练班等形式，传授生产技术以及使生活多样化的知识。许多民族商业工作队，热情、耐心地教少数民族群众理发、补鞋、裁剪衣服、做棉被、打草帘子、编篾帽、炒菜、做豆腐、腌酱菜等等。这些措施，大大有利于促进民族地区的经济、文化建设，改善了人民生活，受到各族人民的热烈欢迎。

今天我们要发展和繁荣民族文化，很需要总结和发扬为过去实践所证明的好经验，多做有利于群众的实际工作，力戒无补于实际的空谈。

繁荣和发展社会主义的民族文化，还有一个重要的问题，需要努力发掘、批判地继承各民族的历史文化遗产。毛泽东曾经指出："中国现时的新政治新经济是从古代的旧政治旧经济发展而来的，中国现时的新文化也是从古代的旧文化发展而来，因此，我们必须尊重自己的历史，决不能割断历史。"又说："中国的长期封建社会中，创造了灿烂的古代文化。清理古代文化的发展过程，剔除其封建性的糟粕，吸收其民主性的精华，是发展民族新文化提高民族自信心的必要条件。"① 有一些受到大汉族主义思想影响的人，一提到少数民族文化，总以为那是落后的东西，不屑一顾。这是一种十分有害的错误观点。我国各个兄弟民族中，虽然由于社会发展水

① 《毛泽东选集》一卷本，人民出版社 1964 年版，第 667—668 页。

平和经济条件的不同，一些民族的文化显得高一些，另一些民族的文化显得低一些；或者一个民族在这一方面较高另一方面较差，另一个民族在这一方面较差另一方面较高。但总起来看，各个民族都有自己悠久的历史，都有自己丰富的文化遗产，都有自己的特点和长处。拿我们云南来说，二十多个民族的历史文化遗产，堪称源远流长，丰富多彩，是一个尚待开发的无尽的宝藏。可以在自然科学方面和人文科学方面各举一例，足见一斑。最近，楚雄彝族自治州双柏县发现一部明代嘉靖四十五年（公元1566年）传抄的彝文医药专书，内载54个病种，87个处方，324味药，内容涉及内、外、妇、儿、骨、伤、五官、皮肤等科。立药遣方既富有彝族和地域的特色，又反映了彝汉两族人民在长期同疾病作斗争中的经验交流。这部彝文医药专书成书于414年前，比李时珍编著的《本草纲目》还早12年。再例如，大家都知道云南民族民间文学十分丰富，但丰富到什么程度，恐怕很少有人说得确凿具体。据有关部门最近调查，单德宏傣族地区民间流传的叙事长诗就多达三百余部，已经发掘整理的还不到十部。如此丰富的民族历史文化遗产，是各民族共同的骄傲。研究历史上各民族参与创造祖国灿烂文化的重大作用与贡献，研究各民族在其各自发展的历史过程中所积累起来的一切文化成果，批判地加以继承和发扬，这对于增强各民族的自信心和自豪感，熟悉本民族的历史，培养爱国主义精神，加强民族团结，并作为创造社会主义民族新文化的借鉴，激励各族人民为实现四个现代化的宏伟目标而共同奋斗，具有不可估量的重大意义。

（载《民族文化》1980年第1期）

党领导各族人民走上光明路

——从云南民族地区的变化看社会主义制度的优越性

中国共产党走过了60年光辉的战斗历程。云南25个少数民族的人民，同全国人民一道，怀着亲切的感情，热烈庆祝党的生日。

“火把烧起了快准备松香和锯末，心花开放了快唱起心里的歌。心里的歌有一百竹箩，感谢共产党的歌就有九十九箩。”这一首朴素热情的傈僳族民歌，表达了全省各少数民族人民热爱党、感谢党的共同感情。这种真挚的感情的产生，基于这样一个事实：是党领导各族人民破天荒地脱离了几千年的苦难深渊；是党指引的社会主义道路，给各族人民带来了光明和幸福。尽管这条道路坎坷不平，但是，各族人民从切身体验中认识到它是希望所在，因而坚持党的领导、坚持社会主义道路的决心是不可动摇的，热爱党、热爱社会主义的感情是与日俱增的。

云南各族人民永远不会忘记，是中国共产党的正确领导使他们的命运发生了历史性的转折。从司马迁写《西南夷列传》时算起，直到中国共产党诞生以前，时间过去了两千多年，而云南地区的少数民族是一个什么情况呢？可以用“苦难深重”四个字来概括。所有的少数民族都还处于前资本主义的社会形态，有许多民族甚至还在封建农奴制、奴隶制以至原始公社末期阶段徘徊。一部分苦聪人，直到1956年以前，还在深山老林里过着穴居野处、擦竹取火、身裹兽皮树叶的原始生活。残酷的阶级压迫和民族压迫，拖住了少数民族人民前进的脚步，使他们落后于现代社会许多个世纪。但是，当中国共产党成立并且担起领导革命的重任以后，各族人民就如同在沉沉的黑夜里，找到了引路的明灯。党领导各族人民经过28年的艰苦奋斗，取得了新民主主义革命的彻底胜利；新中国成立以后，党领导各族人民从不同的起点出发，又走上了共同的社会主义道路。今天，云南民族地区发展还不平衡，总的看还不能说是富裕繁荣，但同新中国成立前相比，却发生了谁也不能否认的翻天覆地的变化。全省实行民族区域自治的76个县（包括8个自治州所属县），工农业生产和文教卫生事业发展的情况，1980年同1952年相比，粮食增产80%以上，茶叶、甘蔗、烤烟等经济作物增长5—22倍。工业原来几乎是一张白纸，新中国成立后从无到有，建起了数以千计的工矿企业，年产值达10亿元以上。新中国成立前交通闭塞，道路难行，现在公路通车2.7万多公里，百分之百的县、百分之八十的乡通了汽车。许多原来没有文字，靠刻木结绳记事的少数民族，现在兴办起了各种学校，这些县的中学已有762所，在校学生43万人。许多民族地区新中国成立前被称为瘴疠之区，疾病流行，缺医少药，今天，建立了分布民族地区的医疗卫生网，消灭和控制了鼠疫、天花、疟疾、血吸虫病等烈性传染病，群众的健康水平大大提高。随着经济文化建设事业的发展，各族人民的生活逐步得到改善。

我省民族地区所发生的巨大变化，是可以载入人类社会发展史册的。它有力地证明，党制定的民族政策是完全正确的，党所指引的社会主义道路，是解决民族问题的唯一正确的道路。社会主义制度所显示的优越性，是迄今为止我国少数民族所经历过的任何社会制度所不可比拟的。

一、党所指引的社会主义道路的优越性，首先表现在少数民族人民获得了从来没有过的政治上的平等权利和地位，成了掌握自己命运的主人

几千年来，我国少数民族劳动人民在政治上从来处于无权的地位，进入近代，外受帝国主义的压迫，内受阶级的和民族的重重压迫，这是造成少数民族落后和民族不和的历史的根本原因。这个问题，在剥削阶级统治的阶级社会里，只能愈演愈烈，而不可能得到解决。这是因为，剥削阶级为了维护自己的统治，总是要竭力推行民族歧视和民族压迫政策，"以汉制夷"、"以夷制夷"成了他们惯用的伎俩和祖传的权术。代表了各族人民

利益的中国共产党，从成立的时候起，就坚持民族平等原则，并把它作为解决民族问题的根本原则。我们党认为，在中国这个统一的多民族国家，革命事业从来就是各族人民的共同事业，需要依靠各民族团结的力量。而如果没有民族平等，民族团结就无从谈起。民族平等是民族团结的前提。因此，我们党历来主张民族不分大小一律平等，民族无论先进和落后一律平等，民族不管聚居或散居一律平等，坚决反对任何形式的歧视和压迫。民族平等的原则，虽然党早在民主革命时期就提出了，并在根据地、解放区内付诸实行，但是，只有在民主革命取得胜利并建立了人民民主专政的国家政权以后，在社会主义的条件下，在全国范围内实现各民族政治上的平等，才有了可能。新中国成立以后，党和人民政府立即废除了国民党政府的民族压迫制度，开创了我国民族平等团结的新纪元。在解放初期制定的《共同纲领》和以后历次颁布的国家宪法中，都庄严地规定有各民族一律平等的条文。与此同时，党和人民政府采取了一系列保证少数民族平等权利的实际措施，其中最主要的就是实行民族区域自治的基本政策。

民族区域自治，是在各少数民族聚居的地区建立相应的自治机关，由少数民族当家做主，管理本民族内部地方性事务。这是民族平等原则的最实际的体现。在党中央的亲切关怀下，我省先后建立了 8 个民族自治州和 19 个民族自治县，实行民族区域自治的州、县的人口达 1500 万，约占全省总人口的 50%。随着民族区域自治的实行，一大批少数民族干部成长了起来。散居于各地的少数民族，当地党委也注意对本地民族干部的培养。现在全省已有少数民族干部 10 万余人，其中有相当数量担任了各级领导职务。列宁说：“宣布各民族一律平等，在资产阶级看来这是一种欺骗，在我们看来却是一句真话，这句真话将有助于把一切民族迅速地争取到我们这边来。”① 事实正是这样。由于我们党真心实意地坚持民族平等的原则，真心实意地实行民族区域自治的政策，这就使得过去不被承认、处于无权地位的少数民族，纷纷登上了我国的政治舞台，成为社会主义祖国大家庭中的平等成员。昔日戴着沉重镣铐的彝族“娃子”，饱尝农奴主鞭子的藏族农奴，以及其他不知“印把子”为何物的少数民族劳动人民，如今

① 《列宁全集》第 23 卷，人民出版社 1958 年版，第 16 页。

翻身做主人，都有自己的代表参加各级人民代表大会，进入各级领导班子，共同管理国家大事。这种划时代的变化，具有伟大的历史意义。它不能不极大地激发少数民族的政治热情，不能不使他们自然地把自己的命运同党紧密地联系在一起，同社会主义事业紧密地联系在一起，以充沛的热情和干劲参加社会主义建设，以主人翁的态度创造美好的生活。

二、党所指引的社会主义道路的优越性，还表现在民族地区胜利地完成了消灭剥削制度、改造小生产私有制度的历史任务，铲除了产生民族压迫的根源，解除了束缚生产力的最大桎梏

少数民族人民在新中国成立前除了在政治上受到压迫以外，在经济上还受到残酷的剥削。被压迫民族的劳动人民，不但受到本民族剥削阶级的剥削，还受到压迫民族剥削阶级名目繁多的掠夺和榨取；就是那些内部阶级分化不明显的少数民族，也难以摆脱压迫民族剥削阶级伸向四面八方的吸血管。以丽江地区纳西族为例。新中国成立前贫苦农民不但受到本族和外族地主富农高达50%—80%的实物地租剥削，受到利率高达100%—400%的高利贷剥削，还要承担国民党丽江专员公署和师管区摊派下来的多达37种的苛捐杂税。这是造成他们贫穷落后的一个根本原因。摆脱剥削的唯一途径，只有推翻剥削制度，走社会主义道路。这既是少数民族人民的迫切要求，也是社会发展的必然规律。正如列宁所指出的："一切民族都将走到社会主义，这是不可避免的，但是一切民族的走法却不完全一样。"① 我们党在20世纪50年代中期，坚决地、稳妥地领导民族地区完成了民主改革和社会主义改造，胜利地引导各少数民族走上了社会主义道路。从我省来说，当时，省委根据中央确定的"慎重稳进"的正确方针，既反对了不敢领导群众前进的右的倾向，又反对了企图超越少数民族群众的觉悟程度、民族干部的成长程度和民族上层的改造程度，急躁冒进，想

① 《列宁全集》第23卷，人民出版社1958年版，第64页。

"用棍子把人赶上天堂"的"左"的倾向，坚持既要进行改革，又要稳定边疆局势。在深入调查研究的基础上，对不同的民族地区，采取了不同的政策和方式。在民主改革过程中，我们党既立足于依靠少数民族中的基本群众，又确定了对民族上层的团结、教育、改造的正确政策，逐步把民族上层人士改造成为自食其力的劳动者。民族地区的民主改革，是30多年来民族工作中最为精彩的一段。它生动地体现了马列主义、毛泽东思想的普遍真理同民族地区革命的具体实践相结合的原则，为正确处理共同性与特殊性的关系、原则性与灵活性的关系、正确反对"左"和右两种错误倾向，提供了宝贵的经验。经过民主改革和社会主义改造，云南民族地区各族人民推翻了几千年的剥削制度，掀掉了压在头上的大石板，改造了生产资料的私有制，建立了社会主义公有制，初步实行了"各尽所能，按劳分配"的原则，进入了社会主义社会。这是少数民族历史上最伟大、最深刻的变革。崭新的社会主义生产关系的建立，大大提高了各族人民的劳动积极性，为民族地区生产力的发展，开辟了广阔的道路。

三、党所指引的社会主义道路的优越性，还表现在各民族之间结成了平等、互助、团结、友爱的新型的社会主义民族关系，在国家和发展程度较高的民族的无私援助下，少数民族能够以前所未有的规模和速度发展经济、文化建设

经过民主改革和社会主义改造，消灭了剥削制度和剥削阶级，代之以人民民主的社会主义制度以后，产生民族内部的阶级对立和各民族之间的民族压迫、民族斗争的主要根源便基本消除了。社会主义时期国内各民族之间的关系都是劳动人民之间的关系。建设社会主义的现代化强国，是各民族共同的奋斗目标，社会主义祖国的繁荣富强，是各民族共同的根本利益。这个纽带，把各个民族紧密地维系和团结在一起。群众说得好："山

箐里的竹子，根是连着根的；在社会主义道路上，各族人民是心连着心的。”30多年来，国家和汉族人民源源不断地从资金、人力、物力、技术等各方面大力扶持我省各少数民族。从1952年到1980年，仅国家拨给我省8个民族自治州财政差额补助款一项，就达20余亿元。粉碎“四人帮”以后，国家在经济困难的情况下，仍然大力支援我省民族地区的建设，仅支援不发达地区的发展资金一项，就达1.8亿多元。这些，充分体现了党和国家对少数民族的亲切关怀和社会主义制度的优越性。新中国成立前民族地区生产力十分低下，几乎没有什么先进的工具和技术。在30多年的社会主义建设中，少数民族人民在自力更生、艰苦奋斗的同时，由于得到了国家和汉族的帮助，76个自治县现已建成大中型水库51个，小型水库2200多个，库容量达24.3亿方；建成小型电站4000多个，发电量5.7亿度，农村用电达2.7亿度；化肥用量一年达49.5万吨；此外，还拥有大中型农业拖拉机9000台，手扶拖拉机1.46万多台，载重汽车3900辆等。这些，逐步转化成为新的生产力，成为巩固社会主义经济的物质基础。随着民族地区经济文化的发展，其地大物博的优势逐步得到发挥，各少数民族对整个国家建设做出了越来越大的贡献，对汉族人民也提供了宝贵的帮助。伟大的革命先行者孙中山曾经提出“合汉满蒙回藏诸族为一人”的“民族团结”的理想，但未能实现。只有在共产党的领导下，在社会主义的条件下，这个理想才变成了光辉的现实。

党所指引的社会主义道路的优越性，表现是多方面的，仅就以上所说的实现了各民族政治上的平等，消灭了剥削制度和建立了团结互助的新型民族关系三个方面来看，就无可辩驳地证明，只有社会主义才能救中国，只有社会主义才能解决民族问题，社会主义道路是各族人民通向光明、幸福的康庄大道。沿着这条道路前进，我们一定能够逐步消灭各民族之间经济、文化上事实上的不平等，实现各民族共同的发展和繁荣。当然，我们在充分肯定社会主义制度的优越性的同时，没有忘记30多年来社会主义革命和建设所遇到的严重挫折。林彪、“四人帮”在民族工作中推行一条极左路线，大搞什么“政治边防”，残酷地迫害和打击少数民族干部和群众，造成了严重的破坏。我们在民族工作中也发生过“左”的错误。同民族地区有利的自然条件和各族人民作出的艰苦努力相比，同社会主义制度应当发挥的优越性相比，我们已经取得的成就是很不够的。今天，在民族关系、民族地区的经济文化建设和少数民族群众的生活等方面，都还存在着许多亟待解决的问题，有许多困难需要克服。我们没有任何理由满足于以往的胜利，盲目乐观；相反，应当正视现实，谦虚谨慎，兢兢业业地做好工作。但是，当我们总结正反两个方面的经验教训的时候，我们不是动摇了而是更加增强了对党的领导和社会主义制度的信心。不但正面的经验证明，一切成就的取得，都是坚持党的领导、坚持社会主义道路的结果；就是反面的教训也同样证明，一切失误和挫折，并不是党的领导和社会主义制度本身的问题，而是党的正确领导受到干扰，党的民族政策和社会主义制度遭到破坏的结果。粉碎“四人帮”以来的实践进一步证明，纠正错误，克服困难，拨乱反正，除旧布新，还是要依靠党的领导和社会主义制度本身的力量。在庆祝建党六十周年的吉日良辰，云南各族人民怀着坚强的决心和信心，在党的领导下，沿着社会主义道路，同心同德、百折不挠地奋勇前进！

（原署名本报评论员，载《云南日报》1981 年 6 月 23 日）

思想路线与
工作重点转移

坚持实践标准　破除权力标准

实践是检验真理的唯一标准。除此以外，不论什么名目的标准都是错误的，都在破除之列。联系我们的工作实际和干部的思想实际来看，当前特别要注意破除的是一种“权力标准”。

所谓“权力标准”，就是按照权力的有无大小，来判断真理的有无多寡。换句话说，就是理随权走，有权有理，无权无理，权大理多，权小理少。这种“权力标准”，考其历史，是颇为悠久的。在我国几千年的封建社会里，就盛行这样的“权力标准”。皇帝拥有至高无上的权力，因此皇帝就等于真理，他讲的话是“圣旨”，只能唯命是从，不能违反。比方说，皇帝要杀人，哪怕是冤枉的，那也是“皇上圣明，臣罪当诛”。这里，判断功罪是非并没有什么客观标准，完全取决于皇帝个人的主观意志和权力。在近代，法西斯主义也是鼓吹“权力标准”的。德国哲学家尼采，就公然宣称：“权力意志”是自然界和社会中发生的一切过程的动力，“真理的标准就在于提高权力感”。尼采哲学是希特勒法西斯主义的理论依据。一切法西斯分子，帝国主义分子，正是奉行“强权即公理”的信条的。

人们在批判林彪、“四人帮”的思想体系时，指出了它的封建法西斯的本质，这是很确切的。就拿他们推行“权力标准”来说，正是师承了封建帝王和法西斯主义的衣钵。他们手中没有真理，倒行逆施不得人心，所以，特别乞灵于权力。他们横行十年，都是以权力作标准，任意地指鹿为马，为所欲为。那时候，“真理”“错误”由他们定，“香花”“毒草”由他们分。他们可以把领导干部诬为“走资派”，把群众打成“牛鬼蛇神”，把社会渣滓封为“先进分子”。一切的一切，都以他们的“权力标准”来定夺，是非黑白、善恶忠奸统统给弄颠倒了。

我国这样一个有着几千年封建传统的社会，为推行“权力标准”提供了条件。我们有少数干部，由于受到封建意识和“四人帮”的影响，有时自觉不自觉地按照“权力标准”行事。这些同志往往忘记了人民授予的权力只是为人民服务的责任，而把它当作自行其是的资本。他们不是把正确领导建立在集中群众意见的基础之上，而是以为手中有权就是真理在手，自视高明，自作主张，习惯于搞“一言堂”、家长制，一个人说了算。甚至有个别单位，“一把手”成了真理的化身，不要说是普通干部和群众，就连“二把手”、党委一班人，也要看“一把手”的脸色行事。在这样的单位，个人专断已经成了习以为常的现象，没有什么民主可言，空气沉闷，鸦雀无声，群众的积极性受到严重的压抑。更值得注意的是，有那么极少数的人，根本忘记了自己是人民的公仆，从一切由他说了算，发展到做官当老爷，凌驾于群众之上，老虎屁股摸不得，甚至依仗权势牟取私利，干出违法乱纪的事情来。凡此种种，不正是“权力标准”的流毒没有肃清的表现吗？

权力标准同实践标准水火不相容。以权力作为检验真理的标准，实际上就是以掌权者的意志为标准，因而它是一种主观的标准，唯心主义的标准。马克思主义认为，真理是人的头脑对客观事物及其规律性的正确反映，它的内容是客观的。要证明人们的认识是否正确，是不是真理，不能在主观意识的范围内寻找答案，只有在社会实践的过程中，才能找到判断是非、辨别真伪的标准，才能保证思维正确反映存在，求得真理。实践是一个公正无私的尺度，它既不偏袒“高贵者”的无知妄说，也不蔑视“卑贱者”的真知灼见。实践归根结底指的是群众的实践，真理通常总是掌握在社会实践的主体——广大劳动人民的手里。处于领导工作岗位的人能够揭示真理，主要原因在于他善于总结群众的实践经验。因此，任何一个人，他究竟能否掌握真理，决定于他有没有遵循辩证唯物主义的认识路线，参加群众的社会实践，并善于概括这些实践的成果，而不决定于权力的有无和大小。在真理面前是人人平等的。认为有权就有理，根本不符合认识和掌握真理的客观过程。拿“权力标准”作为真理标准，就是以主观标准来取代检验真理的客观标准，必然会抹杀真理和错误的界限，不可避免地要出现颠倒黑白、混淆是非的结果。一个领导者，如果迷信和陶醉于

"权力标准"，必然会因为陷入盲目性而不能实现正确的领导；他的领导意见是脱离实践、脱离群众的，只能是无源之水、无本之木的主观偏见。

说到这里，应当指出，我们批判"权力标准"，并不是反对领导者按民主集中制的原则实行正确的领导，也不是说掌握了权力的人就没有真理，或者说真理只能在不掌权的人一边。如果得出这样的结论，那显然也是片面的、错误的。事实上，我们的干部担负了领导职务，有较多的实践经验，而且对本地区、本单位的全面情况比较了解，就有通观全局、掌握更多情况的可能，这对于认识真理来说，是比一般干部有利的条件。充分利用这个有利条件，面向实践，面向群众，加强调查研究，那我们的面前就有一条通向真理的广阔道路，对事物的认识，就可以比一般干部看得全，看得远，从而实行正确的领导。但是，如果滥用权力，坚持一己之见而自命正确，事情就要向相反的方面转化，手中的权力就要堵塞我们通向真理的道路。

坚持实践标准，破除"权力标准"，归根结底，就是要坚持辩证唯物主义的思想路线，破除主观唯心主义的思想路线，是一个改造世界观的问题。当前，我们正处于新的历史时期，党的工作重点已转移到经济建设上来。为了实现四个现代化的伟大目标，我们一定要永远坚持实践是检验真理的唯一标准，反对包括"权力标准"在内的任何一种主观唯心主义的标准。这是一个关系到四化成败进退的大问题。对此，我们应当极大地提高自己的自觉性。

（原署名星云，载《漫谈思想路线》，云南人民出版社 1981 年版）

闹剧收场后的思索

我省边疆地区有一部分苦聪人，1955 年以前一直住在深山老林里，过着穴居野处、身裹兽皮树叶的原始生活，没有出现明显的阶级分化。1956 年民主改革时，人民解放军民族工作队做了很多工作，才把他们从老林里接出来定居。接着，在党的领导下，他们直接走上了互助合作的社会主义道路。在“文化大革命”中，竟发生了这样的闹剧：林彪、“四人帮”一伙打着“阶级斗争”的旗号，污蔑我省“民主革命不彻底”，在全省边疆民族地区大搞什么“第二次土改”、“重划阶级”；在这些苦聪人中间，他们也硬是要划出“剥削阶级”和“阶级敌人”来。然而，按照划分阶级成分的规定，实在找不到够格的阶级敌人。怎么办呢？他们眉头一皱，计上心来，任意规定了一个以生活富裕程度作为划分阶级的标准，然后“制造”出了一批“阶级敌人”加以打击。实际上，打击了许多基层干部和基本群众，冤枉了好人。那些苦聪人对于这种不幸的遭遇无法忍受，有的提出要回到深山老林去重过原始生活。在当时闹得乌烟瘴气的所谓“政治边防”中，类似这样荒唐的事情还多得很哩！

行动上的荒唐来自思想理论上的荒谬。当时在全省范围内大批“边疆特殊论”，就是他们所作的舆论和理论准备。批判者的逻辑是：“阶级斗争”无处不在，无时不有；不斗则退，不斗则修。哪个认为边疆情况特殊，那就是“边疆特殊论”，就是否定阶级斗争，就是修正主义。在这种“高论”甚嚣尘上的日子里，讲特殊有罪，提差别非法。一顶硕大无朋的“阶级斗争”的帽子，笼罩了一切，抹杀了一切特点和差别。于是乎，连原来穴居野处的少数民族中，也到处是“黄世仁”、“南霸天”了。林彪、“四人帮”一伙反对讲民族特殊性，反对从实际出发，对于客观存在着的民族差别、各民族发展的不平衡，一概采取不承认主义。这是一种猖獗的唯心论和形而上学，是同马克思主义的实事求是原则，完全背道而驰的。

林彪、“四人帮”终于覆灭了，他们一手导演的批判“边疆特殊论”的闹剧也已曲终人散了，这一桩历史公案似乎可以了结了；但仔细想一想，觉得不然。许多事情表明，我们有些同志，时至今日，仍然程度不同地忽视民族地区的特殊性，习惯于照搬汉族地区的一套做法，在工作中常常主观地搞一个标准，一律照办，整齐划一，统一进度，一刀切。不妨举一个不久以前发生的例子：有一个民族自治州，下乡知识青年很少，也照样成立了一个主任、干事齐全的“知青办”。后来，这些知青陆续分配了工作，全州只剩下两三个知青在农村，但这个“知青办”依然存在，成了一个无事可干的机构。若问为什么不看具体情况办事呢？回答说，上面强调“知青办”机构要保持稳定，谁敢随便撤销呢？这样的例子说明，我们有些同志的思想方法上，确有一些主观主义的东西，也可以说，还没有从林彪、“四人帮”鼓吹的那种唯心论和形而上学的影响下彻底解放出来。因此，对于林彪、“四人帮”一伙批判“边疆特殊论”中所制造的种种谬论，我们就还有一个继续从理论上进行清理的任务；作为拨乱反正、澄清是非的重要标志之一，那就是要使民族特殊性的观念，真正在头脑中扎下根来。

唯物辩证法告诉我们，任何矛盾都带有特殊性。我们认识事物，除了要注意这一事物与其他事物的共同点以外，尤其重要的，成为我们认识事物的基础的东西，则是必须注意它的特殊点。只有认真研究矛盾的特殊性，才有可能区别各种不同的事物，根据不同质的矛盾，采取不同的措施，哪把钥匙开哪把锁。这一点，在民族工作中的重要性是更其明显的。少数民族和汉族的情况大不相同，各少数民族又都有各自的特点。拿云南来说，少数民族有25个，分布在边疆、内地、坝区、山区等不同的地区。他们原来的社会历史条件、经济文化发展水平差别很大。新中国成立前夕，有些民族已进入封建地主经济，有些民族还处于奴隶制阶段，有的民族却保留着原始公社残余。至于语言文字、风俗习惯、民族心理、宗教信仰等等，也极不相同。面对着如此千差万别的情况，对民族工作的一个最基本的要求，就是要承认和认真研究各个民族的特殊性，从不同的实际情况出发，因地制宜地采取不同的方针和政策。这是做好工作的基础和前提，30 多年民族工作的基本经验教训也正在这里。1956 年民主改革中，我们省正是充分考虑到各个民族的特殊情况，采取了不同的改革方式。比如对那些保留着原始公社制残余的边疆少数民族，就没有把土地改革当作一个运动来进行，没有划分阶级，没有重分土地，而是团结一切劳动人民，团结和改造一切与群众有联系的公众领袖人物，在国家大力帮助下，通过互助合作的道路，直接过渡到社会主义，在发展生产和互助合作过程中，逐步消除某些剥削因素和落后因素。这种做法，没有把阶级斗争当作框子硬套。任何一个能够用头脑正常思考的人都会认识到，这样做是正确的。它符合这些民族的特殊情况，是坚持了实事求是、一切从实际出发的马克思主义基本原则的。

我们强调要承认和认真研究各个民族的特殊性，并不是说可以否定普遍性、共同性的东西。普遍性存在于特殊性之中，两者是辩证统一的关系。要善于把两者结合起来，既要注意研究普遍性，又要注意研究特殊性，而正确认识事物、处理问题的立脚点则是要研究特殊性。拿实际工作来说，要努力实现四化，在实现四化的过程中，要坚持四项基本原则；当前，要贯彻执行中央提出的经济上实行进一步调整、政治上实现进一步安定的重大方针。这些是全国包括民族地区的共同任务。这些共同任务的提出，概括了全国包括民族地区的实际，因此，不能片面地强调民族特殊性而不去执行这些共同任务。但是，在贯彻执行这些共同任务时，一定要考虑到民族地区的特殊性。要根据每个民族的历史和现状，根据其自然条件、经济结构、工作基础、干部群众的思想觉悟和生活状况等方面的特点，提出贯彻执行中央有关的方针、政策、任务的具体措施，实行切合实际的具体领导。也只有这样，才能使中央提出的方针、政策、任务在民族地区落实，收到成效。这就是说，既不能离开普遍性搞就事论事，也不能离开特殊性搞生搬硬套，而是要把普遍性和特殊性紧密地结合起来，把反映共性的普遍真理同体现个性的具体实践紧密地结合起来。

不过，要说明一点，我们说矛盾的普遍性和特殊性是辩证统一的关系，普遍性存在于特殊性之中，这都是指同类矛盾而言的。从这一类的特殊性中抽出来的普遍性，只存在于这一类的特殊性之中。为什么在那些苦聪人内部搞“阶级斗争”是荒谬的呢？就因为阶级斗争只在存在阶级对抗的民族中才具有普遍性，这种普遍性不存在于那些阶级分化不明显的民族的特殊性之中。硬要在阶级分化不明显的民族内部大搞阶级斗争，从哲学上说，叫作混淆了不同类、不同质的矛盾。弄懂这个道理，对于实际工作是有益的，可以使我们更加自觉地去研究民族地区的特殊性，更好地做到从实际出发。比如，我们常常遇到，上级提出的某项方针、政策、任务，可能适合大多数地区的实际情况，却不符合某些民族地区的特殊情况；这些民族地区的特殊性，没有包括在那些方针、政策、任务的普遍性之中。在这种情况下，就不应该机械地执行、照办，而应该变通办理；从上级来说，也要允许下级这样做。上面提到的那个民族自治州的“知青办”，在知青已基本调走后，按理应该撤销，这才符合当地的特殊情况。对当时上级提出的“知青办”机构要保持稳定的指示，就应变通办理；而上级对这个州的“知青办”机构，也不应强求一律。当然，对类似问题变通办理时，要按照组织原则办事，及时向上级反映情况，取得上级的同意和支持，不应自行其是，不能“先斩后奏”或“斩而不奏”。这也是要注意的。

（载《漫谈思想路线》，云南人民出版社 1981 年版）

穷富观上要来一个拨乱反正

《官场现形记》第十九至二十二回，生动地刻画了一个“颂穷”的伪君子形象。此人姓傅，署理浙江巡抚。他接受几十万两银子的贿赂，抛弃未成年的亲生儿子，嫖妓女竟要别人代付嫖账。这么一个坏透了的家伙，不但自己装出一副穷酸相，还利用权势强制推行一套“安贫乐道”的人生哲学和施政方针。他见谁穿的衣服破烂，就喜欢，加以奖掖提拔；见谁穿的衣服讲究，就厌恶，加以申斥贬责。于是，他手下的官儿们纷纷到估衣铺里用高价抢购破袍烂褂，弄得官场上拖一爿，挂一块，赛如一群叫花子。

这位傅署院阴魂不散，竟于20世纪中叶附在林彪、“四人帮”身上出现了！

林彪、“四人帮”就是一伙傅署院式的伪君子。他们花天酒地，穷奢极欲，却利用其控制的舆论工具，搬出那个“宁要……不要……”的荒唐公式，连篇累牍地鼓吹什么“宁要穷社会主义，不要富资本主义”，要人们去追求所谓“以穷为乐，以穷为荣”的“理想境界”。广大劳动人民昔日饱尝过赤贫的痛楚，当然决不会好贫的，也不会听信颂穷的一派鬼话。但是，社会主义究竟是同富还是同穷联系在一起？在穷富问题上究竟怎样划清真假社会主义的界限？这些问题上的是非却被林彪、“四人帮”搅乱了，以致干部、群众中产生了不少思想混乱。今天，我们响应党的十一届三中全会的号召，实行全党工作着重点的战略转移，正是为了实现从贫穷落后的中国向繁荣富强的中国的根本转变。为此，在穷富观上来一个拨乱反正，以便理直气壮地加快四个现代化建设，为不断提高人民的物质文化生活水平创造物质基础，就是十分必要的了。

一、两种根本对立的穷富观

马克思主义者应该怎样看待穷富问题？干社会主义是为了使人民富起来还是穷下去？这是一个涉及无产阶级革命的目的、任务和社会主义基本经济规律的重大原则问题。

1903 年，列宁在《给农村贫民》一文中，曾就这个问题作过精辟的阐述。列宁说："我们要争取新的、美好的社会制度：在这个新的、美好的社会里不应该有穷有富，大家都应该做工。共同工作的成果不应该归一小撮富人享受，应该归全体劳动者享受。机器和其他技术改良应该用来减轻大家的工作，不应该牺牲千百万人民的利益来使少数人发财。这个新的、美好的社会就叫社会主义社会。"① 1918 年，这个"新的、美好的社会制度"刚建立，列宁又强调指出："只有社会主义才可能根据科学的见解来广泛推行和真正支配产品的社会生产和分配，也就是如何使全体劳动者过最美好、最幸福的生活。只有社会主义才能实现这一点。我们知道社会主义应该实现这一点，而马克思主义的全部困难和全部力量，也就在于了解这个真理。"② 列宁用最明确、最坚定的语言，揭示了马克思主义的一个真理，即社会主义之所以是崭新的社会制度，就在于它要根除过去的阶级社会那种劳者不富、富者不劳、穷富悬殊、两极分化的不合理现象，让广大工人、农民和其他劳动者彻底摆脱贫穷的命运，过着最美好、最富裕、最幸福的生活。

后来，斯大林针对苏联经济学界的错误思潮，总结了苏联社会主义建设的正反面经验，在《苏联社会主义经济问题》一文中进一步指出："社会主义基本经济规律的主要特点和要求，可以大致表述如下：用在高度技术基础上使社会主义生产不断增长和不断完善的办法，来保证最大限度地满足整个社会经常增长的物质和文化的需要。"③ 按照斯大林的阐释，"最

① 《列宁选集》第 1 卷，人民出版社 1972 年版，第 391 页。
② 《列宁全集》第 27 卷，人民出版社 1958 年版，第 385 页。
③ 《斯大林选集》下卷，人民出版社 1979 年版，第 569 页。

大限度地满足整个社会经常增长的物质和文化的需要”，是这个基本经济规律的出发点和归宿点，而技术的高度发展，生产的不断增长，则都只不过是达到这一目的的手段。斯大林对列宁思想的这一发展，是有重大的理论意义和实践意义的。每一社会生产方式的基本经济规律，总是反映了那个特定生产方式的本质特征和联系的，是支配着这个社会的其他经济规律的。正确地揭示了社会主义的基本经济规律，就可以使我们自觉地按照它的要求，来决定整个社会的生产、分配、交换和消费，大力增强社会主义的物质基础，不遗余力地为人民群众谋取物质利益，提高生活水平而奋斗。而且，我们认识到这是基本经济规律，那就得承认它是不以人们的意志为转移的，具有客观的必然性。对于这个客观规律，我们只能遵循它、运用它，决不能改变它、违背它。否则，就势必受到客观规律的惩罚，造成不堪设想的后果。

把社会主义和人民群众的共同富裕联系在一起，这是由社会主义生产的目的决定的。我们知道，任何社会进行生产都有一定的目的。这个目的取决于社会的生产关系，首先是生产资料所有制的性质。哪个阶级占有生产资料，就要求社会生产服从本阶级的需要，为自己的利益服务。在社会主义社会，建立了社会主义公有制，无产阶级和全体劳动人民成了生产资料的主人，整个生产过程都为劳动人民的利益所支配，社会生产的目的就是最大限度地满足人民群众日益增长的物质和文化的需要。这种需要是多方面的，其中也包括了逐步缩小以至最终消灭三大差别的要求。正如恩格斯所说：建立社会主义制度之后，“通过社会生产，不仅可能保证一切社会成员有富足的和一天比一天充裕的物质生活，而且还可能保证他们的体力和智力获得充分的自由的发展和运用”①。显然，这样的要求在资本主义制度下是办不到的。因为在那个社会里，资本家占有生产资料，就要利用它作为资本，来榨取劳动者。其社会生产的目的，完全服从于资产阶级的利益，即为他们一小撮富人追逐剩余价值，攫取最大限度的利润服务。因此，决定着资本主义社会生产、分配、交换和消费的基本经济规律，是剩

① 《马克思恩格斯选集》第3卷，人民出版社1972年版，第322页。

余价值规律。“资本的目的不是满足需要，而是生产利润。”① 至于劳动者的个人消费，自然也不能被绝然忽视。尤其在发达国家中，随着生产的发展，工人经过斗争去争取，他们的生活也是有所提高的。但这不是资本主义生产的目的，而是为了维持劳动力的再生产，为了实现资本的自行增殖的一种手段。只有在劳动者的个人消费能够再转化为劳动力，以供资本重新剥削，保证资本家能够不断地获取高额利润的限度内，才被认为是必需的。所以说，人民群众的共同富裕，这是社会主义所特有的。在资本主义社会中，劳动群众只能在为一小撮剥削者发财致富进行雇佣劳动的条件下，使自己的物质文化需要在某种程度内得到某些满足。这一点，正是社会主义区别于资本主义的一个重要标志。

实现共同富裕，也是劳动人民的迫切愿望和强烈要求。由于残酷的阶级压迫和民族压迫，劳动人民世世代代过着“衣不蔽体，食不果腹”的悲惨生活。彻底摆脱贫困的要求，就成了激发他们从事前赴后继的英勇斗争的巨大力量。在无产阶级革命中，鲜明地提出“摆脱贫困，共同富裕”一类的口号，并用实际政策措施来关心和改善群众的生活，就可以起伟大的动员组织作用，有效地吸引广大劳动人民以不怕牺牲的革命气概和忘我劳动的创造精神，投身于社会主义革命和社会主义建设中。如果革命的政党不去这样做，那么将导致相反的结果。毛泽东在我国革命的不同阶段，一再强调了这个问题的重要性，告诫全党千万不要忽略这件对革命成败具有决定意义的大事。他尖锐地指出：在革命战争年代，不解决群众的生产和生活问题，就不能很好地发动群众，使他们拥护和参加革命；在夺取政权之后，不使群众的生活有所改善，逐步富裕起来，“那我们就不能维持政权，我们就会站不住脚，我们就会要失败”②。毛泽东的这些教导，是已为无数实践证明了的真理。我们对于社会主义条件下实现人民群众共同富裕的问题，既要从社会主义生产方式的要求上去考察，又要从社会主义革命的成败得失上去认识，这就可以对其客观必然性，有更加深刻的理解。

当然，我们说社会主义意味着共同富裕，不能以为社会主义制度一建

① 《马克思恩格斯全集》第25卷，人民出版社1974年版，第285页。
② 《毛泽东选集》一卷本，人民出版社1964年版，第1318页。

立就自然而然富起来了。共同富裕，是以生产的不断发展为前提的，并且需要有一个经过艰苦奋斗逐步富裕起来的过程。毛泽东说过："我们的国家现在还是一个很穷的国家，并且不可能在短时间内根本改变这种状态，全靠青年和全体人民在几十年时间内，团结奋斗，用自己的双手创造出一个富强的国家。社会主义制度的建立给我们开辟了一条到达理想境界的道路，而理想境界的实现还要靠我们的辛勤劳动。"① 这个道理是不难明白的。我们要满足整个社会日益增长的需求，唯一的办法，只能是依赖社会生产力的高速发展，使各种生存资料、享受资料、发展资料极大涌流，不断增加。更何况，社会主义革命在我们中国这样贫困落后的国家发生并取得胜利之后，要彻底改变历史形成的极端低下的生产水平和生活水平，不经过长时期的艰苦奋斗是不行的。怎么能够想象，革命成功了，人民胜利了，一个早上就进入了"人间天堂"，就实现了共同富裕呢！共同富裕，要通过辛勤劳动来实现；而社会主义制度的建立，也为我们依靠辛勤劳动来实现共同富裕，提供了切实的保证。这种保证，从根本上说来，就是社会主义的基本矛盾的性质和状况已经不同于旧时代了。在社会主义社会中，生产关系同生产力、上层建筑同经济基础是基本相适应的。同时，生产关系还不完善，上层建筑在某些环节上还存在着缺陷。这同生产力的发展和经济基础的巩固，又是相矛盾的。针对这种状况，我们既充分发挥其基本相适应一面的积极作用，又注意不断完善、调整、改革、克服它们之间不相适应一面的问题，这就能够容许生产力以旧社会所没有的速度迅速发展，促进生产不断扩大，从而使人民群众日益增长的需要能够逐步得到满足。正是在这个方面，社会主义制度具有强大的生命力，显示出无比的优越性。只要我们自觉地按照社会主义的客观经济规律办事，充分发挥社会主义制度的优越性，为创造巨大的物质财富进行辛勤的劳动，是一定可以彻底摆脱贫困和落后，到达共同富裕的理想境界的。

林彪、"四人帮"的所谓"穷社会主义"，宣扬的则是同马克思主义观点截然相对立的另一种穷富观。在他们看来，社会主义是以穷为特征、以共同贫困为目标的，社会主义制度下人们只能当穷光蛋，社会主义越是

① 《毛泽东著作选读》下册，人民出版社 1986 年版，第 781 页。

向前发展就越要准备过穷困潦倒的生活。如果谁不安于贫，不甘心贫，居然胆敢追求美好、富裕、幸福的前景，那就是向往资本主义，就要作为离经叛道来大张挞伐。这种荒谬绝伦的穷富观，姚文元曾作过最直言不讳的宣扬。就在他那篇《评陶铸的两本书》的文章中，针对陶铸对共产主义美好幸福生活的形象描述，姚文元竟给加上了“叛徒哲学”这样莫须有的罪名，煞有介事地大批特批说：“一句话，就是‘吃得好、穿得好、住得好’，就是享乐主义。什么人给他‘吃得好，住得好’，他就可以出卖自己的灵魂，而且还可以廉价奉送一顶‘共产主义’的帽子。真是最卑鄙的叛徒哲学！‘共产主义’的外衣，极端个人主义即资本主义的本质，这就是陶铸所谓‘共产主义理想’的定义。照这个定义，美国资产阶级生活岂不是最符合‘共产主义理想’了吗?”照姚文元的逻辑，生活富裕 = 享乐主义 = 资本主义 = 美国资产阶级；而只有当穷光蛋，喝西北风，才称得上“崇高理想”，才算得上“共产主义”。颠倒黑白，信口雌黄，到了何等的地步！这倒真的把林彪、“四人帮”叛卖无产阶级利益的反动本质暴露无遗了。

果真社会主义就不能富，富就必定是资本主义吗？否！四十多年前，苏联党内在穷富问题上曾发生过激烈的论战。我们同林彪、“四人帮”在穷富观上的根本分歧，跟苏联的那场论战确有惊人的相似之处。联共（布）党内那些“左派”糊涂虫，极力把穷人理想化，说什么没有穷人就不好搞社会主义，让群众生活富裕就是鼓励资本主义。斯大林痛斥了这种反列宁主义的观点，指出：“当资本主义分子已被击溃，穷人已摆脱了剥削的时候，列宁主义者的任务就不是要巩固和保存已经被消灭了存在前提的贫穷现象和穷人，而是要消灭贫穷现象并把穷人提高到过富裕生活的水平。如果以为社会主义能够在贫困的基础上，在缩减个人需要和把人们的生活水平降低到穷人生活水平的基础上建成，那就愚蠢了。何况穷人自己也不愿意再做穷人，而是力求过富裕生活的。谁需要这种所谓社会主义呢？这并不是什么社会主义，而是对社会主义的讽刺。……因为社会主义，马克思主义的社会主义，不是要缩减个人需要，而是要竭力扩大和发展个人需要，不是要限制或拒绝满足这些需要，而是要全面地充分地满足有高度文化的劳动人民的一切需要。”① 毛泽东在总结我们党内关于农业合作化问题的辩论时，也说：“如果我们没有新东西给农民，不能帮助农民提高生产力，增加收入，共同富裕起来，那些穷的就不相信我们，他们会觉得跟共产党走没有意思，分了土地还是穷，他们为什么要跟你走呀?”② 用这些一针见血的话来批驳林彪、“四人帮”的穷富观，真是再恰当不过了。广大群众对于社会主义制度优越性的认识，不是抽象的，而是具体的。他们不仅要听你从理论上宣传社会主义如何如何美好幸福，而且要在实际上看看社会主义能否切实帮助他们尽快摆脱贫困，能否真正给他们带来物质利益。只有当他们在社会主义条件下逐步富裕起来，才会热爱社会主义，坚持走社会主义道路，把自己的命运同社会主义紧紧联结在一起。

很清楚，林彪、“四人帮”宁要的“穷社会主义”，不是马克思主义的社会主义，而是反马克思主义的假社会主义。他们拼命鼓吹这一套，绝不是因为思想糊涂，出于无知，而是包藏着极其险恶的用心的。他们的目的，就是丑化社会主义制度，瓦解社会主义经济，损害广大群众大干社会主义的积极性，使我们的国家徒具优越先进的虚名，实际上重新回到贫穷落后的旧中国去。

二、划清穷富问题上的几个界限

从马克思主义的观点看，既然干社会主义就是要搞共同富裕，就是要保证最大限度地满足整个社会经常增长的物质和文化的需要；既然我国广大劳动人民在党的领导下从事革命斗争，为的是改变贫穷痛苦的境遇，憧憬幸福美好的未来，那么，为什么搞了三十年的社会主义，我们的干部特别是一部分农村干部中，却畏富如虎，谈富色变呢？其原因，就在于林彪、“四人帮”的蛊惑欺骗，把人们的思想搞乱了，把本来清楚的界限弄混淆了。为了拨乱反正，有必要划清几个主要的思想界限：

① 《斯大林全集》第13卷，人民出版社1956年版，第318页。
② 《毛泽东选集》第5卷，人民出版社1977年版，第217页。

（一）生活富裕与蜕化变修

林彪、“四人帮”有个极其荒谬的论点，叫作“富了要变修”。张春桥在《论对资产阶级的全面专政》这篇文章中，危言耸听地说，革命胜利可以给人们“带来某种利益，而只要这种利益到手，他就觉得可以安营扎寨，经营经营他的安乐窝了”。有一个“四人帮”操控的刊物，还替主子帮腔：“有没有彻底‘清贫’的精神，往往是检验真假革命者的一块试金石。”他们的意思是很清楚的：有了既得利益，生活富裕了，意志就衰退了，不想前进了，就要蜕化变修。我们有些同志之所以“谈富色变”，首先就是由于受到这种“富必修”的政治帽子的威压。

什么叫“修”？变“修”的根由是什么？共运史上历来所说的修正主义都是个政治概念，是指它背叛了马克思主义的基本原理。列宁说：“修正主义之不可避免，决定于它在现代社会中的阶级根源。”① 以“左”的或右的形态出现的修正主义，是小资产阶级、地主阶级、资产阶级的立场、观点在党内的反映。如果不去认识其阶级根源，如果不是从是否抛弃、篡改、修正马克思主义的基本原理这个根本政治原则上看问题，却硬把生活富裕说成是产生修正主义的根由，那是一种反马克思主义的错误观点。而且，在我们的国家里，提倡的是人民富裕，共同富裕。这样的富裕，是人民群众走社会主义道路的结果，是采取正当的手段来实现的。这样的富裕，是劳动致富，是群众通过共同的劳动来共同创造社会物质财富，既有利于社会主义的兴旺发达，也有利于对群众进行最实际的社会主义教育。显然，这样的富裕，只能使人民群众更加坚定走社会主义道路的决心和信心。他们决不会因为生活富裕，就抛弃社会主义，而去搞什么修正主义、资本主义。无产阶级革命导师创立的科学社会主义学说，揭示了共产主义社会的各尽所能、各取所需的无限美妙的前景，按照“富必修”的逻辑，岂不是共产主义也必然变成修正主义了吗？那当然是非常荒谬的。

在现实生活中，我们可以看到无数的生活富裕却坚持革命的事例。诚

① 《列宁选集》第2卷，人民出版社1972年版，第7页。

然，在革命队伍中，也有因为生活优厚，贪图享乐，缺乏进取心的事例。出现这种情况，内因是革命意志不坚定，生活富裕只不过是通过内因起了一定作用的外部条件。帮助这样的同志继续前进，并不需要剥夺他们的财产，改变他们的生活条件；有效的措施，是加强思想教育，增进其革命的坚定性和彻底性。事实告诉我们，一个人革命不革命，关键在于觉悟高不高，而不取决于生活富裕不富裕。生活富裕和蜕化变修并没有必然的因果关系。拿少数贪图享受不想继续前进的事例，来作为“富必修”的证据，或者借口杜绝此类现象的发生，要人们“图穷防变”，都是荒唐可笑的。

（二）富裕程度的差别与两极分化

“穷的穷，富的富，两极分化。”这是长时期以来一种流行的说法。其实，这里面需要划清一个重要的界限：富裕程度的差别，不等于两极分化。前者是正常的，允许的；后者是我们要坚决反对的。

马克思主义告诉我们，两极分化是生产资料私有制的产物，是一部分人凭借着生产资料的私有权剥削他人劳动的结果。在封建社会，地主占有土地，收取地租，榨取农民的血汗；贫雇农没有或很少占有土地和其他生产资料，租入土地耕种，受到地租、债利和雇佣劳动的剥削。这就不可避免地出现“朱门酒肉臭，路有冻死骨”的惨相。在资本主义社会，生产资料都掌握在资本家手里，工人只得把自己的劳动力作为商品出卖给资本家，其结果，当然也就出现了工人和资本家的贫富悬殊。这种两极分化，正是旧社会的本质和特征，我们党领导人民进行民主革命和社会主义革命，其目的就是为了铲除这种社会的不平。

而在社会主义社会，所有制变更了，建立了基本生产资料的公有制，这就从根本上消除了旧社会那种两极分化的基础。社会主义社会实行按劳分配的原则，劳动者按照自己为社会提供的劳动数量和质量获得相应的个人消费资料。由于劳动能力的强弱、生产技能的高低、赡养人口的多少的不同，有的劳动者富裕程度要高一些，有的劳动者富裕程度要低一些。富裕程度高一些的劳动者，不可能上升为不劳而获全靠剥削他人的地主资本家。同样，富裕程度低一些的劳动者，仍然是公有的生产资料的主人，社会已从他的劳动中扣除了社会保险基金，他就有获得社会保险的权利，因而也不会下降为一无所有的赤贫者。不仅如此，劳动能力强弱、生产技能高低、赡养人口多少，这些差别毕竟是有限的。随着生产力的发展，科学技术知识的普及提高，就业人口和集体福利的增多，这些差别将越来越小，因而富裕程度的差别也必定会越来越小。总之，在我们社会，劳动者之间富裕程度的差别，是受到严格限制的，是在实现了劳动平等、报酬平等的基础上的差别。这种差别，是劳动者在共同富裕的发展道路上的小量差别，它不是阶级剥削，同旧社会的两极分化有着原则区别。在社会主义的现阶段，生产力还没有得到高度发展，物质财富还没有实现充分涌流，对于贡献较大的劳动者给予较高的报酬，有利于调动社会主义积极性，促进生产力的发展。也就是说，我们要承认这种富裕程度差别的必然性和合理性，不能把它看成是两极分化错误地加以反对。

在社会主义社会里，还有少数人采取贪污盗窃、化公为私等非法手段牟取巨利，往往成为经济上的暴发户。这是社会主义制度所不允许的，是要按照法律予以制裁的。但这是属于另一个范畴的问题，同我们所指的正常的富裕程度的差别，不能混为一谈。

（三）穷要革命与越穷越光荣

毛泽东说过："穷则思变，要干，要革命。"又说："没有贫农，便没有革命。"既然穷困可以激发革命要求，贫下中农是光荣的革命阶级，那么，能否由此引申出一个结论——越穷越光荣呢？这也是要弄清楚的。

贫下中农在旧社会受到地主阶级残酷的压迫和剥削，他们中间有很多人，确实是"上无片瓦，下无插针之地"，终年在劳碌愁苦中过生活。这种穷困，完全是旧社会不合理的社会制度造成的，是受压迫剥削的结果，是当时的历史条件下所表现出来的贫下中农的阶级特征。正因为这种穷困的经济地位，决定了贫下中农最富于革命性，最热忱地拥护共产党的领导，最积极地参加革命斗争，从而成为无产阶级最可靠的同盟军，成为革命的基本依靠力量。在民主革命和土地改革中，经过阶级斗争，打倒并且搞臭了为富不仁的地主阶级，贫下中农翻身做了主人。当时，人们以穷为荣，以富为耻，形成了一种强大的社会舆论，这是一种好现象。它说明了贫下中农在政治上已经压倒了地主富农，而树立了自己在农村中的优势。

我们党在土改中访贫问苦，组织阶级队伍，开展阶级斗争的做法，是完全必要的。

今天，我们能不能仍然抱着以富为耻，以穷为荣，越穷越光荣的观念呢？不能。新中国成立至今已三十年，实现农业合作化也有二十多年，贫下中农的经济地位和生活状况已经发生了变化，我们的观念也应随着情况的变化而变化。贫下中农已经成了生产资料的主人，走上了共同富裕的社会主义道路，“穷”已不成其为他们的阶级特征了。贫下中农的贫困，是同一定的历史条件相联系的。如果在情况发生变化后，再拿“穷”作为阶级特征来看待贫下中农，那就是刻舟求剑，就是形而上学的了。

不错，目前我国农民的生活普遍还不富裕，也可以说还没有从根本上摆脱穷困的状况。究其原因，除了林彪、“四人帮”的干扰破坏以外，就是我们的工作还没有做好，没有使社会主义经济建设取得应有的成绩，没有尽快地实现由穷到富的转化。这恰恰是教训所在。党中央号召加快实现四个现代化，为的就是使我们国家更快地富强起来，使人民生活更快地富裕起来。在今天，对于贫下中农来说，富不是罪恶，穷也不是光荣，奋发努力去驱贫创富才是最光荣的。如果谁还固守越穷越光荣的陈旧观念，岂不是要人民群众安于贫穷，甘于落后，不要搞四个现代化吗？

三、积极引导群众走共同富裕的道路

带领群众大干社会主义、大干四个现代化，归根结底，是为了使我们的国家繁荣富强，为了使人民群众实现共同富裕。党的十一届三中全会决定从今年起实行工作着重点的战略转移，其重大的深远的意义，就在于这体现了我国历史发展的客观要求和全国各族人民的迫切愿望，是为了加速四个现代化，为了在生产迅速发展的基础上显著改善人民生活。要使群众生活显著改善，要让群众很快富裕起来，这是我们时刻不能忘记的根本任务。我们各级领导，要坚决地冲破“左”的精神禁锢圈，理直气壮地这样提出问题和认识问题。干部是当家人，要把群众的穷富冷暖时刻放在心上。今后，政治路线解决了，看一个经济部门的党委善不善于领导，主要应该看它实行了先进的管理方法没有，技术革新进行得怎么样，劳动生产率提高了多少，利润增长了多少，劳动者的个人收入和集体福利增加了多少。各条战线的各级党委的领导是否正确，也要用类似这样的标准来衡量。离开这个主要的内容，领导就是舍本逐末，政治就变成空头政治，就离开了党和人民的最大利益。我们的领导干部，在自己领导的单位和地区，如果一年两年，三年五载，生产老是搞不上去，群众的生活依然穷困，那就是没有尽到领导的责任。这样的领导工作还有什么味道呢！

引导群众走共同富裕的道路，要注意正确处理国家富、集体富、个人富三者的关系。国家要富强，集体要富足，个人要富裕，这是辩证统一的关系，要用兼顾的办法调节其中的矛盾。国家、集体富起来，个人才有依靠，个人富裕才有保障。国家和集体的利益是个人利益的集中，它是高于个人利益的。要反对只顾个人眼前利益不顾国家和集体的全局利益和长远利益的倾向。但是，国家要富，集体要富，基础还在群众要富。毛泽东生前十分强调"藏富于民"的思想。他曾引用"百姓足，君孰与不足"的古语，生动地教育我们要认识到群众富裕起来是整个国家富强的基础。民富国强，民穷国衰，这的确是颠扑不破的真理。林彪、"四人帮"的倒行逆施，几乎把国家引到了民穷财尽的绝境，使群众吃够了苦头。我们要注意让群众休养生息，恢复元气，决不能采取损害群众利益的办法来增加国家、集体的收入。毛泽东早就指出过："不顾人民困难，只顾政府和军队的需要，竭泽而渔，诛求无已。这是国民党的思想，我们决不能承袭。"①在农村，"国家要积累，合作社也要积累，但是都不能过多。我们要尽可能使农民能够在正常年景下，从增加生产中逐年增加个人收入"②。

一定的目的是要通过一定的手段才能实现的。要引导群众实现共同富裕，最主要的是要有正确的政策和有力的经济措施。经验告诉我们，单靠一般号召、行政命令、政治空谈是无济于事的。至于用瞎指挥的办法想搞好生产、改善生活，只能带来破坏性的结果，更不待言。党的十一届三中全会深刻地总结了新中国成立以来经济建设的经验教训，提出了一系列新

---

① 《毛泽东选集》一卷本，人民出版社1964年版，第849页。
② 《毛泽东著作选读》下册，人民出版社1986年版，第775页。

的重大的政策措施和经济措施。特别是突出地强调，全党目前必须集中主要精力把农业这个基础尽快地搞上去。为此目的，要求千方百计地把我国几亿农民的社会主义积极性调动起来，必须在经济上充分关心他们的物质利益，在政治上切实保障他们的民主权利。农业方面的各项经济政策和经济手段，都贯穿了这个基本指导思想。经济工作上其他的有关政策措施，也都是与此密切相关的。我们必须紧紧把握住这个指导思想，把中央提出的方针、政策、措施，同本地区、本单位的具体实践结合起来，找出切实可行的具体措施和办法，真正做到按照客观经济规律办事。只要这样做，那么，使广大农民在加快农业发展的基础上达到共同富裕的目的，是可以逐步实现的。

引导群众走共同富裕的道路，有一个十分重要的领导方法，就是要用典型示范。要善于发现和培养坚持社会主义道路，达到生活富裕的典型。要允许和鼓励一部分地区、一部分企业、一部分工人农民，由于主观努力成绩大而收入先多一些，生活先好起来。这种“冒尖”大有好处。事物的发展，从来不是一刀切，齐头并进的；从来是有先有后，由不平衡到平衡。榜样的力量是无穷的。一部分人先富起来，必然产生极大的示范力量，使大家看到前景，有了奔头，并影响左邻右舍，让大家都去比较，都去学习，都去赶超，从而把其他地区、其他单位都带动起来。让一部分地区、一部分企业、一部分工人农民先富起来，这并不违背共同富裕的原则，恰恰是为了更快更好地达到共同富裕的目的。在典型的带动下，就会使整个国民经济不断地波浪式地向前发展，使全国各族人民都能比较快地富裕起来，使我们社会主义制度的无比优越性更充分更有力地显示出来。

（载《思想战线》1979 年第 1 期，与张黎洲合作，第二部分被《人民日报》于 1980 年 1 月 8 日转载）

马克思主义的伟大决策

——从列宁的实践谈我党工作着重点的转移

党的十一届三中全会发出了伟大号召：从今年起，把全党工作的着重点转移到社会主义现代化建设上来。这是党中央基于对国内和国际形势的科学分析，所做出的伟大战略决策。它是马克思主义的普遍真理同中国革命和建设的具体实践相结合的光辉典范，是我国社会主义革命和社会主义建设发展的必然结果。

多年来，林彪、“四人帮”打着“突出政治”、“念念不忘阶级斗争”的幌子，大批特批“唯生产力论”，竭力造成一种错觉：似乎党的中心工作永远只能是抓阶级斗争而不能抓生产建设，似乎这才是马列主义。谁敢提以生产为中心，“修正主义”的大帽子马上就会扣在头上。这一套极左的谬论和做法，骗了、害了我们十多年。

重温一下列宁的教导和实践，可以使我们进一步认清林彪、“四人帮”的假马克思主义的丑恶嘴脸；也可以使我们进一步认识党中央决定把全党工作的着重点转移到生产建设上来，是完全符合马克思主义基本原理的正确决策。

十月革命胜利后，从1917年11月至1918年2月，是列宁称之为“用赤卫队来攻击资本”的时期。苏维埃政权通过实行土地国有和没收资本家的生产资料等措施，掌握了国民经济的命脉。接着，在1918年春天，列宁就把建设社会主义经济的任务提到了全党的面前。列宁指出：“在任何社会主义革命中，当无产阶级夺取政权的任务解决以后，随着剥夺剥夺者及镇压他们反抗的任务大体上和基本上解决，必然要把创造高于资本主义社会的社会经济制度的根本任务，提到首要地位；这个根本任务就是提高劳动生产率。”“我们苏维埃政权目前正处在这种情况中，因为战胜了剥削者，——由克伦斯基起到科尔尼洛夫止——它就有了可能来直接解决这个任务，认真着手执行这个任务。”① 1918 年 9 月，列宁还明确地提出了“少谈些政治”、“多谈些经济”② 的口号。不久，由于外国武装干涉和国内战争，才被迫把全国经济和政治文化生活暂时转入战时轨道。到 1920 年底，当战争基本结束，硝烟还未散尽的时候，列宁又及时做出把工作中心转向经济建设的决策。他在全俄苏维埃第八次代表大会上高兴地宣布：“我们现在能够更有信心地、更坚定地担当起我们当前迫切需要的和早就吸引着我们的经济建设事业”，“经济任务、经济战线现在又作为最主要的任务和基本的战线提到我们面前来了”。列宁指出，这是“非常重大的转变关头”、“这是最幸福的时代的开始”，“为了真正转向经济建设事业，……今后最好的政治就是少谈政治”。在这次代表大会上，列宁响亮地提出了“共产主义就是苏维埃政权加全国电气化”③ 的著名命题。在列宁的领导下，全国很快实现了由战时共产主义进到实行新经济政策的重大转变，使整个国民经济得到了迅速恢复。这就为斯大林领导的从 1926 年开始的全面的社会主义工业化，奠定了强有力的基础。

学习列宁的伟大理论和伟大实践，使我们认识到，无产阶级政党在夺取政权以后，在通常情况下，应当把经济建设作为自己的工作中心；当遇到了干扰，包括不得不进行战争这样激烈的阶级斗争，不能集中全力进行经济建设的时候，也要在排除了干扰以后，不失时机地把工作着重点转移到经济建设上来。

为什么一定要这样做呢？我们可以联系马克思主义关于社会基本矛盾的学说，来认识其必然性。

马克思主义认为，生产力和生产关系、经济基础和上层建筑的矛盾，是社会发展的基本矛盾。社会基本矛盾的两个方面，其发展是不平衡的，在一定时期内，必有一面居于主导的、支配的地位，成为矛盾的主要方面，这就是无产阶级政党确定战略方针和工作重点的基本依据。无产阶级

① 《列宁选集》第 3 卷，人民出版社 1972 年版，第 509 页。

② 同上，第 600 页。

③ 《列宁选集》第 4 卷，人民出版社 1972 年版，第 374、380、397、399 页。

政党在夺取政权以前，中心任务是准备和进行社会主义革命。这是因为，在资本主义社会，反动腐朽的资本主义生产关系和上层建筑成了生产力发展的严重桎梏，是社会基本矛盾的主要方面。代表着生产力发展要求的先进阶级——无产阶级及其政党，不能不集中全部力量进行打碎旧的生产关系和上层建筑的革命斗争，以求得生产力的解放。“当着不变更生产关系，生产力就不能发展的时候，生产关系的变更就起了主要的决定的作用”，“当着政治文化等等上层建筑阻碍着经济基础的发展的时候，对于政治上和文化上的革新就成为主要的决定的东西”。（《矛盾论》）在我国新民主主义革命时期，我们党把开展武装斗争，以推翻帝国主义、封建主义和官僚资本主义的统治，作为自己的中心任务。实践证明，这个中心任务的确定，是正确反映了社会基本矛盾发展的客观规律的。经过28年艰苦卓绝的斗争，终于取得了民主革命的伟大胜利。

无产阶级政党夺取政权以后，面临着新的情况。因为革命胜利这个条件，社会基本矛盾的两个方面，已实现了相互的转化。社会主义的生产关系和上层建筑，取代了资本主义的生产关系和上层建筑，它同生产力、经济基础是基本适应的，为生产力的发展开辟了广阔的道路。这时，发展生产力、加强社会主义的经济基础，已上升为矛盾的主要方面。毛泽东所指出的“生产力、实践、经济基础，一般地表现为主要的决定的作用”（《矛盾论》），就包括了社会主义社会基本矛盾所表现的情况。因此，无产阶级政党的根本任务，就是要顺应生产力发展的要求，自觉地利用社会主义制度的优越性，把注意力放到发展生产力和加强社会主义建设方面来。党领导人民群众致力于社会主义经济建设，使社会生产力得到高度的发展，创造日益增多的物质财富和精神财富，保证最大限度地满足整个社会经常增长的物质和文化的需要。这样，社会主义制度就能得到巩固和发展，显示出比资本主义制度的优越性，为最终战胜资本主义，实现共产主义创造条件。当然，由于社会主义的生产关系和上层建筑刚刚建立，不能一下子完善起来，特别是随着生产力的进一步发展，必定会暴露出生产关系和上层建筑的某些方面或环节同生产力不相适应的矛盾。这就需要根据具体情况，进行调整和改革。但是，必须明确，这种调整和改革，是属于社会主义制度本身的巩固和完善的问题，是同消灭资本主义生产关系和上层建筑的革命，在性质上根本不同的。进行这种必要的调整和改革，其目的，完全是为了促进生产力的发展。林彪、“四人帮”不谈发展生产这个根本目的，鼓吹只能搞“革命”，不能搞生产，只能以阶级斗争为中心，不能以生产建设为中心，纯粹是反马克思主义的谬说。恰恰相反，在进入社会主义时期，特别是在完成生产资料所有制的社会主义改造之后，无产阶级政党的工作，应当以生产建设为中心。

我们党本来早就应当把自己的工作着重点转移到经济建设上来。党在领导社会主义现代化建设事业方面，做了大量工作，取得了重大的成就，但是后来被林彪、“四人帮”打断了，破坏了。此外，由于我们对于社会主义建设缺乏经验，工作指导上发生了缺点和错误，也妨碍了党的工作中心转变的完成。现在全国范围内揭批林彪、“四人帮”的斗争已经基本上胜利完成，全国出现了安定团结的政治局面，国民经济得到迅速恢复和发展，实行全党工作中心转变的条件已经具备。党中央审时度势，及时地、果断地决定实行这个战略转变，反映了社会主义客观发展规律的要求，体现了各民族人民的根本利益和愿望，对于加速实现四个现代化，促进祖国富强，人民幸福，具有无可估量的意义。我们一定要同心同德，全力以赴地为加速实现四个现代化，建设社会主义的现代化强国而努力奋斗！

（原署名星辉，载《贵州日报》1979 年 2 月 1 日）

坚持经济发展速度三原则

——盈江黄酒的启示

盈江县黄酒总厂1991年生产黄酒系列产品462吨，完成工业产值234万元，实现利税14.9万元。但现在来自省内和山东、河南、安徽、贵州等省的订货数量已900多吨，远远满足不了需求。因此，该厂在有关部门支持下，已投资150万元，进行技术改造，扩大生产规模，计划到1993年使产量达到1200吨，实现工业产值511万元。两年内产量翻一番半，产值和利税翻一番，可谓很高的发展速度了。

盈江黄酒在市场走俏，并非一帆风顺，它走过了一条由盛而衰、由衰而盛的“之”字形道路。这个酒厂成立于1960年，是一个只有167万元固定资产、22万元流动资金的县办小厂。它以当地盛产的白香糯米、紫糯米、黑糯米为原料，利用民间传统生产工艺，生产黄酒、紫糯米酒。这两种酒具有度数低、醇甜净爽、尾劲余长等独特风格，备受消费者欢迎，成了抢手货。在建厂后20多年内，销路一直看好。但是，到20世纪80年代后期，由于部分干部滋生了“皇帝女儿不愁嫁”的思想，放松了质量管理，产品质量大大下降。1988年产品滞销，1989年产品积压，已出厂的部分产品，客户纷纷要求退货。这场风雨，使本小利薄的酒厂，陷入倒闭的境地。为了保护这一地方优势产品，县商业局在1990年底对酒厂进行了整顿，重组企业领导班子，狠抓干部职工的思想整顿和对职工进行生产技术再培训，制定和完善各道生产工序的质量把关制度，使产品质量迅速恢复到了历史最佳水平。企业终于走出困境，重振雄风，出现了本文开头所说的供不应求、加快发展的喜人局面。

盈江黄酒的兴衰史，颇可以给我们有益的启示。

启示之一，质量是产品的生命。酒客的味觉神经是灵敏的，是糊弄不了的。质量好，“酒香不怕巷子深”，自有顾客盈门；质量差，门前冷落车马稀，无人问津。在质量问题上，顾客是明镜高悬的法官，不讲情面，不讲关系，讲的就是质量，绝无通融的余地。因此，努力提高产品质量，才能赢得信誉，在市场上站住脚。质量好，需求旺，就为加快经济发展创造了最基本的条件。

启示之二，要全面提高效益。产品质量好，这是基础、前提。但如果成本高、价格贵，或流通不畅，影响不大，那么，即使是质量好的产品，或者顾客想买买不起，或者想买买不到，或者知名度不高，仍不免要忍受“待字闺中”的寂寞。盈江酒厂在狠抓质量的同时，注意全面提高效益，在改善内部经营管理和扩大流通两个方面下了真功夫。这个厂不用冗员，现有职工仅76名。对这支精干的职工队伍，他们又特别重视进行思想教育和技术上的培训提高，使他们成为思想好、技术精的酿酒能手。他们千方百计挖掘内部潜力，降低生产成本，提高劳动生产率。因此，黄酒的销售价格合理，在市场上很有竞争力。俗话说，“十个便宜九个爱”，物美价廉，自然近悦远来。这个厂摆脱困境，打开销路，又是同重视推销分不开的。由于前两年出现质量问题，仍然影响着消费者的心理，因此去年质量提高以后，产品销售一度仍十分困难。为了打开局面，该厂在资金紧缺的情况下，拨出5万元专款，由一名副厂长率领推销员，带着产品，走出县门，联系产品代销，并在昆明、保山、下关等地设立了广告牌，登了电视广告。经过一番努力，终于出现了转机。今年2月艺术节期间，该厂组织了12名推销员，在昆明宣传推销产品，几天之内就销售产品8吨多。“好风凭借力，送我上青云。”这个“好风”就是推销的艺术，它将把物美价廉的产品，推向并占领市场。

启示之三，要搞外向型经济。盈江酒厂还有一个可贵之处，厂小志气大，产品走天下。云南僻处西南一隅，省内市场有限，单在省内小打小闹，难成大气候。市场狭小，必然制约经济发展的速度，他们把眼睛瞄向省外市场，进而窥伺国际市场，初战告捷，前景乐观。去年10月，该厂生产的紫糯米酒挤进了在北京举办的首届“中国国际诗酒节品酒会”。中外酒友品尝之后，一致称好，于是获得了该活动组委会颁发的“荣誉金爵杯奖”和荣誉证书。这一来，名声大噪。外省客商纷纷订货。国家农牧渔业部指定为今年 9 月在北京举办的博展会产品之一。省进出口公司也要求该厂保证货源，以供其远销台湾等地区。特别是，匈牙利菲玛国家投资公司慕名而至，致函邀请该厂派代表携带产品访问东欧三国，参加在匈举办的“中国名酒博展会”。赴欧参展，结果还未见分晓。如果打开了东欧市场，进而拓展更多的国际市场，那就有了一个施展身手的无限广阔的天地，到那时，就不是产量翻一番两番的问题，争取更快的发展速度是完全可能的。

邓小平南方谈话指出：“有条件的地方要尽可能搞快点，只要是讲效益，讲质量，搞外向型经济，就没有什么可以担心的。”这里，邓小平明确提出了加快经济发展速度的三原则。有些同志担心加快经济发展会不会重复经济过热的失误？其实，这种疑虑是可以消除的。只要我们坚持效益、质量、外向型经济三原则，那我们就可以又快又好地发展经济。这种又快又好的高速度决不是经济过热，而是实现经济腾飞的必由之路。盈江酒厂的实例，不是很有说服力吗！

（载《云南日报》1992 年 7 月 18 日）

改革使企业获得活力

——昆钢见闻

昆明钢铁公司是拥有三万多职工的我省重工业企业，过去长期处于亏损的被动状态，仅1977年就亏损3300万元。但是，这几年昆钢的面貌发生了巨大变化。继1978年扭亏为盈以后，1979年盈利1014万元，1983年盈利4500万元，四年翻了三番。1983年，工业总产值、利润总额，钢、铁、材产量，跃进到全国地方同类企业的先进行列，以25个经济技术指标相比，有17项在平均水平以上。1984年一季度，已实现利润1500万元，完成年计划的27.2%。随着生产的发展，昆钢对国家做出了越来越大的贡献，从1979年到1983年，累计上缴给国家的利税达1.36亿元。

一个多年亏损的大企业，怎么在短期内发生这样大的变化呢？昆钢的各级干部和工人的回答是：这是改革带来的好处。

一、改革第一个“大锅饭”

过去，昆钢吃国家“大锅饭”的问题是很突出的，什么都由国家包下来，企业盈亏与职工的经济利益并无关系。在产供销、人财物等方面，企业没有多少自主权。由于统得太死，管得太细，大大束缚了企业的手脚。1979年进行扩权试点，学习首钢经验，逐步实行利润递增包干的办法，即确定上缴利润以1000万元为基数，每年递增500万元，其余作为企业的利润留成。这项初步的改革，收到了显著成效。由于对国家的责任一头包“死”了，对企业的一头放“活”了，企业感到既有压力，又有动力。五年间企业利润留成达7881万元（占实现利润的36.6%）。有了这一笔钱，手头活泛了，解决了不少问题。他们以70%用于发展生产，做了许多“填平补齐”的事，提高了生产能力；以10%作为奖励基金，以20%增加集体福利。几年来，新建和改造职工宿舍17.7万平方米，人均增加住房面积1.9平方米。扩建和新建中、小学校各一所，入学人数增加2000余人。住房难、入学难的矛盾有了很大缓和。这些，激发了大家的积极性，从领导到工人，都感到有奔头。

二、打破第二个“大锅饭”

这几年，昆钢在改革企业内部职工吃企业的“大锅饭”方面，下了很大功夫，成效也是很显著的。过去，昆钢职工中存在着干多干少、干好干坏一个样的弊病，严重影响了积极性。1978年实行岗位责任制，明确了每一个干部、工人完成什么任务，但还没有解决工作任务同个人利益相结合的问题。1982年，学习首钢经验，把岗位责任制同经济奖惩结合起来，实行“人定岗，岗定责，责定分，以分定奖”的岗位经济责任制。具体做法是：把省冶金厅下达的产量、质量、成本、利润、原材料消耗、安全等考核指标，分解成745个指标，落实到二级厂矿；厂矿又分解成11631个指标，落实到车间、科室；车间、科室再分解成95695个指标，落实到工段、班组和个人。这样，通过层层分解，就把整个企业对国家承担的经济责任，最终落实到了每个职工的身上，做到“千斤重担众人挑，人人头上有指标”。与此同时，把奖金与指标一齐下达，完成任务者奖，完不成任务者惩。

实行岗位经济责任制以后，出现了出勤高、协作好、效率高、好领导的喜人景象。职工把履行岗位责任、完成任务、得到奖金，不仅看成是切身利益所在，而且看成是荣誉，说明自己为国家做出了贡献。职工的整体观念也大大增强了，普遍关心班组、车间、厂矿以至整个公司生产任务完成的情况。

三、实行党政分工

昆钢还着手进行了一项有意义的改革，就是针对过去党政不分、以党代政的弊端，认真研究并实行党政分工。

他们提出了一个形象化的口号："党委不要荒了自己的田去种别人的地。"意思是大量的行政业务工作，应放手让经理、厂长、车间主任等行政领导去做，各级党组织不应越俎代庖、干涉过多，而要把主要精力集中于加强思想政治和组织领导，"把自己的田种好"。他们总结经验，从实际出发，逐步明确了党委应主要抓好 10 项工作：①宣传党的路线、方针、政策；②拨乱反正，纠正冤假错案，落实知识分子政策；③研究新情况，解决新问题；④把思想政治工作渗透到生产、科研、整顿、改革等活动中去；⑤在推行经济责任制中，要抓"四个必须"的教育：指标必须先进，考核必须严格，内部必须协调，分配必须按劳；⑥抓思想政治工作的制度化、系统化、规范化；⑦发挥工会、共青团、妇联等各种群众组织的作用；⑧抓政治工作队伍的建设；⑨关心改善职工生活；⑩抓党委自身班子的建设。这几年来，党委逐步从行政事务中摆脱出来，去做自己应做的工作，责任并没有减轻，而是感到责任很重，大有用武之地。

昆钢的改革仅仅是开始，但是，人们可以从他们的初步经验中看到，改革的确给企业带来了效益，带来了活力。坚持不懈地进行改革，必能更好地调整生产关系同生产力、上层建筑同经济基础的关系，促进四化建设胜利前进。

（载《支部生活》1984 年第 8 期）

“说给听，还要做给看”

——农村调查札记

我们在思茅的时候，听到地委有关同志介绍，镇沅县委在建立和巩固生产责任制的过程中，作风深入，工作做得细，群众反映县委抓生产责任制像领导合作化一样，全党动员，书记动手。5月份，我们来到了镇沅。所见所闻，果然话不虚传。这个县在领导方法上的确有值得称道的地方。

自从提出建立生产责任制的任务以后，镇沅县委没有满足于照抄照转，一般号召，而是十分重视进行切实有力的具体指导。县委书记到正太、者东两个公社，亲自帮助三个生产队建立联系产量的生产责任制，帮助一个大队建立干部岗位责任制。在取得实践经验以后，他亲自写出了题为“推广生产责任制，提高经营管理水平”的讲稿，作为全县培训干部的辅导材料。接着，在县委党校举办的两期大队支部书记培训班上，亲自担任教员，和大家一起，从理论和实际的结合上研究讨论建立生产责任制的各种问题。经过培训，大多数支部书记都成了热心推广责任制的骨干和积极分子。在县委书记的影响和带动下，县委12名常委中，有8人亲自帮助17个生产队建立了生产责任制。9个公社党委书记具体帮助21个生产队建立了责任制。100个大队支部书记中有98人具体帮助278个生产队建立了责任制。由于各级党组织都加强了具体领导，全县建立生产责任制的工作健康地向前发展。

县委一些同志把他们的这种工作方法和领导方法，通俗地叫作“说给听，还要做给看”。这样做的必要性，他们谈了两条：第一，工作着重点转移到搞四化建设上来以后，面临着许多新任务、新情况、新问题。而领导干部对于解决这些新问题，一般都缺乏经验，缺乏知识。为了适应新形势、新任务的要求，就要勇于实践，亲自掌握第一手材料，在干中学。这样，才能逐步实现由无知到知之较多、由外行到内行的转化，才能取得领导工作的发言权和主动权。第二，由于“文革”的破坏，搞乱了思想是非，理论是非，现在推行的有些政策，是过去被错误批判过的，不少基层干部为此吃过苦头，至今还有后顾之忧。他们不单要从口头上而且要从行动上看看领导对推行这些政策究竟是什么态度。如果领导只停留在一般号召上，就不可能真正消除基层干部的余悸；而如果领导干部不仅说给听，还亲自动手做给看，那就起了很好的示范作用，基层干部就会比较迅速地解除顾虑，积极地跟着行动起来。

值得提出的是，镇沅县委对于这样的领导方法，并不是当成完成某项特定任务的权宜措施，而是作为一项基本的领导方法来坚持，运用到各项工作中去，并贯彻始终。最近，为了巩固和发展生产责任制，县委主要领导同志又深入下去，总结了恩乐公社娘娘庙生产队小春包管理到户的经验，在全县大春生产中进一步推广统一种收，分户管理，联系产量，超产奖励等办法，使生产责任制又增添了新的内容。长期坚持这样的工作方法和领导方法，自然不那么轻松，需要花气力，下功夫，多下乡，多跑路，多动脑筋。但是，镇沅县委的同志认识到自己肩负着党和人民的重托，觉得下这样的功夫，花这样的力气是应该的，理所当然的。而且，他们尝到了这样做的甜头，因而也乐此不疲。

镇沅县委的实践证明，这种正确的领导方法，有强大的生命力，是搞四化建设所必需的。可惜的是，有一些领导干部还没有足够重视这个问题。我们在调查中看到有些地方和单位的领导，长年累月地在“一般号召”、“原则指示”中打发日子，习惯于照抄照转画圈圈，浮在上面开会发指示，提不出多少能解决实际问题的真知灼见。在这样的地方和单位，工作起色不大，各项政策往往很不落实。为适应四化建设的要求，迫切需要克服一般化的领导方法，实行科学的领导方法，这也是坚持党的领导、改善党的领导的一个重要方面。镇沅县委的经验给我们以启示就在这里。

（原署名沈宣新，载《云南日报》1980 年 7 月 5 日）

建设有中国特色的社会主义

——学习十二大文件的体会

邓小平在党的十二大开幕词中指出："我们的现代化建设，必须从中国的实际出发。""把马克思主义的普遍真理同我国的具体实际结合起来，走自己的道路，建设有中国特色的社会主义。"这是制定十二大纲领、方针、政策的基本依据，是全面开创社会主义现代化建设新局面的总的指导思想。

我们党得出上述基本结论，是来之不易的。它是在经过三十多年的摸索，并付出沉重代价以后所取得的正确认识。这是没有什么奇怪的。辩证唯物论的认识论告诉我们，人们对于任何客观规律的认识，都不是轻而易举的事情，必须有一个实践、认识、再实践、再认识的过程。要经过实践的反复考验，包括成功的经验，特别是失败的经验的教育，认识才能够逐渐地成熟起来，比较地符合客观实际。对于革命规律的认识是这样，对于建设规律的认识也是这样。社会主义作为一种新的社会制度，在世界上已经有六十多年的历史，在我国，也有三十多年的历史了。但是，究竟怎样在中国这样一个经济不发达、有十亿人口、情况复杂的大国建设社会主义？在马克思主义的经典著作中，并没有为我们提供现成的答案，照抄照搬别国经验、别国模式，实践证明是行不通的。它需要中国共产党人在马克思主义的普遍原理指导下，运用马克思主义的立场、观点和方法，在长期的实践中来认识和把握中国社会主义建设的特殊规律，走出一条适合自己本国情况的道路来。在这个过程中，我们曾经取得了巨大的成绩，它说明我们的探索取得了部分的成功；但我们也曾经遇到了严重的挫折，这说明我们的主观指导在很多方面不符合客观实际，因而碰了钉子。我们党正是通过成功和挫折的多次反复的比较，才逐步提高了对中国社会主义建设规律的认识，才得出了要走自己的道路，建设有中国特色社会主义的结论，并且终于找到了这样一条具有中国特色的建设社会主义的道路。这对于我们推进社会主义现代化事业来说，是最根本和最有决定意义的。

建设有中国特色的社会主义，从根本上来说，就是要认清中国的国情，做到从中国的实际出发。如果我们的思想和行动符合中国的实际，主观和客观相一致，那我们建设的社会主义自然也就具有了中国的特色；反之，就是主观主义的，经不起实践检验的，也就谈不上具有中国的特色。那么，中国最根本的实际是什么呢？一方面，旧中国是一个半殖民地、半封建的人口众多的农业大国，不但经济文化十分落后，生产力水平很低，而且发展极不平衡，这是我们建设社会主义原来的基础。另一方面，我们党领导中国人民进行了六十多年艰苦卓绝的斗争，取得了民主革命的胜利，建立了社会主义制度，实现了我国历史上最深刻最伟大的社会变革；经过三十多年的努力，我们已经有了一个独立的比较完整的工业体系和国民经济体系，生产水平有了相当提高，这是我国社会主义现代化建设进一步发展的前进基地。这两个方面的集合，就是中国最根本的实际。正确地认识了这个实际，我们的社会主义建设就能稳步前进；反之，不是犯急于求成的错误，就是犯消极保守的错误。

党的十二大，全面总结了三十多年来我国社会主义革命和社会主义建设正反两方面的经验，特别是总结了党的十一届三中全会以来，实现伟大的历史性转折所取得的巨大成就和新鲜经验，依据科学社会主义的基本原理和对中国实际情况的深刻分析，明确地提出了我们党在新的历史时期的总任务。这就是："团结全国各族人民，自力更生，艰苦奋斗，逐步实现工业、农业、国防和科学技术现代化，把我国建设成为高度文明、高度民主的社会主义国家。"总任务指出了党在新的历史时期的奋斗目标和达到这个目标的途径和方法。"逐步实现工业、农业、国防和科学技术现代化"，是说要有步骤分阶段地抓好经济建设这个核心；"把我国建设成为高度文明、高度民主的社会主义国家"，是在经济、政治、精神文明建设三个方面要达到的根本目标；"团结全国各族人民，自力更生，艰苦奋斗"，是我们的力量源泉，是我们的立足点，也是我们达到上述根本目标的途径和方法。对于在各条战线、各个方面、各项工作中如何贯彻执行总任务，十二大具体制定了一整套正确的方针、政策和措施；对于在五年内、十年内和本世纪如何贯彻执行总任务，十二大又分别提出了具体要求。所有这一切，为我们描绘了一幅从中国的实际出发，建设有中国特色社会主义的宏伟蓝图。认真学习和正确理解总任务所包含的极其丰富的内容，我们就可以从总体上把握住建设有中国特色社会主义的根本要求和要点。

一

逐步实现工业、农业、国防和科学技术的现代化，在总任务中居于核心的地位。它是解决国内国际问题的基础，是进行社会主义建设中必须集中力量去解决的首要的和中心的任务。这不但是科学社会主义理论所提出的一般要求，也是从中国的实际出发必须采取的战略决策。

列宁指出："在任何社会主义革命中，当无产阶级夺取政权的任务解决以后，随着剥夺剥夺者及镇压他们反抗的任务大体上和基本上解决，必然要把创造高于资本主义社会的社会经济制度的根本任务，提到首要地位；这个根本任务就是提高劳动生产率。"① 这是因为，先进的社会主义制度必须有现代化的生产力作为物质基础，而不能建立在生产技术落后的基础之上，更不能建立在贫穷的基础之上。如果说，在任何社会主义革命中，都要把经济建设作为首要任务提出来，那么，在中国特殊的情况下，这个任务就更带有紧迫的意义。

由于国内国际多种因素的影响和决定，我国能够在民主革命胜利以后建立起社会主义制度来。但是，我们的社会主义制度，是建立在原来半殖民地、半封建社会生产力发展水平极低的基础之上的，比之于在资本主义国家发生的社会主义革命，我们的经济是很脆弱的。如果我们不以极大的努力来发展生产力，那么，新建立的社会主义制度是不可能巩固的，社会主义的优越性是难以发挥的，社会主义要保证最大限度地满足人民日益增

① 《列宁选集》第3卷，人民出版社1972年版，第509页。

长的物质和文化需要的目的是不能达到的。因此，在民主革命胜利以后，特别是经过土地改革、社会主义改造，已经基本上解决了劳动人民同剥削阶级的阶级矛盾以后，我们就应当把经济建设作为自己的中心任务，顺应社会主义社会发展的客观规律，自觉地利用社会主义制度所提供的条件，利用国家政权和上层建筑的力量，领导人民致力于发展生产，提高劳动生产率。本来，完成社会主义改造以后，党中央就曾经提出“把党的工作的着重点放到技术革命上去”。要“团结全国各族人民进行一场新的战争——向自然界开战，发展我们的经济，发展我们的文化”。党的八大明确提出今后的主要任务是发展生产力。但是，由于党在工作指导上发生了失误，长期被“以阶级斗争为纲”的错误理论所困扰，特别是后来林彪、“四人帮”的干扰破坏，极大地妨碍了党的工作中心转变的完成，长期地丢掉了社会主义建设的中心任务。党的十一届三中全会终于历史性地实现了党的工作着重点的转移，十二大进一步强调了经济建设始终是社会主义建设的中心任务，任何时候都不能放松，并且要把全部经济工作转到以提高经济效益为中心的轨道上来。这一具有战略意义的指导方针，在总任务中得到了确切的表述。它反映了我们党几经曲折，终于正确地认识了中国社会主义建设的客观规律，抓住了中心和关键。从表面看，这样做不过是贯彻了科学社会主义关于发展生产力的一般原理，而联系过去错误的认识和实践，不能不看到我们党对于这一基本原理的认识有了自己的深刻的内容。

在确定经济建设是社会主义建设的中心任务的基础上，十二大进一步提出了经济建设的一系列具体方针。这些方针无论是完善生产关系方面的还是发展生产力方面的，都是从我国的实际情况出发的，因而都具有鲜明的中国特色。换句话说，已经构成了中国自己的经济模式。就主要的说，大体有四点：

第一，坚持国营经济的主导地位和发展多种经济形式。长时期以来，由于不适当地对待外国经验，我们形成了一种观念，似乎社会主义经济只能是全民所有制和集体所有制两种形式。实践证明，这并不符合我国的实际情况。社会主义生产关系的发展并不存在一套固定的模式，我们的任务，就是要根据我国生产力发展的要求，创造出在每一阶段上与之相适应和便于继续前进的生产关系的具体形式。十二大报告提出的坚持国营经济的主导地位和发展多种经济形式的重要原则，正是从我国现阶段的生产力实际水平出发的。我国现阶段的生产力水平总的来说还是很低的，地区之间、部门之间、企业之间的生产技术和经济发展的水平很不平衡，农业基本上以手工劳动和畜力为主，商业、手工业及服务业，主要属于劳动密集型行业，工业部门中既有少数现代化的企业，也有大量半机械化甚至手工操作的企业，整个轻工业部门，手工劳动还占百分之四十。这种多层次、低水平的生产力状况，不可能也不应该采取单一的经济形式。而应按照生产关系一定要适合生产力发展水平的规律，在坚持和发展国营经济、集体所有制经济的同时，允许其他一些经济形式的存在和适当发展。同时，正因为我国生产力水平不高，国家不可能把一切生产和服务事业统统包起来，把大量新成长的劳动力统统吸收到国营经济中来，这也需要发展城镇青年和其他居民集资经营的合作经济以及城乡劳动者个体经济等多种经济成分作为补充，长期并存。这样，才能繁荣城乡经济，方便人民生活，扩大安排就业。所以，坚持国营经济的主导地位同在很长时期内需要多种经济形式的同时并存，是符合我国实际情况的正确方针。

第二，在国营企业和集体经济中，认真实行经营管理上的责任制。责任制的提出和实行，解决了长期存在的平均主义的问题，对于调动劳动者的积极性，提高经济效益，意义十分重大。在这方面，特别值得提出的是近几年在我国农村普遍建立的多种形式的生产责任制。合作化以后，我国农村集体经济沿用了外国集体农庄的制度，主要是集体劳动和“劳动日”制即工分制度。这种制度在外国的适用情况可以置而不论，但它不符合中国农业的情况却是肯定的。我国农业是个什么情况呢？一方面，社会化的生产工具和设施很少，分工不发达，生产者缺乏文化科学知识，劳动对象的特点是有生命，需要劳动者在整个生产过程中予以细致的关照，独立决策十分必要。这就决定了不能排斥各个农户的分散独立的劳动，不能把生产活动统统纳入集体劳动的模式。另一方面，我们的农业又是整个国民经济的基础。实行工业化，对农业的依赖甚大。经过三十多年的建设，农业生产也有了部分先进生产手段，分工有一定发展，需要统一组织若干生产环节上的分工协作。我国农业具有灌溉农业的特点，农田水利基本建设任务很大，离开了统一组织也很难行通。这一方面，又决定了不能走分田单干的老路，需要国家和集体对农业生产进行有计划的控制和协调。多种形式的生产责任制，恰恰适应了这两个方面的特点和要求，既解决了分的问题，又解决了统的问题。它是广大群众在实践中创造的具有我国特色的新型经济形式，已经并将继续显示其强大的生命力。

第三，实行计划经济为主、市场调节为辅的经济管理体制。在公有制基础上实行计划经济，有计划的生产和流通，是社会主义经济的特征，我们应当加以坚持。但是，由于我国生产力发展极不平衡，由于现阶段还存在着多种经济形式，还存在着商品生产和商品交换，也由于对社会的各种复杂需求和大量企业的生产能力难以作出精确计算等原因，并不可能什么都由计划经济来统，而要允许对于部分产品的生产和流通不作计划，由市场来调节，这是必需的、有益的。早在社会主义改造基本完成的1956年，陈云就指出："在社会主义的统一市场里，国家市场是它的主体，但是附有一定范围内国家领导的自由市场。这种自由市场，是在国家领导之下，作为国家市场的补充，因此它是社会主义统一市场的组成部分。"① 可是，在"左"的思想指导下，陈云提出的这一重要原则并没有得到很好的贯彻。在很长一个时期，我们把计划经济为主变成了单纯计划调节，什么都由国家计划来统，把企业管得很死，忽视价值规律的作用，排除了市场调节，造成了多方面的不良后果。党的十一届三中全会以后，我们对经济体制实行了改革，扩大了企业在计划管理方面的权限，注意发挥市场调节的作用，取得了明显的效果。十二大报告总结了这一新鲜经验，确定在生产资料公有制的基础上实行计划经济，同时发挥市场调节的辅助作用。根据不同情况，分别采取指令性计划、指导性计划和市场调节。正确贯彻计划经济为主、市场调节为辅的原则，把条条块块的关系调节好，逐步建立起符合我国情况的经济管理体制，就可以充分调动各方面的积极性，保证国民经济的健康发展。②

第四，有步骤分阶段地发展社会生产力。在这方面，过去长期存在的

① 《陈云同志文稿选编》，人民出版社1981年版，第13页。

② 这个问题，十二大以后有了很大发展，十四大正式提出建立社会主义市场经济。

主要问题，就是离开了我国国情，超越了实际可能性，忽视了量力而行的原则，急于求成，结果欲速不达，欲益反损。十二大确定了到本世纪末力争使全国工农业的总产值翻两番的战略目标，确定了解决农业、能源和交通、教育和科学等问题作为战略重点，还确定了分前十年和后十年两步走的战略步骤。这些，都充分体现了高度的革命精神同严格的科学态度的结合，体现了一切从实际出发的基本原则。我们国家不但原来的经济文化落后，而且由于过去"左"倾错误造成了企业盲目发展，经济结构不合理，经济管理体制有缺陷，经营管理混乱等严重问题。因此，要认真解决这些问题，只有在前十年内打好基础，集中主要力量进行各方面经济结构的调整，进行现有企业的整顿、改组和联合，逐步进行经济管理体制的改革，同时，有步骤地进行现有企业的技术改造，加强农业、能源、交通等重点建设，加强科学技术的研究和人才的培养，才能为后十年的大发展打下坚实的基础，进入一个新的经济振兴时期。可以设想，如果一个社会主义国家，原来的基础好，经济发达，生产水平高，那么，它进一步建设社会主义经济，必然是采取完全不同的方针、步骤；但在我国，只有按照中央指出的路子走，才符合我国实际情况，既积极，又稳妥可靠。

二

党在新的历史时期的总任务，规定了"三个建设"统一抓的重要内容，即除了进行经济上的建设外，在政治上要建设高度的社会主义民主，在思想文化上要建设高度的社会主义精神文明。这一条从经济、政治、思想文化三个方面同时并举的社会主义建设道路，是有独创性的，是在科学总结了中国的和世界的社会主义运动历史经验的基础上提出来的。因而，这一条道路不能不具有显著的中国特色。

把人类社会生活划分为经济生活、政治生活和精神生活三大领域，是历史唯物主义的基本原理。马克思在《〈政治经济学批判〉序言》中指出："人们在自己生活的社会生产中发生一定的、必然的、不以他们的意志为转移的关系，即同他们的物质生产力的一定发展阶段相适合的生产关系。这些生产关系的总和构成社会的经济结构，即有法律的和政治的上层建筑竖立其上并有一定的社会意识形式与之相适应的现实基础。物质生活的生产方式制约着整个社会生活、政治生活和精神生活的过程。”① 马克思在这里还讲了社会生活，但主要是经济生活、政治生活、精神生活即思想文化生活三个方面。既然三者的关系如此密切，如鼎之足，缺一不可，那么，建立人类社会历史上崭新的社会主义制度，理所当然地应当从三个方面同时进行建设和改革。可是，长时期以来，人们的认识陷入了片面性。讲到社会主义特征时，往往只强调剥削制度的消灭和生产资料的公有，按劳分配，国民经济有计划按比例的发展等等。由于思想认识上的片面性，就带来了行动上的偏差。或者只抓经济建设，不重视政治、思想建设，以致各种错误思想和丑恶的现象泛滥开来，动摇和破坏了经济建设；或者只强调政治思想革命，不重视经济建设，丢掉了社会主义建设的中心任务，使政治、思想无所依傍。这些片面性，说明人们对于社会主义建设还没有从必然进到自由。十二大的伟大贡献之一，就在于把马克思主义的基本原理同我国社会主义建设的具体实践很好地结合了起来，克服了片面性，提出了从经济、政治、思想文化三个方面全面建设社会主义的新纲领，丰富和发展了科学社会主义理论。它反映了我们党在认识和掌握社会主义建设的客观规律方面完成了一次质的飞跃，在社会主义实践中进行探索获得了重大的成果。

十二大报告把思想文化建设概括为社会主义精神文明建设，并作了十分精辟的论述。指出：“社会主义还必须有一个特征，就是以共产主义思想为核心的社会主义精神文明。没有这种精神文明，就不可能建设社会主义。”“社会主义精神文明的建设大体可以分为文化建设和思想建设两个方面。这两方面又是互相渗透和互相促进的。”邓小平概括的“有理想、有道德、有文化、守纪律”的四句话，全面体现了社会主义精神文明建设的要求。社会主义现代化建设的首要任务是把经济建设继续推向前进，这是毫无疑义的。但是，没有教育、科学、文化事业即文化建设的高度发展，没有全民族科学文化水平的提高，要进一步发展经济建设是不可能的。特

① 《马克思恩格斯选集》第2卷，人民出版社1972年版，第82页。

别是思想方面的建设，不但决定着精神文明的社会主义性质，而且决定着整个现代化建设的社会主义性质和发展方向。历史经验启示我们，不能见物不见人，归根到底，我们发展社会主义经济是为了人，不是为了物，如果人变得不好了，物还有什么意义？因此，必须在抓物质文明建设的同时，抓精神文明建设，重视在全社会建设社会主义精神文明这个伟大任务。联系现实生活，就可以更清楚地看到这种必要性和重要性。我们的社会主义社会从半殖民地半封建社会脱胎出来，它还残留着大量的在私有制基础上产生的种种思想、意识、观念、心理、习惯和传统，它们在各个方面阻碍着社会主义制度的巩固和发展；腐朽的资产阶级思想和封建残余思想如损人利己、损公肥私、好逸恶劳等等也还大量存在，对人们的思想起着腐蚀作用；国际资本主义和敌对势力在经济上、政治上、思想上和文化上对我们的影响和渗透从来也没有间断；我们实行的按劳分配制度，起了充分调动劳动者积极性的巨大作用，但它本身存在局限性，不抓紧思想教育工作，自发发展起来的只能是一切“向钱看”的思想；等等。面对着这样的实际情况，如果我们在思想上解除了武装，忽视了社会主义精神文明建设，那结果将如十二大报告所指出的：“人们对社会主义的理解就会陷入片面性，就会使人们的注意力仅仅限于物质文明的建设，甚至仅仅限于物质利益的追求。那样，我们的现代化建设就不能保证社会主义的方向，我们的社会主义社会就会失去理想和目标，失去精神的动力和战斗的意志，就不能抵制各种腐化因素的侵袭，甚至会走上畸形发展和变质的邪路。”十二大报告阐明了精神文明建设的重要性，阐明了思想建设和文化建设的关系，指出了怎样进行精神文明建设。按此努力，我们就不但能够筑起一道反腐蚀的坚固的堡垒，而且能够培育出一代又一代有理想、有道德、有文化、守纪律的新人，这对于社会主义事业的胜利，有着无可估量的重要意义。

十二大报告把在政治上建设高度的社会主义民主列为我们的根本目标和根本任务之一。社会主义社会是以生产资料公有制为基础的社会。因此，它能够而且必须建立与之相适应的高度民主的政治制度。这样的社会主义民主制度，在性质和内容上同资产阶级民主制度是根本不同的。正如列宁所说：“最好的资产阶级共和国，不管它怎样民主，也有无数法律上的障碍阻挠劳动群众参加管理。”① “对我们来说，重要的就是普遍吸收所有的劳动者来管理国家。这是十分艰巨的任务。社会主义不是少数人——一个党所能实现的。只有千百万人学会亲自做这件事的时候，社会主义才能实现。”② 列宁的话揭示了社会主义民主的实质。社会主义的国家制度，就是要一方面保障占人口绝大多数的劳动人民当家做主，另一方面保障对极少数破坏社会主义的敌对分子实行专政。可以说，社会主义制度就是劳动人民当家做主的制度，没有民主就没有社会主义。从这个意义上说，民主是我们要达到的根本目的。只有建设高度的社会主义民主，才能使人民增强主人翁责任感，充分发挥主动性和积极性，满腔热情地投入社会主义建设，也才能把群众充分发动起来，对极少数敌对分子实行有效的专政，保障社会主义事业的顺利进行。从这个意义上说，建设高度民主又是手段，是“两个文明”建设的支持和保证。在建设民主的问题上，我们有过极其深刻的历史教训。新中国成立初期，我们在建设人民民主的政治制度方面，是取得了很大成绩的，使人民的基本权利得到了保障。但是，随着社会主义革命和建设的深入，如何进一步健全和发展社会主义民主这个极其重大的政治任务，却没有得到应有的重视和解决，以致成了“文化大革命”得以发生的一个重要条件。这从思想认识上来说，主要错误就在于往往把社会主义只看作是一种生产资料公有制的经济制度，而忽略了它同时是高度民主的政治制度；往往把民主只是当作工作方法，而没有同时把建设高度民主的政治制度当作社会主义建设的一个重要目标。从实际工作上来说，如何从制度上、法律上保障人民的民主权利，没有找到正确的途径和办法。十年内乱的沉痛教训教育了我们的党和我们的人民。十一届三中全会以来，党中央采取了一系列措施，迅速地恢复和推进了国家民主化的进程，使我国社会主义民主的政治制度的建设，进入了一个崭新的发展阶段。十二大进一步确立了建设高度的社会主义民主的具体方针，包括要继续改革和完善国家的政治体制和领导体制，要把社会主义民主扩展到政治生活、经济生活、文化生活、社会生活各个方面，发展企事业的民主管

① 《列宁选集》第3卷，人民出版社1972年版，第788页。
② 《列宁全集》第27卷，人民出版社1958年版，第123页。

理，发展基层社会生活的群众自治；要正确认识和处理阶级斗争问题，特别是要使社会主义民主制度化、法律化等等。认真贯彻执行这一系列方针和措施，我们就能够逐步地把我国建设成为名副其实的高度民主的社会主义国家。

三

过河要解决桥或船的问题，提出任务后要解决完成任务的方法问题。宜桥宜船，要因地而异；完成任务的方法，也要适应任务的特点和需要。党在新的历史时期的总任务提出了“团结全国各族人民，自力更生，艰苦奋斗”，这就正确地指出了完成全面建设社会主义宏伟任务的有中国特色的基本方法。

在我们这样的大国进行社会主义建设，是极其艰巨的任务。依靠少数人不行，必须把全国各族人民都广泛地动员起来，并且把分散的力量团结起来，才有成功的把握。我国各族人民，是具有光荣的革命传统的勤劳勇敢的人民。人民群众中蕴藏着极大的社会主义积极性、无穷无尽的智慧和力量。我们建设社会主义的最根本的方法，就是要依靠人民群众的力量，团结全国各族人民，共同奋斗。由谁来团结和依靠人民群众呢？这就是我们党的责任。一定要按照新党章的要求，努力把党建设成为领导社会主义现代化事业的坚强核心，加强党在工人、农民、知识分子中的工作，密切党同各阶层人民的联系。党在自己的工作中，一定要十分自觉地坚持历史唯物主义的人民创造历史的科学原理，认真贯彻执行一切为了群众，一切依靠群众，从群众中来，到群众中去的群众路线。要认真倾听人民的呼声，顺应人民的要求，集中人民的意志，制定正确的路线、方针和政策，同时，又依靠人民群众来贯彻实行。要采取一切有效的措施，把广大人民群众的积极性充分调动起来，为我国的社会主义建设事业服务。这是我们的事业能够不断取得胜利的关键所在。如同党团结和依靠人民群众，大打人民战争，成为我国民主革命的一大特色一样，党团结和依靠各族人民进行社会主义建设，也必将成为我国社会主义事业的一大特色。

自力更生，是指主要依靠自己的力量来进行社会主义建设。如果说在特定的条件下，某些幅员小的国家和地区能够依靠外援取得经济建设上的显著成就的话，那么，这在中国却绝对行不通。试问，有什么外来的力量能够包办十亿人口的大国的建设事业呢？马克思主义哲学告诉我们，事物发展的根本原因，在于事物内部的矛盾性。中国经济建设的根本动力，在中国内部而不在外部。我们党一贯强调，我们的方针要放在自己力量的基点上，自己找出适合我国情况的前进道路。民主革命，我们靠自力更生取得了胜利；新中国成立后，我们靠自力更生逐步建立了社会主义的工业体系和国民经济体系；现在，进行现代化建设，根本的办法仍然是要依靠我们自己的力量，才能立于不败之地。邓小平在十二大开幕词中指出："中国的事情要按照中国的情况来办，要依靠中国人自己的力量来办。独立自主，自力更生，无论过去、现在和将来，都是我们的立足点。"这是对于长期革命斗争和建设实践的基本历史经验的总结。当然，我们的革命和建设不是也不可能孤立于世界之外，中国与世界是紧密联系着的。我们进行经济建设也不能脱离同国际经济的联系。要利用国外一切可以为我所用的因素，取天下之长，补一国之短。实行对外开放，按照平等互利的原则扩大对外经济技术交流，是我国坚定不移的战略方针。但是，扩大对外经济技术交流，目的是为了增强自力更生的能力，促进民族经济的发展，而决不能增加对外国的依赖性。《关于建国以来党的若干历史问题的决议》，把独立自主，自力更生，列为具有中国共产党人特色的立场、观点、方法之一，我们要自觉地加以坚持。

艰苦奋斗作为基本的方法，也是从中国的实际出发的。我们的基础差，底子薄，困难多，没有艰苦奋斗这一条，要取得社会主义建设的胜利是不可能的。中国先于发达资本主义国家进入社会主义社会，这是中国所处的特殊历史条件、我们党的正确领导和全国人民艰苦奋斗的结果，是科学社会主义的发展，是我们党和中国人民的光荣。但这同时又使我们的社会主义事业，不可避免地要遇到一系列由于经济文化落后而产生的困难，要经历更加艰苦和更加长久的奋斗。不断满足人民日益增长的物质文化需要是社会主义生产和建设的根本目的。党和政府应当、事实上也做了很大的努力，使人民生活逐步得到改善。但是，生活水平的提高，归根结底要靠生产的发展，靠不断扩大再生产，提高劳动生产率。“一要吃饭，二要建设”，是指导我国经济工作的一项基本原则。饭要吃饱，又不能吃得太好，不能分光吃光，要尽可能节省出更多的资金，用于发展建设。这是全国人民的根本利益所在，也是易于为人们所理解的。要使我国富强起来，需要几十年艰苦奋斗的时间。我们党和全国人民在长期革命斗争中形成的艰苦奋斗的优良传统，任何时候也不能丢掉。

1983 年 3 月 14 日，是无产阶级革命导师马克思逝世一百周年。一百多年来，特别是近六十多年来，马克思、恩格斯创立的科学社会主义学说深入人心，并在各国人民无限丰富、无限生动的革命实践中不断地充实和发展。中国共产党人把马克思主义的普遍真理同我国的具体实际结合起来，经过艰苦的探索，终于找到了一条建设有中国特色社会主义的道路。这是对坚持和发展马克思主义所做出的自己的贡献。让我们用贯彻执行党的十二大提出的方针任务，全面开创社会主义现代化建设新局面的实际行动，作为我们对马克思逝世一百周年的最好的纪念。

（载《思想战线》1983 年第 1 期，与廖树东合作）

社会主义初级阶段和党的基本路线

——学习十三大文件的体会

一

党的十三大报告，全篇以社会主义初级阶段作为立论的根据，由此而提出了社会主义初级阶段的基本路线，由此而提出了关于经济建设的发展战略，关于经济体制改革、政治体制改革和党的建设等方面的基本方针。因此，学习十三大文件，首先必须弄懂社会主义初级阶段的理论。这是掌握十三大精神的钥匙。

（一）确认我国处于社会主义初级阶段的重大意义

提出社会主义初级阶段的理论，是全党对我国国情认识的深化和对社会主义再认识的重大成果。马克思主义的认识论告诉我们，干工作、办事情，要想得到预期的成功，最根本的是要使主观认识符合客观实际。同样，一个政党领导一个国家的革命和建设，主观指导是否符合客观实际，也是成功与否的关键所在。这里所说的客观实际，就是基本国情，包括这个国家处于什么社会发展阶段，其社会主要矛盾是什么。认清所处的社会发展阶段，是不容易的事情。我们党对我国当前所处社会发展阶段的认识，就经历了一个曲折的过程。1956 年社会主义改造完成以后的长时间里，我们的一个重要教训，就是没有认清我国还处于社会主义初级阶段这个实际，急于过渡，急于求成，盲目求纯，甚至提出“共产主义在我国的实现，已经不是遥远的事情了”，要“跑步进入共产主义”。结果犯了超越历史发展阶段的错误，付出了沉重的代价。党的十一届三中全会以来，以邓小平为代表的党中央，坚持实事求是的思想路线，深刻总结了新中国成立以来三十多年正反两方面的经验教训，提出了“我国还处于社会主义初级阶段”的科学论断，它表明我们党对中国国情和社会主义社会发展规律的认识达到一个新的高度，主观认识同中国的客观实际达到了正确的统一。我们终于从天上回到地上，从书本中、从外国模式中回到现实生活中来。具体地说，重要意义主要有三点：

第一，确认我国处于社会主义初级阶段，是建设有中国特色社会主义的首要问题，是制定和执行正确的路线和政策的根本依据。我国原是一个半殖民地半封建的东方大国，能否清醒地认识这一基本国情，把马克思主义的基本原理结合本国实际，在实践中开辟有中国特色的革命和建设的道路，制定符合国情的路线、方针和政策，是我们党的事业成败的关键。民主革命的经验教训说明了这个问题，社会主义建设的经验教训也说明了这个问题。十一届三中全会以来，我们党总结三十多年社会主义建设的经验教训，逐步认清了我国现在所处的社会主义初级阶段，十三大报告作了系统的阐述，这就是我们的现实基础，就是当前中国的具体实际。建设有中国特色的社会主义，必须立足于这个现实基础之上。离开了这个现实基础，就脱离了最基本的国情，我们的社会主义建设就不可避免地还要重犯历史的错误。从这个意义上说，确认社会主义初级阶段，是建设有中国特色社会主义必须首先解决的问题。

只有确认社会主义初级阶段，我们党才能真正做到从实际出发，制定出符合本国情况的路线、方针、政策。社会主义初级阶段的论断，不仅科学地指明了我国社会主义目前所处历史阶段的性质及特点，而且揭示了社会主义社会是一个相当长的历史时期，其发展是循序渐进的、分阶段的。因此，要从总体布局上去分清哪些事情是现在应该做的，哪些事情是将来做的，科学地制定近期目标和远景目标。十一届三中全会以来，党中央正是以社会主义初级阶段为依据，制定了正确的路线、方针、政策，提出了经济建设的战略设想、社会主义建设的总体布局和当前的任务，指引我国改革和建设事业取得了巨大成就并胜利前进。从我们广大干部群众来说，学习领会社会主义初级阶段这个科学理论，才能真正懂得为什么党必须采取现在这样的路线、方针、政策而不能采取别样的路线、方针、政策。为什么必须以经济建设为中心任务，为什么必须坚持四项基本原则和改革开放，为什么必须在以公有制为主体的前提下发展多种经济成分，在以按劳分配为主体的前提下实行多种分配形式，为什么必须努力建设民主政治和精神文明，等等。掌握了社会主义初级阶段理论，就可以知其然并知其所以然，从而大大提高贯彻执行的自觉性。

第二，社会主义初级阶段理论，为我们提供了反对右的和“左”的错误倾向的理论武器。“左”和右两种错误倾向特别是“左”的错误倾向，困扰我们多年。我们抵制和克服错误倾向时，常常就事论事，头痛医头，脚痛医脚，击不中要害。其实，这两种错误倾向，都同没有正确认识社会主义初级阶段有关。从认识根源来说，思想认识超过了当前社会发展阶段，把将来才能办到的事情，硬要拿到现在来做，表现为“左”的错误倾向；思想认识落后于当前社会发展阶段，社会已经前进了，还想开历史的倒车，表现为右的错误倾向。所以，掌握了社会主义初级阶段理论，就有可能把必须避免“左”右两种倾向这个大问题说清楚，也就有可能从世界观和方法论的根本上抵制和克服错误倾向。

第三，社会主义初级阶段的论断，丰富了科学社会主义的理论，是马克思主义的一个新发展。社会主义社会发展阶段的问题，是在社会主义实践中提出的新课题。马克思和恩格斯在《1844 年经济学哲学手稿》和《共产主义原理》等著作中，已经有共产主义社会分阶段的思想萌芽。后来，在《哥达纲领批判》中，马克思把共产主义社会划分为两个发展阶段，即第一阶段（社会主义）和高级阶段（共产主义）。列宁曾经从不同的角度，提出过“初级形式的社会主义”、“发达的社会主义”、“完全的社会主义”等不同的概念，包含着关于社会主义发展阶段的思想。但由于历史条件的限制，马克思主义经典作家对于社会主义的具体发展阶段，还没有作出完整的论述。后来的实践证明，人们对这个问题的认识出现过许多失误。我们党把马克思主义原理同我国的具体实际结合起来，提出了社会主义初级阶段的理论，是理论上的重大突破，没有疑义，它增添了科学社会主义的新内容，发展了马克思主义。

（二）社会主义初级阶段的含义

十三大报告指出："我国正处在社会主义的初级阶段。这个论断，包括两层含义。第一，我国社会已经是社会主义社会。我们必须坚持而不能离开社会主义。第二，我国的社会主义社会还处在初级阶段。我们必须从这个实际出发，而不能超越这个阶段。"这两层含义有丰富的内容，可以帮助我们澄清许多模糊认识。

第一层含义，是从社会性质上明确肯定我国已经是社会主义社会，是坚持社会主义原则的体现，同右倾观点划清了界限。马克思、恩格斯、列宁都曾论述过社会主义社会的基本特征，尽管有个别论点如没有商品生产和货币交换等已经不适合发展了的实际情况，但基本原理仍然是科学结论。如全社会共同占有生产资料，根据社会需要对社会生产进行有计划的调节，对个人消费品实行按劳分配原则，阶级和阶级差别已经消灭，劳动人民已成为国家和社会的主人等。而我们今天的社会是一个什么性质的社会呢？三十多年来，虽然道路艰难曲折，但我国人民在共产党的领导下，建立了以生产资料公有制为主体的社会主义经济制度，建立了人民民主的社会主义政治制度，确立了马克思主义在意识形态领域中的领导地位，人剥削人和人压迫人的制度已经消灭，国家经济实力有了巨大增长，教育、科学、文化也有了相当发展。总之，社会主义制度已经在中国建立，并显示了强大生命力，社会主义道路是不可逆转的。

前一段时间，有少数人否定我国的社会主义性质，主张"全盘西化"。这是十分错误的。由于国际国内条件决定，资本主义道路在中国走不通，唯一的出路在于完成新民主主义革命，并进而转入社会主义。这些人不顾历史事实，不承认在近代中国的具体条件下，中国人民可以越过资本主义充分发展阶段而走上社会主义道路，这是革命发展问题上的机械论。机械论是右倾错误的重要思想根源，是必须认真克服的，否则，将干扰社会主义初级阶段党的路线、方针的贯彻执行。

还有少数人否定我国的社会主义改造，认为现在的政策是回到了过渡时期，是"补资本主义的课"。这种观点也是十分错误的。过渡时期，社会主义经济基础还没有奠立，当时要解决的主要矛盾是无产阶级同资产阶级谁战胜谁的问题，这同初级阶段的情况是完全不同的。现在的政策，是在社会主义公有制为主体的条件下，根据有利于发展社会生产力的原则制定的，其目的是为了发展壮大社会主义经济，决不是什么“补资本主义的课”。

社会主义初级阶段论断的第二层含义，是从发展程度上明确指出我国社会主义社会还处在初级阶段，表现了多方面的不成熟性，我们想问题、办事情，决不能超越这个阶段，不能搞主观随意性。这又同“左”的、僵化的观点划清了界限。社会主义初级阶段的命题，是对客观事实的反映。我国的社会主义是脱胎于半殖民地半封建社会，生产力的水平远远落后于发达的资本主义国家。这就决定了我们必须在社会主义条件下，经历一个相当长的初级阶段，去完成工业化和生产社会化、商品化、现代化的任务。时间短了是不行的，从1956年社会主义改造基本完成，到社会主义现代化的基本实现，至少一百年时间，都属于社会主义初级阶段。很长一个时期，我们在思想上、工作中存在“左”的倾向，以为不经过生产力的巨大发展就可以越过社会主义初级阶段，照搬经典著作中按资本主义充分发达的条件所设想的社会主义模式，干了不少“揠苗助长”的蠢事。这是革命发展问题上的空想论，是“左”倾错误的重要认识根源。这种错误倾向至今仍有影响，需要我们认真克服。

有些人反映，“干了三十多年社会主义，还是个初级阶段，社会主义道路太遥远了，共产主义太渺茫了”。这种认识需要澄清。一个大的社会发展阶段，通常要经历很长的时期，犯急性病是不行的。发达的社会主义是建立在高度社会化、现代化的基础之上的。我国社会主义初级阶段，就是由农业人口占多数的手工劳动为基础的农业国，逐步变为非农业人口占多数的现代化工业国的阶段。实现工业化、现代化需要一个相当长的历史过程。现在的发达国家，例如较早的英国，从18世纪中叶开始的工业革命算起，到现在已经二百多年；较晚的日本，从1868年明治维新算起，到现在也有一百多年的历史。我们用一百年时间，赶上发达国家的水平，是不算多的。不能像过去那样，以为共产主义可以很快实现，那不过是不切实际的空想。只有认清国情，立足现实，一步一个脚印前进，才是为建成社会主义并为实现共产主义的伟大理想做了切实有效的工作。

总之，懂得两层含义，就可以全面地、准确地把握社会主义初级阶段的性质、特征，更加自觉地抵制“左”和右的错误倾向。

（三）社会主义初级阶段论断的依据

有人认为，现在社会上消极现象太多了，只好提出初级阶段的理论来解释，甚至说：“初级阶段是个筐，什么消极现象都可以往里装。”这种认识是不对的。社会主义初级阶段的理论不是主观随意提出来的，更不是对消极现象的包容和退让，它是有充分的理论和实践根据的科学论断。

十三大报告分别从历史、现实和实践的经验教训三个方面充分展开论证，有理有据地得出了既是社会主义，又是初级阶段的结论。从历史看，由于我国原来是一个半殖民地半封建的大国，这种特殊的历史条件，决定了中国不可能走资本主义道路，只能走社会主义道路。从现实情况看，社会主义制度已经在中国建立。这就是说，中国只能是而且已经是社会主义。

初级阶段的结论，也可以从历史和现实中找到依据。旧中国由于受到“三座大山”的压迫剥削，决定了社会生产力水平极其低下。我们是先建立了社会主义制度，然后再来进行现代化建设。必须经历一个很长的初级阶段，去实现别的国家在资本主义条件下实现的工业化和生产的商品化、社会化、现代化的任务。从现实情况看，经过三十多年的努力，我国的经济建设取得了巨大成绩，已大不同于新中国成立前的情况。但是，当前突出的问题，仍然是社会生产力落后，人口多，底子薄，生产的社会化、商品化、现代化的程度很低，自然经济半自然经济占的比重还很大，人均国民收入排在世界一百位之后。十三大报告概括了“十亿多人口，八亿在农村，基本上还是用手工工具搞饭吃”，以及三个“同时存在”，确切地描述了我国生产力落后的景象。与生产力水平低相联系，我国的政治、经济、教育、科技体制尚不完善，在思想、道德、传统习惯方面残存着相当多的旧社会的痕迹，封建思想和资本主义思想还经常侵袭人们的思想。所有这些，说明我们还远远没有脱离社会主义的初级阶段。

三十多年的经验教训，也充分说明这个论断的正确性。十一届三中全会以前二十年间的严重“左”倾错误的教训告诉我们，脱离社会主义初级阶段的实际是不行的，必然要走到碰壁的地步。十三大报告从总结经验中得出结论："清醒地认识基本国情，认识我国社会主义所处的历史阶段，是极端重要的问题。"

历史和现实的根据，同时也就是社会主义初级阶段论断的理论根据。因为，既然是社会主义，那么，由社会主义基本经济规律所决定，人民日益增长的物质文化需要，应该得到满足；既然是初级阶段，由于社会生产落后，又不能充分满足人民的需要。这样，就构成了社会主义初级阶段的主要矛盾，即：人民日益增长的物质文化需要同落后的社会生产之间的矛盾。关于社会主要矛盾的理论，正是提出社会主义初级阶段论断的直接的理论依据。按照矛盾学说，主要矛盾及矛盾的主要方面决定事物的性质，决定事物发展的阶段。当前社会主要矛盾的矛盾主要方面是"落后的社会生产"即生产不发达，没有实现现代化。它规定、影响和制约了其他一系列矛盾。我们要实现国家富强，要发展教育、科学、文化事业，要改善人民生活，都遇到了生产落后、力不从心的矛盾。所以，社会主义初级阶段归根结底是由我国落后的社会生产所决定的。到了下世纪中叶，当我国达到中等发达国家水平时，这个主要矛盾就基本解决了，让位于别的主要矛盾。那时，我国社会主义初级阶段就结束了，进入社会主义比较高一级的阶段。

由此可见，社会主义初级阶段是有充分根据的科学论断。掌握了这一理论，就可以正确地解释当前社会存在的各种现象，并采取恰如其分的措施，去正确地处理各种社会矛盾。对这个重大的理论，应当积极地理解，而不应消极地理解。

（四）社会主义初级阶段的历史任务

为了解决社会主义初级阶段的主要矛盾，就必须大力发展商品经济，提高劳动生产率，逐步实现工业、农业、国防和科学技术的现代化，并且为此而改革生产关系和上层建筑中不适应生产力发展的部分。这就是社会主义初级阶段的历史任务。我们这一代人和以后的几代人，要自觉地肩负起历史赋予的重任。要经过几代人的艰苦奋斗，去完成这个光荣而艰巨的历史任务。十三大报告用一段精辟的话概括了实现历史任务的过程："总起来说，我国社会主义初级阶段，是逐步摆脱贫穷、摆脱落后的阶段，是由农业人口占多数的手工劳动为基础的农业国，逐步变为非农产业人口占多数的现代化的工业国的阶段；是由自然经济半自然经济占很大比重，变为商品经济高度发达的阶段，是通过改革和探索，建立和发展充满活力的社会主义经济、政治、文化体制的阶段；是全民奋起，艰苦创业，实现中华民族伟大复兴的阶段。”

二

马克思主义者认识世界的目的在于改造世界。我们党确认我国正处于社会主义初级阶段的目的，是在此基础上，制定一条正确的路线，指引全国人民沿着正确的方向前进，胜利地实现社会主义初级阶段的历史任务。十三大提出的基本路线，就是正确的指针，是我们认识世界和改造世界的强大武器。

十三大报告在充分论证了我国处于社会主义初级阶段后，接着从社会主义初级阶段的实际出发，在肯定十一届三中全会以来的路线的基础上，完整、准确地提出了社会主义初级阶段的基本路线和具有长远意义的指导方针。我们要深刻理解，认真贯彻。

（一）社会主义初级阶段基本路线的内容

十三大报告指出：“在社会主义初级阶段，我们党的建设有中国特色的社会主义的基本路线是：领导和团结全国各族人民，以经济建设为中心，坚持四项基本原则，坚持改革开放，自力更生，艰苦创业，为把我国建设成为富强、民主、文明的社会主义现代化国家而奋斗。”这条基本路线，是党的十一届三中全会以来的路线的继承和发展。基本路线的表述共有七句话。第一句是讲党的领导和依靠人民团结的力量。第二、三、四句，是讲一个中心、两个基本点，这是基本路线的主要内容。第五、六两句，是讲实现历史任务需要依靠自力更生、艰苦创业的精神。第七句，是讲要达到的目标。基本路线把社会主义初级阶段的任务、目标、领导、动力、途径都表述清楚了。

一个中心、两个基本点是基本路线的主要内容，那么，它们相互之间是什么关系呢？

第一，一个中心，两个基本点，三者互相贯通，互相依存，统一于建设有中国特色社会主义的实践中。

第二，一个中心与两个基本点的关系：以经济建设为中心，是根据社会主义初级阶段的主要矛盾特别是矛盾的主要方面提出来的，它是解决社会主义初级阶段诸多方面问题的关键所在。党要团结和领导全国人民，为完成中心任务而努力奋斗。两个基本点是为中心任务服务，并保证其实现的。因为，只有坚持四项基本原则，才能保证经济建设沿着社会主义方向前进，才能巩固和发展安定团结的政治局面，为经济建设提供必不可少的思想政治保证；只有坚持改革开放，才能消除发展生产力的障碍，才能增强经济建设的动力和活力。离开了中心任务，就没有共同的奋斗目标，两个基本点就失去了依托；离开了两个基本点，中心任务也决不能实现。

第三，两个基本点之间的关系：四项基本原则是立国之本，改革开放总方针的提出，是十一届三中全会以来的新贡献，它赋予四项基本原则以新的内容。两者是互相依存的关系。不坚持四项基本原则，改革开放就会走偏方向；不实行改革开放，不能有效地发展生产力，社会主义的优越性不能充分显示出来，坚持四项基本原则也就成为空谈。两者又是互相贯通的关系。我们是在改革开放的形势下坚持四项基本原则。坚持党的领导就包括改善党的领导；坚持社会主义就包括实行改革开放，完善社会主义；坚持人民民主专政就包括政治体制改革，健全民主与法制；坚持马克思主义就包括在新形势下发展马克思主义。而改革开放，实质是社会主义制度的自我完善，它本身就体现了坚持四项基本原则。

“自力更生，艰苦创业”在基本路线中占有重要地位。它指明，要实现社会主义初级阶段的历史任务，必须发扬自力更生、艰苦创业的民族精神。这是我们力量的源泉。诚然，我们要实行对外开放，扩大国内外的经济技术交流，但我们的立足点却要放在自力更生之上。很难想象，有什么外来的力量能够包办十亿人口大国的建设事业。我们只有主要依靠自己的力量，才能立于不败之地。对外开放，目的是为了增强自力更生的能力，促进民族经济的发展，而不能增加对外国的依赖性。同时，由于我们人口多，底子薄，经济技术落后，要使我国富强起来，没有艰苦创业这一条也是不行的。社会主义生产的目的是不断满足人民的物质文化需要。党和政府事实上也作了很大努力，使人民生活逐步得到改善。但是，生活水平的提高，归根结底要靠生产的发展。目前，饭要吃饱，又不能吃得太好，不能分光吃光，要尽可能节省出更多的资金，用于发展建设。当前出现的消费过高过热，脱离实际，互相攀比的不良现象，是造成总需求大于总供给的矛盾的重要原因之一，影响经济的稳定，给改革带来困难，必须认真克服。要使全体干部和人民群众都懂得：自力更生、艰苦创业是我们的传家宝，任何时候都不能丢掉。

贯彻党的基本路线要反对两种错误倾向。“左”和右两种错误倾向都是存在的，都是对党的基本路线的干扰。不能以“左”的僵化的观点看待四项基本原则，否则就会使思想停留在十一届三中全会以前；也不能以右倾观点看待改革开放，否则就会离开社会主义道路。由于“左”的积习很深，由于新情况新问题层出不穷，反对“左”的僵化的倾向将是思想战线长期的主要任务。

（二）六条具有长远意义的指导方针是基本路线的具体化

十三大报告从社会主义初级阶段的实际出发，确立了六条具有长远意义的指导方针。这六条方针同基本路线是什么关系呢？我们体会，它是基本路线的具体化。通过贯彻执行这六条方针，才能使基本路线落到实处。

六条方针包括了经济、政治、思想文化三个方面，与基本路线的精神以及建设富强、民主、文明的社会主义现代化国家的目标是完全一致的。要达到“富强”的目的，就必须集中力量进行现代化建设，把发展生产力作为全部工作的中心。必须坚持全面改革，完善生产关系和上层建筑，促进生产力的发展。必须坚持对外开放，努力吸收世界文明成果，取天下之长，补一国之短。必须以公有制为主体，大力发展有计划的商品经济。要达到“民主”的目的，就必须以安定团结为前提，努力建设民主政治。要达到“文明”的目的，就必须在抓物质文明建设的同时，抓好精神文明建设，按照“四有”的要求，提高整个民族的思想道德素质和科学文化素质，振奋起各族人民献身于现代化事业的巨大热情和创造精神。

把人类社会生活划分为经济、政治、思想文化三大领域，是历史唯物主义的基本原理的体现。对于三者的关系，毛泽东作过精辟的概括："一定的文化（当作观念形态的文化）是一定社会的政治和经济的反映，又给予伟大影响和作用于一定社会的政治和经济；而经济是基础，政治则是经济的集中的表现。"以经济建设为中心，同时抓好政治和思想文化建设，这样，就能有力地解决社会主义初级阶段的主要矛盾，完成初级阶段的历史任务，把有中国特色社会主义事业胜利地向前推进。

（三）贯彻党的基本路线要同实际结合起来

党的基本路线是依据社会主义初级阶段这个总的国情提出来的，对全国有普遍的指导意义。但是，由于发展的不平衡性，各地的情况千差万别，贯彻执行党的基本路线一定要同本地区、本部门、本单位的实际结合起来。我们的干部，我们的理论工作者和实际工作者，除了要把全国处于社会主义初级阶段这个大题目讨论清楚，统一认识以外，还要联系云南的实际，把省情、地情、县情弄清楚。

云南最基本的实际是什么呢？概括地讲，主要是两条：

第一，云南是一个边疆多民族的山区省，这是云南的主要特点。在云南做任何工作，都要从边疆、多民族、山区的特点出发，脱离这个实际就不可能把工作做好。

第二，云南的经济、文化落后，在全国属于不发达的地区。这是云南最基本的省情，最大的实际。1883 年中法战争后，云南属于法帝国主义势力范围，属于全国半殖民地半封建社会的组成部分，这是共同性的一面。另一方面，云南的社会历史又有很大的特殊性，占全省三分之一人口、三分之二面积的少数民族地区，新中国成立前夕分别处于原始社会末期、奴隶制、封建领主制、封建地主制四种社会经济形态，生产力十分落后，社会分工和商品经济极不发达。这就是说云南进入社会主义的起点更低，基础更差。新中国成立以后，云南的社会主义事业有了很大的发展，取得了历史性的成就。但是，远远没有摆脱贫困落后的状态，与全国发达地区相比还存在很大的差距，表现在：①农业商品率低。全国为 68%，我省为

52%。②生产劳动方式落后。③社会分工很不发达，少数民族中有93%的劳动力从事农业。④自然资源丰富，但开发程度低。⑤人们的文化技术素质低，缺乏商品观念，成年人口文盲率比全国平均高20%，其中有七个少数民族的文盲率达70%以上。由此可见，云南建设社会主义起点很低，把握住这个最基本的省情和最大的实际，在此基础上，因地制宜，提出贯彻执行党的基本路线的具体措施和办法来，这是促进云南的改革和建设向前发展的关键的一环。

（载《云南省干部学习党的十三大报告辅导材料》，云南人民出版社1987年版）

用发展的观点对待马克思主义

——学习十三大文件的体会

党的十三大报告的最后一部分，阐述了马克思主义在新的历史条件下坚持和发展的问题，概括了建设有中国特色社会主义理论的轮廓，提出了许多重要的新观点，我们要认真学习领会。

一、马克思主义必须发展是现时代的大趋势

马列主义、毛泽东思想，是我们党和国家的指导思想和理论基础。这是庄严地载入了党章和宪法的。马克思主义创立至今只有一百多年的历史；马克思主义推进到列宁主义阶段，马列主义的普遍真理同中国革命的具体实践相结合产生毛泽东思想，只有几十年的历史。马克思主义作为完整的科学体系，作为科学的世界观和方法论，永远不会过时。它正在中国人民建设社会主义的事业中，发挥着正确的指导作用而葆其美妙之青春。坚持马克思主义是四项基本原则之一，对此，我们应当坚定不移。

坚持马克思主义必须发展马克思主义。马克思主义创始人一再告诉人们，他们的学说不是终极真理。“马克思列宁主义并没有结束真理，而是在实践中不断地开辟认识真理的道路。”马克思主义是从实践中来的，它也只有再回到实践中去，通过川流不息的社会实践的检验而不断地补充、丰富和发展，不断地作出新的理论概括，才能保持其万古常新的生命力。当前，面临着新的形势，马克思主义需要有新的大发展，这是现时代的大趋势。十三大报告指出：“世界在发生巨大变化，人类文明在突飞猛进，

工人阶级和劳动人民的事业展现了新的前景，这一切都要求马克思主义者开拓新视野，发展新观念，进入新境界。”

第一，从社会主义方面看。马克思和恩格斯在哲学和政治经济学中的两项伟大发现，即唯物史观和剩余价值学说，为科学社会主义奠定了理论基础，把社会主义从空想变成了科学。在科学社会主义理论的指导下，社会主义革命先是在俄国，第二次世界大战后在中国等国家取得了胜利。社会主义由一国实践变成了多国实践。社会主义国家虽然取得了重大的历史成就，但却发生了这样那样的失误，遭到了这样那样的挫折，使社会生产力的发展和人民生活水平的提高受到影响，妨碍社会主义制度优越性的进一步发挥，这使某些人产生了对社会主义的怀疑。当前，一些社会主义国家正在进行改革，以期完善社会主义制度。社会主义国家的改革是人们对社会主义再认识的扩展和深化。但是，实践告诉我们，对社会主义客观规律的认识，不是一次认识过程所能完成的，在人们面前还有许多必然王国。例如，社会主义的本质特征问题，社会主义的发展阶段问题，社会主义国家的改革问题，社会主义的经济建设、政治建设、精神文明建设实行全面发展的问题，社会主义国家执政党自身建设的问题，社会主义制度的自我完善和未来发展的问题等等，都有待人们继续进行探索和实践。在探索和实践的过程中，需要以马克思主义为指导，同时，又要对新的实践经验进行理论概括，不断丰富、补充、发展马克思主义。

第二，从资本主义方面看。资本主义世界几经变迁，由自由资本主义发展为垄断资本主义，经历两次世界大战，又发展到今天，较之一个多世纪以前，当代资本主义世界发生了许多新变化，产生了许多新特点。资本主义国家在新科技革命的推动下，经济上有较大的发展，出现了较长期的稳定局面。生产社会化进一步提高，加深了资本主义的基本矛盾，国家政权参与了私人垄断资本的运动，以调节社会生产，使战后私人垄断迅速地发展为国家垄断。国家垄断资本主义起到某种缓和社会矛盾，从而延缓社会主义革命到来的作用，但同时又为社会主义提供最完备的物质准备，使资本主义不可避免地最终要为社会主义所取代。垄断资产阶级在不触动其社会根本制度的范围内，采取种种改良措施，调整生产关系和各种社会、阶级关系，使工人的生活有所改善，但是资本主义剥削工人阶级创造的剩余价值的本质并没有改变。战后资本主义国家的阶级结构有了新的变化。垄断资产阶级相对强大。农民不断分化。工人阶级内部出现了多层次结构，劳动者的素质从低技术的体力型向高技术的智力型转化，“白领工人”的比重日趋扩大。但这些变化，不会使工人阶级摆脱雇佣劳动者的地位。资产阶级和无产阶级的矛盾仍然是社会的主要矛盾。马克思关于“资产阶级的灭亡和无产阶级的胜利同样不可避免”的论断并没有过时。但是，对资本主义确有必要进行理论上的再认识。例如，资本主义现今形式问题，当代资本主义的本质及统治形式和剥削方式问题，资本主义国家的阶级结构问题，劳动者内部构成和生活状况变化的问题，国家资本主义的计划调节问题，资本主义的历史命运问题，社会主义革命的趋向、形式和特点问题，等等。对这些问题的研究探讨，同样既需要坚持马克思主义的指导，又要结合新的情况发展马克思主义。

第三，从科学技术突飞猛进的情况看。20 世纪 40 年代以来，自然科学蓬勃发展，老学科日新月异，新学科大量涌现，以微电子技术、信息技术、生物工程技术和新材料技术为主要特征的新技术革命，正在全球范围内兴起，一批以新技术为基础的新兴工业部门迅速发展起来，科学技术日益转化为直接的生产力。新科技革命对各个国家和地区的政治、经济、文化、教育，乃至人们的日常生活、心理带来愈益明显的影响。马克思主义是自然、社会和思维知识的概括和总结。它必须广泛地概括、吸收新科技革命带来的成果有所发展，而不能停留在 19 世纪的“三大发现”之上。同时，马克思主义还必须对新科技革命带来的新变化，作出理论上的说明和概括。这些，都要求坚持和发展马克思主义。

第四，从世界政治形势来看。二战后迅猛发展的国际共产主义运动、民族殖民地解放运动和第三世界，改变着世界的格局、态势和力量对比。在资本主义和社会主义两种主要社会制度并存的同时，出现了世界多极化的趋势，从而削弱和动摇了美苏两极体制。超级大国一呼百应、为所欲为的时代已经过去了。世界力量对比的格局向着有利于和平的方向发展。

面对着这些巨大而深刻的变化，一系列新问题有待于马克思主义者创造性地加以解决。如果满足于简单地复述原有的马克思主义的基本原理，无视当代的新情况，那就会使马克思主义失去活力。如果被一些表面现象所迷惑，离开马克思主义，醉心于西方各式各样的时髦理论，那就会在思想上迷失方向。正确的态度，应当是用实践的观点、发展的观点、创造的观点对待马克思主义，勇于抛弃前人囿于历史条件不免带有空想因素的某些论断，破除对马克思主义的教条式理解和附加到马克思主义名下的错误观点，把马克思主义同新的实际结合起来，开拓新视野，发展新观念，进入新境界。这样，才能进一步发挥马克思主义认识世界改造世界的巨大功能。

二、马克思主义在中国的发展

十三大报告概括了马克思主义与我国实践结合的过程中出现的两次历史性飞跃，一次找到了一条有中国特色的革命道路，一次找到了一条建设有中国特色社会主义的道路。这两次历史性飞跃，对于中国人民革命和建设事业的胜利，具有决定性的意义。

第一次历史性的飞跃，发生在新民主主义革命阶段。中国共产党人经过反复的实践与探索，走了许多曲折的道路，以毛泽东为代表把马克思主义同中国革命的具体实践结合起来，找到了中国自己的新民主主义革命道路，这就是走农村包围城市的夺取政权的道路。现在看来这是大家公认的一个普通理论常识，却从 20 世纪 20 年代到遵义会议到《新民主主义论》的发表，经过 20 多年的探索实践，付出了多少血的代价，经历了许多曲折，这个普通的理论常识，才为全党所认识。

第二次历史性的飞跃，发生在十一届三中全会以后。中国共产党人在建设社会主义的道路上又经过了 30 多年的实践探索，走了不少曲折道路，付出了很大的代价。以邓小平为代表把马克思主义同中国社会主义现代化建设的实际结合起来，在深刻总结正反两方面经验的基础上，认清中国社会现在还处于社会主义的初级阶段，而且是一个相当长的历史阶段。从中国的这个基本国情出发，提出了“一个中心，两个基本点”的党的基本路线，走中国自己的道路，建设有中国特色社会主义，从而开辟了社会主义建设的新阶段。

十三大对十一届三中全会以来的丰富实践，作出了理论上的概括，构成了建设有中国特色社会主义理论的轮廓。它主要包括12个方面的内容。这就是："关于解放思想，实事求是，以实践作为检验真理的唯一标准的观点；关于建设社会主义必须根据本国国情，走自己的路的观点；关于在经济文化落后的条件下，建设社会主义必须有一个很长的初级阶段的观点；关于社会主义社会的根本任务是发展生产力，集中力量实现现代化的观点；关于社会主义经济是有计划商品经济的观点；关于改革是社会主义社会发展的重要动力，对外开放是实现社会主义现代化的必要条件的观点；关于社会主义民主政治和社会主义精神文明是社会主义重要特征的观点；关于坚持四项基本原则同坚持改革开放的总方针这两个基本点相互结合、缺一不可的观点；关于用'一个国家、两种制度'来实现国家统一的观点；关于执政党的党风关系到党的生死存亡的观点；关于按照独立自主、完全平等、互相尊重、互不干涉内部事务的原则，发展同外国共产党和其他政党的关系的观点；关于和平与发展是当代世界的主题的观点，等等。"我们可以清楚地看到，这些重要的理论观点，创造性地解决了中国社会主义现代化建设的理论问题，初步回答了我国社会主义建设的阶段、任务、动力、条件、布局和国际环境等基本问题。这样，党的路线、方针、政策的提出，就有了正确的理论依据，我们前进就有了一条正确的轨道。当然，随着实践的发展，理论也要不断充实和发展，但是，有中国特色社会主义的基本理论，将长期指导我们的实践，这是确定无疑的。这个理论轮廓的形成来之不易，它是我们党三十多年正反两个方面经验的科学总结，是全党智慧的结晶，同时，它又是同邓小平在理论和实践两个方面所做的重大贡献分不开的。许多重要观点是他首先提出并反复阐述的。如同民主革命时期毛泽东思想的形成，标志着我们党马克思主义水平的大大提高，保证了革命取得胜利一样，有中国特色社会主义理论轮廓的形成，也标志着我们党领导建设的马克思主义水平的进一步提高，它是社会主义现代化建设取得成功的基本保证。

三、生产力标准是社会主义建设的根本问题

十三大报告在阐述建设有中国特色社会主义理论的轮廓时，强调"核

心问题是，必须破除离开生产力来抽象谈论社会主义的历史唯心主义观念，从根本上划清科学社会主义同种种空想的界限”。

十三大报告从多种角度论述了为什么必须坚持生产力的标准。首先，生产力是一切社会发展的最终决定力量。生产力和生产关系，是社会生产不可分割的两个方面。它们之间的相互作用，构成生产方式的矛盾运动。生产关系对生产力有着反作用，但是，归根结底，生产力对生产关系起决定作用。生产关系的性质决定社会制度的性质。人类历史已经出现过的五种社会形态，都是建立在一定生产力的基础之上的，由一定的生产力的状况所决定的。就是在同一个社会形态之内，划分为几个由低到高的阶段，也是由生产力发展的程度所决定的。其次，革命的根本任务是发展生产力。在革命时期，我们把阶级斗争放在中心位置，最终目的是为了解放生产力。因为腐朽的、反动的生产关系和上层建筑成了生产力的严重桎梏，代表着生产力发展要求的先进阶级，不能不集中力量进行打碎旧的生产关系和上层建筑的革命斗争，以求得生产力的解放。我国人民在共产党的领导下，进行长期的革命斗争，其目的就是为了推翻反动统治，解放生产力。第三，是否坚持生产力的标准，是区分真假社会主义的试金石。在批判林彪、“四人帮”的时候，我们已经识破了他们鼓吹的“宁要社会主义的草，不要资本主义的苗”是假社会主义。在今天进行社会主义现代化建设的时候，我们更要深刻认识到，贫穷不是社会主义，要坚持用生产力的标准来衡量是非。要认识到，社会主义的优越性的充分发挥和吸引力的不断增强，归根到底，都取决于生产力的发展。一切有利于生产力发展的东西，都是符合人民根本利益的，因而是社会主义所要求的，或者是社会主义所允许的。一切不利于生产力发展的东西，都是违反科学社会主义的，是社会主义所不允许的。

重视生产力的决定作用，这本来是历史唯物主义的基本观点，但在过去很长一个时期内，我们过分地夸大了生产关系的反作用，误认为只要把所有制的范围和规模扩大，把公有化的程度提高，生产力就自然地发展起来，就是坚持社会主义。在实际工作中，曾发生过离开生产力的实际水平，去频繁变动生产关系的状况，结果欲益反损，吃了大亏。当前在少数人中也还存在一种倾向，对于某项政策和改革措施，不是看它是否对发展生产有利，而是看它是否符合书本上的某种概念和原则，而决定赞成或反对的态度。总之，忽视生产力的倾向由来已久，至今还有影响。因此，十三大报告鲜明地提出生产力标准问题，不但是坚持了历史唯物主义的基本原理，联系经验教训来看，它反映了我们党对这一基本原理的认识有了自己的深刻的内容，是建设有中国特色社会主义理论轮廓的基石。提高人们坚持生产力标准的自觉性，有重大的理论意义和实践意义。

四、认真学习马克思主义

要坚持和发展马克思主义，就必须认真学习马克思主义。否则，既谈不上坚持，也谈不上发展。近几年来，我们党内成分和干部队伍结构发生了很大变化。大批新同志加入党的队伍，大批新干部走上各级领导岗位。一般地说，新同志不大熟悉马克思主义，老同志也需要重新学习。因此，摆在全党同志特别是领导干部面前的一项迫切任务，就是要认真学习和掌握马克思主义的立场、观点和方法，把马克思主义的基本原理同建设和改革的实际更好地结合起来，同各条战线和各个地区的实际更好地结合起来。

学习马克思主义，既要有选择地学习马克思主义创始人的经典著作，又要重视学习党中央、邓小平关于建设有中国特色社会主义理论。要通过坚持不懈的努力，进一步提高全党的马克思主义的水平，这是改革和建设事业胜利的根本保证。

（载《云南省干部学习党的十三大报告辅导材料》，云南人民出版社1987年版）

进一步解放思想 牢固树立三个观念

——学习十四大文件的体会

一、贯彻党的十四大精神，完成十四大提出的任务，首先要抓好解放思想这个重要环节

党的十四大报告提出：要“动员全党同志和全国各族人民，进一步解放思想，把握有利时机，加快改革开放和现代化建设步伐，夺取有中国特色社会主义事业的更大胜利”。还指出：“加快我国经济发展，首先要进一步解放思想，加快改革开放的步伐，不要被姓‘社’姓‘资’的抽象争论束缚自己的思想和手脚。”根据这个精神和云南的实际，省委在1992年11月召开的全省党员干部会议上强调，云南要加快经济的发展，关键必须进一步解放思想。解放思想要认真抓。要开展解放思想奔小康大讨论。全省干部、党员应当通过党的十四大精神的学习和讨论，实现思想的大解放，以促进生产力大发展。

（一）什么是解放思想

十四大要求“进一步解放思想”。那么，我们首先要弄清楚什么是解放思想和解放思想的基本要求。邓小平指出：“解放思想，就是使思想和实际相符合，使主观和客观相符合，就是实事求是。认为解放思想已经到头，甚至过头了，显然是不对的。”十四大报告也指出：“解放思想同实事求是是统一的，就是要求我们的思想认识符合客观实际，在马克思主义指

导下，冲破落后的传统观念和主观偏见的束缚，改变因循守旧、不接受新事物的精神状态。”因此，解放思想，说到底，是要使广大干部端正思想路线。真正做到实事求是，一切从实际出发，理论联系实际，坚持实践是检验真理的标准，研究新情况，解决新问题，因地因时制宜。解放思想，实事求是二者是紧密联系的。单有实事求是，不解放思想，就敞不开，闯不了；单有解放思想，没有实事求是精神，那就是胡思乱想，华而不实，很难收到实际效果。思想路线是政治路线的基础，又是为贯彻执行政治路线服务的。党在各个历史阶段的政治路线和任务不同，因而解放思想、实事求是，在不同的时期，内容和针对性也有所不同。当前，就是要以邓小平建设有中国特色社会主义理论和党的十四大精神为指导，紧紧围绕建立社会主义市场经济体制这个核心问题和扩大对外开放、发展科学技术问题，扫除一切不利于改革开放和经济发展的思想障碍，转换脑筋，更新观念，用辩证唯物主义和历史唯物主义的世界观、方法论去分析和解决问题，使思想适应发展变化的新形势，勇于探索，大胆试验，创造性地工作，从而为加快改革开放和现代化建设步伐，使经济跃上一个新台阶，创造坚实的思想条件，提供强大的精神动力，激发广大干部群众真抓实干的积极性。

（二）只有思想大解放，才能带来生产力的大发展

为什么贯彻十四大精神必须抓好解放思想这个重要环节，或者说解放思想的重要性应当怎样认识？可以用一句话回答：只有思想大解放，才有生产力的大发展。

学习邓小平南方谈话，我们懂得了在社会主义条件下还有解放生产力的任务。过去只讲发展生产力，没有讲解放生产力，不完全。那么，怎样解放生产力呢？就是要通过改革，从根本上改变束缚生产力发展的旧经济体制，建立起充满生机和活力的社会主义市场经济新体制，以解放和促进生产力的发展。然而，改革能不能迈开步子，打开局面，首先又取决于思想是不是解放。思想是行动的先导。思想解放了，观念更新了，脑筋活了，办法也就多了，就能够冲破错误思想和落后的传统观念的束缚，拓宽思路，大胆地推进改革；反之，如果思想不解放，脑筋不换，固守落后的

传统观念，那一切工作都很难推动，改革也就难于迈开较大的步子和坚持下去。改革难以迈步和坚持，也就谈不上生产力的解放和发展。因此，从这个意义上说，只有思想大解放、才能带来生产力的大发展。这是逻辑的必然结论。

十一届三中全会以来 14 年的实践，充分证明了解放思想的极端重要性。我们可以回想一下，十一届三中全会以前，由于受到“文化大革命”和“两个凡是”错误方针的影响，人们的思想受到多么严重的禁锢。那时候，一个“以阶级斗争为纲”的紧箍咒，就把人们束缚得动弹不得。正是由于以邓小平为核心的党中央，坚决实行解放思想，实事求是，团结一致向前看的方针，领导和支持了关于实践是检验真理唯一标准的大讨论，重新确立了党的解放思想、实事求是的思想路线，恢复了马列主义、毛泽东思想的勃勃生机，终于打破了“左”的禁锢，冲破了个人崇拜和“两个凡是”的束缚，从根本上否定了“文化大革命”和“无产阶级专政下继续革命的理论”，抛弃了“以阶级斗争为纲”的错误方针，顺利地进行了全面的拨乱反正，实现了把工作重点转移到经济建设上来，从此我国社会主义事业又重新扬起了胜利前进的风帆。可以说，没有 70 年代末、80 年代初的思想解放，也就没有今天的好形势。这一段历史，是我们亲身经历的，感受是很深的。

这十多年来，最鲜明的特点是改革开放。改革开放从十一届三中全会起步，十二大以后全面展开。而改革开放每深入一步，都伴有思想观念上的解放。我国的经济改革是从农村开始的。废除政社合一的人民公社制度，实行家庭联产承包责任制，这在当时遇到的思想阻力是很大的。什么“分田单干”呀，“资本主义复辟”呀，“辛辛苦苦三十年，一夜回到解放前”呀，各种疑虑和责难是很多的，许多人在观望、犹豫。原因就在于人们的思想还受到“两个阶级、两条道路斗争”旧观念的束缚，心有余悸，对农村改革的正确性和伟大意义缺乏认识，因而一些同志行动不积极，甚至进行抵制。我们党一方面抓紧进行解放思想的教育，另一方面允许看，引导人们在实践中进行比较。这样，人们的思想才逐步得到解放，三年的时间在全国农村普遍推行了家庭联产承包责任制，带来了农村经济的大发展。当从农村改革发展到城市改革，从经济体制改革发展到各方面体制的改革，从对内搞活发展到对外开放的时候，情况更为复杂，在开始时也同样遇到不少的思想阻力。想不通者有之，看不惯者有之，动摇者有之，无所适从者有之。这些阻力的产生，就是受传统观念和主观偏见的束缚，总认为生产关系一大二公三纯才好，否则就不是社会主义。这是离开生产力标准，用抽象原则和空想模式来裁判现实生活的表现。我们党带领广大干部和群众，坚决冲破传统观念的束缚，进行了一系列的思想解放，从而使改革开放不断迈出新的步伐，促进了我国社会生产力以前所未有的规模和速度向前发展。正如十四大报告所说的："十四年改革带来的最深刻的变化，就是摆脱了许多思想上和体制上的禁锢，调动起广大人民群众的积极性，拥有十一亿人口的中国正在创造充满活力的社会主义。"

改革开放的过程，必然是一个不断解放思想的过程，这是有内在联系的。通过改革开放，解放和发展生产力，建设有中国特色的社会主义，就其引起社会变革的广度和深度来说，是开始了一场新的革命。它的实质和目标，是要改变旧的经济体制，建立新的经济体制，同时相应地改革政治体制和其他方面的体制。改革虽然不是要改变社会主义制度的性质，是社会主义制度的自我完善和发展，但它也不是原有经济体制的细枝末节的修补，而是经济体制的根本性变革，加上相应的政治体制和其他方面体制的改革，必然牵动整个社会。这样深刻的社会变革，必然要同人们的旧思想、旧观念、旧习惯、旧行为发生激烈的碰撞。改革必然涉及利益的调整，也不是所有的人一想就通。孰是孰非，何去何从，赞成什么，革除什么，这是每一个人不能不思考、不能不解决的问题。每一个人都有转换脑筋、更新观念的任务。特别是，旧体制是自己一手造成的，现在又要经过自己的手把它加以改变，这里不但有思想观念和习惯转变的问题，还有一个感情转变的问题，当然是很不容易的。认为改革开放是利国利民的大好事，人们自然会毫无保留地拥护，毫无阻碍地踊跃参加，实际情况并不是这样。重要的在于做工作。各级领导的一项重要任务，就是要紧紧抓住解放思想这个重要环节，做深入细致的思想工作，用正确的理论和思想武装人们的头脑，引导人们明辨是非，摆脱旧思想的禁锢，促进旧观念向新观念的转化，为改革开放开辟前进的道路。改革的胜利前进，又进一步推动着人们解放思想，开阔眼界，面向世界，走向未来，焕发出自强不息、奋力拼搏的精神。改革开放和解放思想就是这样一种互为因果的关系。为了认识解放思想的重要性，我们还可以想得更深、更远一点。社会主义和共产主义事业，是人类历史上前人所没有做过的极其光荣伟大的事业。它的任务就是要打破旧世界、旧思想、旧传统，创立新思想、建设新世界。不打破旧思想、旧传统，也就不可能打破旧世界，创立新世界。因此，马克思、恩格斯在《共产党宣言》中说："共产主义革命就是同传统的所有制关系实行最彻底的决裂；毫不奇怪，它在自己的发展进程中要同传统的观念实行最彻底的决裂。"这就是说，解放思想不是权宜之计，而是革命事业进程中一项根本性的任务，也是革命事业胜利发展的一个必不可少的条件。解放思想是马克思主义的一条重要原则。马列主义、毛泽东思想本身，就是解放思想的产物。江泽民在中央党校讲话时指出："解放思想是一个法宝，是一个帮助我们在思想上和工作上永远保持蓬勃生机与活力的法宝，必须伴随建设和改革长期坚持下去。"这段话，既讲了解放思想的重要性，又讲了解放思想的长期性。我们要认真领会，自觉拿起和运用解放思想这个法宝。

（三）总结历史的经验教训，在当前关键时期自觉地抓好解放思想这个重要环节

前面讲了，在改革开放整个过程中，必须重视和抓好解放思想的工作。还要着重强调的是，在重要的历史转折关头，尤其要把解放思想作为关键性的环节抓好。因为在历史转折关头，党向全党全国人民提出了全局性的新的重大任务，要求人们的思想观念有一个大的转变，才能适应新任务的要求。平时一般性的解放思想的教育，还不能达到促成人们思想大解放的目的，而必须把解放思想作为一项突出的、首要的政治任务，集中力量来抓，才能收到推动全局、搞活全局的显著成效。毛泽东曾说："任何一级的首长，应当把自己注意的重心，放在那些对于他所指挥的全局说来最重要最有决定意义的问题和动作上。"在历史转折关头抓好解放思想，就是抓住了对于全局具有决定意义的环节。这方面，我们既有经验，也有教训。

十一届三中全会，是重要的历史转折关头。在三中全会前后全国普遍

开展的“实践是检验真理的唯一标准”大讨论，起到了打破思想僵化状态，从个人崇拜、“两个凡是”的精神枷锁下解放出来的巨大作用，使人们的思想适应了党的工作重点转移的要求。但是，我们省对于这一大讨论，思想上认识迟缓，有“不为天下先”的模糊认识，一段时间内没有认真采取行动，以致大讨论在云南没有及时很好地进行。直至1979年8月，才决定在全省进行真理标准问题讨论的补课。比起最早开展这一讨论的地区，延迟了近一年的时间。由于没有在关键时期及时抓住关键的环节，使得相当多的干部的思想还处于不解放的状态，在拨乱反正、实行工作重点转移、推行家庭联产承包责任制等工作中，在一些地方和单位遇到了比较大的阻力，工作比较被动，消极影响明显地表现出来。这一历史教训，值得我们认真记取。

党的十三大，系统地论述了社会主义初级阶段理论，明确提出和全面阐发了党的“一个中心、两个基本点”的基本路线，更加突出地强调了发展生产力的任务。十三大也是一个阶段性的历史转折关头。在十三大前后，我们省及时开展了发展商品经济和生产力标准的大讨论。参加讨论人数之多，讨论气氛之热烈，研讨问题之深入，可谓盛况空前。通过大讨论，使生产力标准的思想深入人心，促进了思想的解放，推动了改革开放和经济建设的发展。对统得过死、管得过多的计划经济和产品经济是一个大冲击，比较顺利地取消了大部分产品包销的制度，放开了大部分产品和工业小商品价格，出现了我省生产力发展的新的高峰期。随着时间的推移，越来越清楚地看出这次大讨论的历史性的积极作用。这个成功的经验，值得我们认真记取。

温故而知新。当前我们又处在一个重要的历史转折关头。以邓小平南方谈话为标志，我国改革开放和现代化建设事业进入了一个新的阶段。党的十四大又是我们继续前进的里程碑。在这个历史关头，及时抓住解放思想这个环节具有十分重要的意义。新阶段的中心任务，就是要把握有利时机，加快改革开放和现代化建设的步伐，夺取有中国特色社会主义事业的更大胜利。以建立社会主义市场经济体制为核心的改革，其变革的广度和深度比以前更加深刻；十四大提出的十项战略任务，十分繁重艰巨，必须激发广大人民的积极性去努力完成。在这个重要的历史转折关头，我们必须结合学习贯彻十四大精神，首先抓好解放思想这一重要环节，以实现新一轮的思想大解放，通过解放思想推动全局工作，促进生产力大发展，努力完成十四大提出的历史任务。

二、当前解放思想的主要任务，是要坚持“三个有利于”的标准，自觉清除“左”的影响，冲破旧观念的束缚，牢固树立三个观念

1992 年初，邓小平视察南方发表重要谈话，精辟地分析了当前国际国内形势，科学地总结了十一届三中全会以来党的基本实践和基本经验，鲜明地回答了这些年来经常困扰和束缚我们思想的许多重大认识问题。谈话强调基本路线要管一百年，动摇不得，要求我们思想更解放一点，改革开放的胆子更大一点，建设的步子更快一点，千万不可丧失时机。通篇谈话，洋溢着解放思想、实事求是的精神。在谈话的鼓舞和指引下，我省和全国一样，人们的思想空前活跃，获得新的解放。闯禁区，探新路，想以前所不敢想、干以前所不敢干的种种富国利民的大事、好事，全省上下，人心振奋，热气腾腾，春潮涌动，出现了加快改革开放和经济发展的大好形势。但是，对我省干部群众的当前思想状况进行实事求是的分析，应当承认，解放思想虽已取得很大进展，解决了不少思想认识问题，但束缚人们思想的东西还很多，只能说解放思想有了一个良好的开端，迫切需要进一步解放思想。那么，仍然束缚人们思想的是些什么呢？最主要的是“左”的东西，当然也有右的影响。此外，大量的还有传统的计划经济、产品经济思想，小生产意识，以及各种过时的旧观念等。概括起来说，就是“左”、“旧”、“短”、“难”四个字。

（一）“左”的表现

主要是停留在过去对马克思主义的某些原则、某些本本的教条式理解上，或者停留在过去对社会主义的一些不科学甚至完全歪曲了的认识上，或者停留在改革开放前那些超越社会主义初级阶段的不正确的思想和政策

上，以致怀疑和否定改革开放，认为搞改革开放是引进和发展资本主义，认为和平演变的主要危险来自经济领域，仍用过去那种“以阶级斗争为纲”的思想来影响以至冲击经济建设中心。不管什么事，总是先用姓“社”姓“资”来判定，用长期以来被误认为是“社会主义”的一些抽象原则，来裁判现实生活中的是非，来衡量改革开放中出现的具体事物、具体措施的性质。一旦被主观认定是姓“资”，就指责大方向错了，“走了资本主义道路”。我们曾经经历过的，比如多宣传一点改革开放，就担心影响大好形势的稳定；引进外资，怕引进资本主义；承包土地给外商去开发，怕说是出卖主权；有的把乡镇企业说成是不正之风的风源；多发展一点私营企业、个体户，担心会改变社会主义的性质；推行厂长负责制，怕削弱党的领导；巩固和发展农村家庭联产承包责任制，顾虑走单干道路等等。这些都是我们改革开放以来最基本、最实质并且行之有效的东西，但接受起来并不容易。就多数同志来说，通过实践能够正确认识这些问题，但有的同志因为不能从理论上划清一些基本界限，思想上还会或多或少对某些问题有疑虑。当然，“左”的这些表现，是概括起来说的，是就突出的事例来说的，不是每个单位都是如此，不是每个干部人人有份。但我们确实不可低估“左”的错误思想的影响。在我们党的历史上，“左”的错误持续的时间很长，根深蒂固，影响确实很深。在改革开放中要走出新路子，要改变妨碍生产力发展的原有模式和做法时，阻力常常主要来自“左”的方面。由于“左”的东西往往带着“革命”的色彩，拿大帽子吓唬人，容易给人们以迷惑的作用。就是一些锐意改革的人，也由于常常受到“左”的压力，因而心存疑虑，犹豫动摇起来。可见，“左”的东西确实是前进的主要障碍，需要我们的干部尤其是领导干部特别注意清除“左”的影响，防止“左”的干扰。清除“左”的影响，不是简单地加以否定，要注意讲清道理，寻根究底，剖析其错误所在，有理有据地指出其违反马克思主义世界观、方法论的主观唯心主义的实质，这样才有说服力，才能帮助一些干部心悦诚服地抛弃错误的思想和摆脱“左”的影响。

邓小平指出：“中国要警惕右，但主要是防止‘左’。”右的表现，主要是怀疑和否定四项基本原则，甚至制造政治动乱，企图改变我们的社会主义制度和改革开放的正确方向。右的东西对人们的思想也是一种束缚，清除右的影响，也是解放思想题中应有之义。经过几年来坚持四项基本原则的教育，经过在一定层次进行反和平演变的教育，右的错误思想受到有力的遏制。但是，只要我们国家还没有充分发展起来，只要国际敌对势力还存在，就有产生右倾错误思想的条件和土壤。因此，邓小平告诫我们，“左”和右都可以葬送社会主义。我们要全面理解邓小平谈话和十四大精神，在反对错误倾向问题上要坚持两点论，同时又要坚持重点论，不可陷入片面性。当然，正如十四大报告指出的，“现在明确要警惕右，但主要是防止‘左’，目的在于使全党同志特别是领导干部深刻吸取历史教训，密切结合当前实际，联系自己的思想和工作，提高贯彻执行党的基本路线的自觉性和坚定性，解放思想，同心同德，把经济建设和各项事业搞上去。对思想认识问题和工作实践中的不同意见以至偏差，要实事求是地具体分析，不要随意说成是政治倾向上‘左’或右。”

（二）“旧”的表现

主要是在高度集中的计划经济、产品经济和小生产的条件下所产生的各种旧思想、旧观念、旧思路、旧习惯、旧作风。举例来说，比如：在经济体制问题上，总以为计划万能，喜统不喜分，大包大揽，该下放的权力不下放，或者是放虚权不放实权。在生产建设问题上，讲投入不注重产出，讲产值不注重效益，习惯于常规技术和常规生产，小打小闹，拼设备，拼资源，拼劳力，缺乏依靠科技进步的积极性。在流通问题上，重生产，轻流通，习惯于产供销的旧思路，没有销供产（以销定产）的意识，对市场存在种种偏见，不是培育市场而是限制市场，习惯于用行政手段进行封锁垄断，设关立卡，搞地方和部门保护主义，结果是“卡”了别人，“死”了自己。在分配问题上，习惯于搞平均主义，“大锅饭不好，但也少不了”。不能正确对待一部分地区和一部分人先富起来。在改革问题上，普遍存在“怕”的心理状态，怕风险，怕困难，怕“出头的椽子先烂”，怕“枪打出头鸟”，怕丢失部门和个人的利益，不敢闯，不敢冒，什么事都想等上级、别人把条件准备好了，有了红头文件做保证才去办。在对外开放的问题上，故步自封的思想比较突出，气魄不大，小手小脚，总怕别人把钱赚了去，“肥水流入外人田”。在机构设置和转变职能问题上，搞庞大臃肿的行政机构，机构重叠，冗员充塞，因人设事，人浮于事，对企业过多地进行行政干预，把企业管得太死，转变职能难于推行。在干部问题上，有些同志习惯于搞论资排辈，不重本质、主流，不看实绩，不注重德能，而主张用“完人”，用“老好人”，对开拓进取的干部求全责备。在作风问题上，一些机关衙门气息严重，官僚主义、形式主义突出。文件多，会议多，事务性的应酬活动多，办事手续烦琐，事难办。有的干部作风飘浮，不深入群众深入实际，不重视调查研究，照抄照转，没有新意。有的当“太平官”，精神状态不振作，不求有功，但求无过。有的做“观察家”、“清谈家”，而不是当改革家、实干家。办事速度和办事效率低下，互相扯皮推诿等等。这种不良作风，不仅贻误改革建设，而且严重脱离群众。

（三）“短”的表现

云南特殊的地理条件和长期处于自给自足自然经济的状况，影响到人们封闭、保守、狭隘的思想比较突出，目光短浅，想问题、办事情，展不开思路，放不开眼界，不善于与整体、与长远、与外界相联系。与外界交往放不开手脚，干工作不能很快打开局面，不善于把本地区、本单位的事情和全省、全国乃至全世界的形势相联系，做出有利于自己发展的决策。“短”和“满”往往又相联系，容易满足现状。小有成绩，沾沾自喜，津津乐道，不知天外有天，喜欢和过去比，和别人的短处比，自我感觉良好。容易产生小富即安，不思进取的思想。“满”又往往是和“私”字相联系的，即把小成绩看成是自己的“大政绩”，是“领导有方”的表现，喜欢“充分肯定”，忌讳指出不足，等等。满足现状带有很大的盲目性，看不到同别人的差距。拿我省边境贸易来说，起步较早，发展较快，确有成绩，也是我们往往引以为自豪的方面。但据最近出省考察的同志介绍，姑且不说沿海先进地区对外贸易飞快发展我们比不上，就是同样地处边疆的新疆自治区也是后来居上。新疆现在同 50 多个国家和地区发展贸易关系，它的边贸 1992 年 1—9 月份比 1991 年同期增长了三倍多。仅南疆喀什地区同独联体的边贸规模，就比我省德宏地区大几倍。这种情况恐怕是我们一些同志没有想到的吧，我们有什么理由满足现状呢！

（四）“难”的表现

一些条件基础比较差，特别是一些贫困地区的干部，有把经济搞上去的强烈愿望，但看到本地自然条件和基础较差，觉得资金、技术、人才缺乏，与发达地区差距太大，事事不如人，难有宏图大志。往往容易产生一种“看山愁，看水愁，致富无门路”的消极畏难情绪。条件好差是客观事实，但许多事是事在人为，靠山吃山，靠水吃水，办法总是有的。因此，既要克服满足现状的思想，也要引导人们克服消极畏难思想。

（五）牢固树立三个观念

“左”、“旧”、“短”、“难”的种种思想表现，以封闭、狭隘、自满、守旧为特点。人们受到这种旧意识的束缚，就同新事物格格不入，就不可能有锐意创新、开拓进取的精神。因而这种旧意识成为我们继续前进的拦路虎，是必须下大力气清除的思想障碍。

这种旧意识在经济生活中的集中表现，就是缺乏加快改革开放和经济发展所需要的市场经济观念，全方位对外开放观念，科学技术是第一生产力的观念。省委召开的全省党员干部会议明确提出，在解放思想中，要破除传统的计划经济、产品经济观念，树立社会主义市场经济观念；破除封闭僵化观念，树立全方位对外开放、大胆引进吸收观念；破除依靠传统技术、粗放经营观念，树立科学技术是第一生产力，依靠科技进步、集约经营观念。是否牢固树立这三个观念，是能否加快改革开放和经济发展的关键所在。

树立社会主义市场经济观念，在三个观念中处于中心的地位。这是因为我们经济体制改革的目标，就是要建立社会主义市场经济新体制。今后一切经济活动，都要按照市场经济的要求来运行。政治体制改革、其他方面的体制改革以及一切工作，都要适应于、服从服务于建立市场经济体制这个目标。这就是说，建立社会主义市场经济体制，成为一个关系整个社会主义现代化建设全局的重大问题。而在邓小平南方谈话以前，我们对市场经济的认识还不清楚，认为市场经济是资本主义特有的东西、计划经济才是社会主义经济基本特征的传统观念，还束缚住我们的头脑。没有正确的市场经济观念，要建立市场经济体制，那就像不识水性要下大江大海游泳一样，是不可能的。因此，当务之急，是要普遍进行社会主义市场经济的教育，从上到下，每一个党员、干部，都要牢固树立社会主义市场经济观念。要懂得，计划和市场都是经济手段，不是社会主义与资本主义的本质区别。实行市场经济是商品经济发展的必然要求，只有实行市场经济，才能搞活和发展我们的经济。凡是市场经济，不管在哪个国家，都会具有共性的东西，都要遵守市场经济一般法则，如价值法则、市场供求法则、竞争法则等。这些共性的东西，谁都可以用，不存在姓“社”姓“资”的问题。但是不同国家、不同社会制度下的市场经济，又必然具有本国基本经济政治制度所决定和影响的不同的特性。我们要建立的市场经济体制，是同我国的社会主义基本制度相联系相结合，并为社会主义的发展服务的。同资本主义市场经济相比，不但领导的政治力量不同，赖以建立的所有制基础不同，分配制度不同，而且对计划和市场等经济手段的运用范围、方式等等也有不同的地方。因此，我们建立的社会主义市场经济体制，也就是社会主义条件下的市场经济体制。与社会主义市场经济相对立的，是传统的高度集中的计划经济。我们要树立市场经济观念，就要认真破除高度集中的计划经济体制下所形成的各种旧观念，如上面讲到的以为计划万能，大包大揽，讲投入不讲产出，讲产值不讲效益，重生产轻流通，在分配上搞平均主义，行政机构庞大，政企不分等等。彻底清除了这些旧观念、旧习惯、旧做法，市场经济观念才能真正树立起来。我们懂得了建立市场经济体制的重要性，思想认识有了提高以后，还要勇于实践，努力学习掌握市场经济的知识，在市场经济的大海里学会游泳，提高搞好市场经济的真本领。

全方位对外开放的观念，是同市场经济观念相联系的。当今的市场经济，已经打破了地区、国界的界限，省内的市场是同国内的市场、国际的市场紧密相连的。因此，一定要解决全方位对外开放、增强开放意识的问题，切实地把封闭、保守、陈旧的观念改变过来。一个民族、一个地区，如果僵化、封闭，关起门来自己发展，就只能是小打小闹的小商品经济，而不是市场经济。这在云南是一个要解决的比较大的思想障碍问题。要建立市场经济体制，加快改革开放和经济发展的步伐，就要更新这个观念。

只有敞开大门，放开手脚，全方位扩大对外开放，千方百计引进县外、省外、国外的资金、技术、人才和先进的管理经验，大胆引进发达资本主义国家一切先进的文明成果，把一切有用的东西都拿来为我所用，取天下之长，补一己之短。只有这样，我们才能又快又好地进行社会主义经济建设。

树立科学技术是第一生产力的观念，增强科技意识，也是一个关键性的问题。我们的经济建设进入了一个新阶段，这个新阶段的特点就是面向市场，参与竞争。市场竞争实际上是科学技术和人才的竞争。没有先进的科学技术，拿不出质优价廉的产品，在市场竞争中就要打败仗，被淘汰。因此，一定要增强科技意识，狠抓科技，从传统技术、粗放经营转移到依靠科技进步、提高劳动者素质的轨道上来。我们云南科技文化相对落后，人们的科技意识不强，因此，增强科技意识具有紧迫的意义。要发展科技，基础是发展教育，要把教育体制切实地从单纯的升学教育转变到素质教育的轨道上来，要牢固树立科技兴滇、教育为本的思想。

总之，牢固树立社会主义市场经济观念、全方位对外开放观念和科学技术是第一生产力的观念，是我们进一步解放思想中要树立的主要思想观念。三个观念树立得牢靠，就能做到思想一致，目标一致，对改革开放和经济发展产生极大的推动力量。

（六）掌握“三个有利于”的标准

清除“左”、“旧”、“短”、“难”的思想，树立“三个观念”的有力思想武器，就是邓小平提出的“三个有利于”的标准。“左”的思想也好，“旧”、“短”、“难”的思想也好，缺乏“三个观念”也好，有这些思想的同志，都有各自自以为是的是非标准。有的是以本本主义做标准，有的是以老经验做标准，有的则是以“约定俗成”的习惯东西做标准。必须明确指出，这些标准都是不正确的。判断我们的思想是正确还是不正确，我们的实际工作做得对还是不对，唯一正确的标准只能是：看是否有利于发展社会主义社会的生产力，是否有利于增强社会主义国家的综合国力，是否有利于提高人民的生活水平。“三个有利于”的标准，体现了辩证唯物主义和历史唯物主义的原理，体现了解放思想、实事求是的精神。检验真理的实践标准，在改革开放和现代化建设的问题上，就是“三个有利于”的标准。我们掌握了这个正确标准，并把思想统一到这个标准上来，我们就有了思想和行为的准绳，就可以达到解放思想、实事求是的要求。

三、解放思想的目的，是要同心同德奔小康

我们不是为了解放思想而解放思想，解放思想的目的，全在于促进改革开放和现代化建设的伟大事业，加快改革和现代化建设步伐，到本世纪末实现国民生产总值翻两番，实现小康的目标。今后八年是关键时期，我们云南要以两位数的速度加快经济发展，任务极其艰巨。需要全省广大党员、干部和各族人民思想一致，目标一致，紧密团结，同心同德，振奋精神，为实现伟大的历史使命而努力奋斗。这里，容不得任何的徘徊犹豫，容不得任何的干扰阻碍。努力清除一切妨碍改革开放和现代化建设的思想障碍，特别是帮助人们从姓“社”姓“资”的束缚中解放出来，从而放下思想包袱，轻装上阵，放开手脚，真抓实干，这就是解放思想的意义所在。我们解放思想一定要明确掌握目的，以便沿着正确的方向前进，取得预期的效果。

（载《云南省干部学习党的十四大报告辅导材料》，云南民族出版社1992年版）

关于建设社会主义民主问题

民主建设是社会主义建设的一个重要方面，是全国人民在党的领导下正在进行着的生气勃勃的实践活动。前一段，一些城市少数青年学生集会游行，提出要求“民主”、“自由”的口号。从表面上看，党的努力和学生的要求是一致的，为什么我们又批评学生们的基本思路和方法不对呢？这里的关键在于，要什么样的民主，是否坚持在党的领导下建设民主。如果要的民主是所谓“自己想怎么干就怎么干”，那不过是幻想中的个人主义，它所引起的将是损害他人甚至全体公民利益的自私举动或违法行为；如果要的是所谓“全盘西化”的资产阶级民主，那在中国是根本行不通的，是为广大人民群众所坚决反对的；如果离开了党的领导，任何民主化的要求不仅是空谈，还会造成无政府主义的泛滥和整个社会的动乱，给国家和人民带来严重危害。在民主问题上的科学思路和方法，最根本的就是要坚持在党的领导下建设社会主义民主。鉴于存在着认识上的分歧，因此，本文想比较深入地同青年朋友们讨论一下这个问题。

一、对民主问题的历史考察

“民主”一词，来源于希腊文“人民”（Demos）和“权力”（knatos）两个词的组合，是人民（自由民）掌握国家政权的意思。民主这个概念，主要是指作为政治上层建筑的国家制度。它包括两个方面的含义：一是表明国家的阶级本质，即国体；二是表明占统治地位的阶级采取什么样的政权形式来治理国家，即政体。

民主作为近现代国家的政治制度，是由经济基础所决定的。在奴隶社会和封建社会，占统治地位的经济基础是自给自足的自然经济。这种孤立、分散、封闭的自然经济是很脆弱的，人们祈求至高无上的权威作为自己的保护神，既崇拜天上的"神"，也崇拜人间的帝王。因此，君主制便成了奴隶社会、封建社会基本的国家制度。随着商品经济的发展，在长期的商品生产和商品交换的过程中，等价交换和自由竞争的环境，养成了人们的平等观念和民主意识，特别是新兴的资产阶级产生了在政治上平等地参与国家政权的强烈要求。因此，在商品经济得到充分发展的资本主义社会，经过资产阶级革命，普遍建立了资产阶级民主制的国家制度。资产阶级民主制已经有三百多年的历史了。

资产阶级民主制比起封建君主制，资产阶级民主比起封建专制主义，是一个巨大的历史进步。它反映了社会生产力在发展过程中要求打破上层建筑桎梏的要求，对社会生产的发展起了促进作用。正如马克思和恩格斯在《共产党宣言》中所指出的："资产阶级在它的不到一百年的阶级统治中所创造的生产力，比过去一切世代创造的全部生产力还要多，还要大。"不论资产阶级是否意识到，资产阶级民主取代封建专制制度，是人类政治生活领域中向前发展的重要一步。新兴资产阶级和劳动人民在反对封建专制制度的斗争中所提出的新观念，例如伏尔泰提出的"在法律面前人人一律平等"，卢梭提出的"主权在民"，孟德斯鸠抨击君主专制而提出"三权分立"，法国制宪会议《人权宣言》提出"自由、平等、博爱"的原则等，这些新的思想观念，不但长时期成为各国资产阶级和人民群众反封建的思想武器，而且为马克思主义所批判地继承。

我们从历史发展的角度，肯定资产阶级民主在历史上的进步作用，同时，还必须明确指出资产阶级民主的局限和弊端。资产阶级民主是建立在生产资料私有制基础上的，它只能是占有生产资料的剥削阶级的少数人的民主。在资本主义制度下，民主的目的就是保障资本家进行雇佣剥削，维护资产阶级私有制。这是资产阶级民主的最本质的东西。法国制宪会议于1789年通过的《人权宣言》，是资产阶级在反封建斗争中提出的一个纲领性历史文献。这个宣言共有17条，充满民主、平等、自由的宣传，而在最后一条明确规定："私有财产是神圣不可侵犯的权利。"这正是资产阶级民主的画龙点睛之笔。资本主义社会的其他各种民主，包括言论、出版、集会、结社的民主自由，竞选的民主自由，两党或多党轮流执政的民主自由等等，归根结底都是为维护私有制度即资本家的利益服务的。列宁一针见血地指出，资产阶级民主“是只供少数人享有的民主”。在资本主义社会，民主是“金钱的民主”，自由是“金钱的自由”。由于资产阶级拥有财富，掌握政权，虽然在形式上标榜全体公民都享有民主权利，实际上劳动人民受到种种限制，处于无权地位。对于劳动人民来说，民主是一种奢侈品，是享受不到、享受不起的。例如，资本主义国家标榜的全民普选制，尽管在它们的宪法上明文规定着全体公民都有选举权，然而在选举的具体法律上，却又规定了许多附加条件，如居住年限、财产和纳税情况、文化程度、种族、宗教信仰等，使很多劳动人民被剥夺了选举权。至于参加竞选和当选的人，那更是非富翁莫属。美国《每日新闻》的一位记者说了实话，他针对那些国会议员们说：“这些人中，有哪一个是穷光蛋？没有几十万、几百万美元的财产，能走进这个地方吗？”被某些人吹捧到天上的资产阶级竞选制和两党制，实际上是不同的资本家集团进行实力较量的一种形式。实行两党制的资本主义国家，一党在朝，一党在野，互相攻击，吵闹不休，似乎很民主，其实，两党制不过是维护资产阶级专政的一种方法，它并不能保障劳动人民的民主权利和经济利益。资产阶级通过两党制来制造民主的假象，借以欺骗人民，同时又以此来调节统治集团内部矛盾。不论哪一个党上台，维护资产阶级利益的基本政策是决不会改变的。立法、行政、司法“三权鼎立”，也不是什么“最民主的制度”，“三权鼎立”制属于政体范畴，并不决定国家的本质。资产阶级用这个办法对外用以对付其他国家，对内想用以调节和制约中央政权内部各部分权利之间的关系，结果搞成了三个政府，自己打架，造成了麻烦。此外，在集会游行的民主权利方面，资本主义国家也都做出了许多维护资产阶级统治的规定和限制，超出了这些规定和限制，特别是触犯了资产阶级的根本利益，那是要立即加以取缔和镇压的。总之，民主是有阶级性的，是为一定的阶级利益服务的。资产阶级宣传的人人平等，民主自由，不过是一种假象，资产阶级民主的本质就是维护资产阶级的统治和专政。

社会主义民主是人类社会历史发展迄今最高类型的民主，是一种崭新的国家制度。社会主义民主不同于资产阶级民主的根本点在于，在消灭阶级压迫和剥削的基础上，实现了广大劳动人民当家做主的权利。社会主义民主，从国体方面说，是广大人民群众在共同享有对生产资料的不同形式的所有权、经营权的基础上，享有管理国家的最高权力，在国家政权中居于统治地位，同时对少数敌对分子和犯罪分子实行专政，是民主与专政的统一；从政体方面说，是无产阶级及其政党，按照民主集中制的原则，领导和组织人民群众管理国家，是民主与集中的统一。社会主义民主是绝大多数人的民主，因而是最合理的民主。被压迫被剥削的广大劳动人民变成了统治国家的主人，这是进入阶级社会以来破天荒的大转变。我国人民联系自己的实际，对社会主义民主的好处，有最深切的体会。中国经历了几千年的封建社会，在封建专制的重压下，劳动人民没有任何民主权利。封建的政权、族权、神权、夫权，是束缚劳动人民的四条极大的绳索。鸦片战争以后，中国沦为半殖民地半封建社会。帝国主义势力在中国横行霸道，占我土地，侵我主权，掠我财富，欺我人民，堂堂的中华民族竟成了列强鱼肉、宰割的对象！中国人民受到帝国主义、封建主义的沉重压迫，“人命危浅，朝不虑夕”，还谈得上什么民主自由！从鸦片战争算起，中国人民进行的资产阶级民主主义革命，其目的就是争取民族独立、人民民主。但是，多次革命斗争，包括辛亥革命那样全国规模的资产阶级民主革命运动都先后失败了。只有在中国共产党的领导下，才取得了民主革命的伟大胜利，并使我国走上了社会主义道路。

我国社会主义的历史还很短，但是人民已经享受到了广泛的、真正的社会主义民主。我国宪法庄严规定：“中华人民共和国的一切权力属于人民。”我国实行以人民代表大会制为核心的政权组织方式。全体人民行使自己的民主权利，选举自己的代表，组成各级人民代表大会和人民政府，管理国家的各项事务，体现了民主和集中的统一。我国是一个多民族国家，根据党的民族区域自治的基本政策，全国建立了5个民族自治区，31个民族自治州，80个民族自治县（旗）。昔日受压迫受剥削的少数民族人民，如今都是民族大家庭中平等的一员，广泛享受着民族区域自治的民主权利。这在充满种族歧视、民族压迫的资本主义国家是不可想象的。就民主的实质性内容来说，首先是看人民能不能在经济上当家做主。我国劳动人民成了生产资料的主人，再也不用受剥削、受压迫，这是真正的民主。占我国人口绝大多数的农民，他们世世代代的民主要求集中在土地问题上，渴望有自己的土地。杰出的民主革命先行者孙中山也曾提出“耕者有其田”的奋斗目标，但无法实现。只有在中国共产党的领导下，广大农民才实现了自己的愿望，成了土地的主人。土改后出生的中青年农民，已经没有尝过地租剥削的苦味了。在辽阔的中国大地上建立起来的社会主义民主，不但在中国历史上是前所未有的，比起资产阶级民主也要高出千百倍！这难道不值得用金字在人类社会发展史上大书特书吗？诚然，我国社会主义民主建设经过了曲折的过程，有过失误和挫折，现在也不是尽善尽美的。但总的趋向是前进的，已经取得的成绩是举世瞩目的，特别是党的十一届三中全会以来的八年，是民主建设最好的时期。十亿人口的大国，已经出现了民主团结的基本格局，为进一步加强民主建设奠定了良好的基础。这些，不也是有目共睹的事实吗？

少数人肆意诋毁社会主义民主，美化吹捧资产阶级民主，主张包括政治体制、所有制在内“全盘西化”，搞两党轮流执政、“三权鼎立”那一套。在他们看来，月亮还是西方的圆，民主还是西方的招牌硬。如果依了他们的主张，那就是历史的大倒退，中国人民为之流血牺牲、艰苦奋斗得来的民主权利，将毁于一旦。中国在近代历史上之所以饱受列强侵略，一个重要原因就是处于“一盘散沙”状态。如果搬用资产阶级两党执政、三权鼎立那些东西，势必造成思想上政治上的大混乱，再一次把国家弄得四分五裂，重新蒙受灾难和屈辱。需要指出的，“全盘西化”并不是什么新鲜玩意儿，早在我国旧民主主义革命时期，就有不少人持类似的主张。然而，中国是受帝国主义压迫的殖民地、半殖民地国家，国际国内的条件都不允许中国走资本主义道路，一切资产阶级民主、资产阶级共和国的方案，在中国都破产了。少数人把历史否定了的东西捡出来，连灰尘也不掸，当作时髦货向涉世不深的青年们兜售，令识者齿冷。说句不客气的话，这些人连清末洋务运动中的封建官僚张之洞也不如。张之洞在《劝学篇》中提出“中学为体，西学为用”的主张，多少有一点以我为主的自尊心。少数人连一点民族自尊心也没有了，完全拜倒在西方资本主义脚下。一个民族如果不能自尊，那是不可能赢得别人的尊重的。青年朋友们一定要提高辨别是非的能力，千万不要为那些鼓吹资产阶级民主的言论所迷惑。

二、建设高度的民主离不开共产党的领导

从中国的国情出发，中国只能实行社会主义民主，而绝不能实行资产阶级民主，同时，健全、完善和扩大社会主义民主，也只能在共产党的领导下进行。因为，包括民主建设在内的整个社会主义建设事业，只有共产党才能担负起领导的责任。中国共产党成为执政党，成为我国社会主义现代化建设的领导核心，这是历史的选择。中国的许多阶级和政党，都曾登上过近代中国的政治舞台。农民阶级在太平天国革命和义和团运动中，资产阶级改良派在戊戌变法中，资产阶级革命派在辛亥革命中，都曾充当过领导者。但由于它们自身存在着无法克服的局限性，特别是没有科学的革命理论做指导，都没有取得成功。直到无产阶级的政党——中国共产党把马克思主义的普遍真理同中国革命的具体实践结合起来，才领导全国人民完成了民主革命的大业。“没有共产党就没有新中国”，这是历史做出的结论。同样，“没有共产党就不能富中国”，这也是历史已经和正在做出的结论。旨在使国家富强、人民幸福的社会主义建设与民主革命的关系，好比文章的上篇与下篇。如同民主革命一样，社会主义建设这篇大文章也只有在中国共产党的领导下才能写成。这是由于只有共产党才能提出以马克思主义为指导的社会主义建设的正确纲领；也只有共产党，基于与人民群众的密切联系，享有崇高的威信，能够成为人民群众公认和服膺的领导者。除了共产党，是没有别的政党和政治力量能够担负起社会主义建设的领导责任的。

民主建设作为社会主义现代化建设的重要组成部分，需要党统筹全局，加强领导。党的十二大提出的新的历史时期的总任务，把建设高度民主列为一个重要方面。认为，社会主义事业是全体人民的事业，只有建设高度的社会主义民主，才能使各项事业的发展符合人民的意志、利益和需要；才能使人民群众增强主人翁的责任感，充分发挥主动性、积极性和首

创精神，为四化建设开辟取之不尽、用之不竭的力量源泉；也才能对极少数敌对分子实行有效的专政，保障社会主义建设的顺利进行。因此，民主建设是一项全局性的大事。建设高度的社会主义民主，是社会主义民主在其质的规定性的基础上的进一步完善化。它要求切实推进党和国家政治生活的民主化、经济管理的民主化、整个社会生活的民主化，要求把民主建设同法制建设结合起来，使民主制度化、法律化。不言而喻，这样多方面的、繁重的民主建设任务，离开党的领导，是无从进行的，是一事无成的。不仅如此，社会主义现代化建设涉及经济、政治、思想、文化等广泛的方面。要以经济建设为中心，坚定不移地进行经济体制改革、政治体制改革和加强精神文明建设，都需要党成为坚强的领导核心，统筹全局，合理安排，使各项建设相互配合，相互协调，相互促进，团结全国人民，为实现各项建设任务而奋斗。

建设高度民主之所以必须坚持党的领导，还因为中国共产党积累了丰富的正反两方面的经验，对民主建设已经取得了许多规律性的认识，完全有条件领导人民把民主建设搞好。少数人抓住我们前进过程中的某些失误，散布对党的不信任情绪，企图否定党的领导去“争”什么民主，这是完全错误的。我们党对于自己在民主建设方面的失误，从来没有文过饰非。十一届六中全会通过的《关于建国以来党的若干历史问题的决议》，在总结“文化大革命”发生的教训时，明确地指出，没有重视建设高度民主的社会主义政治制度，是一个沉痛教训。十二届六中全会通过的《关于社会主义精神文明建设指导方针的决议》再次指出：“我国社会主义发展中的主要历史教训，一是没有集中力量发展经济，二是没有切实建设民主政治。”这种严于律己的精神，何等光明磊落！正是党自己，在总结了失误的教训以后，已经和正在采取坚决有力的措施来加强民主建设。十一届三中全会以来，党根据扩大社会主义民主的历史要求和实行民主集中制的原则，加强了各级国家机关的建设，使各级人民代表大会成为有权威的人民权力机关；省、县两级人代会增设了常设机构，普遍实行县级和县级以下人民代表由选民直接选举。大力加强社会主义法制，制定和施行了一系列重要的法律、法令和条例，包括新中国成立以来一直没有制定的刑法和刑事诉讼法，使民主逐步得到法律的保障。在经济体制改革中，一再放权，扩大广大农民和城乡企业的生产和经营的自主权，努力发展城乡企业中职工对于企业事务的民主管理。在政治思想领域，取消了不利于发扬社会主义民主的所谓“大鸣、大放、大字报、大辩论”，切实实行“不抓辫子，不打棍子，不戴帽子”的“三不主义”，认真贯彻“双百”方针，支持和鼓励以科学研究为基础的大胆探索和自由讨论。在党内，通过整党，坚决纠正不正之风，进一步健全党的民主生活，严格党的组织纪律，坚持集体领导的原则。最近，中央又提出政治体制改革的任务，其目的，就是要在坚持党的领导和人民民主的基础上，改革和完善党和国家的领导制度，进一步扩大社会主义民主，健全社会主义法制，以适应社会主义现代化建设的需要。这些，都是向着建设高度民主的宏伟目标迈出的坚实步伐。所有这些事实都充分说明，我们党有了正反两方面的经验后，更加成熟了，党一定能够领导我国的民主建设和各项事业取得成功。我们应当坚信而不应当怀疑党的领导。

少数人处心积虑地挑拨青年学生同党的关系，煽动昆明学生发扬新中国成立前“民主堡垒”的精神，向党“争”民主，“争”自由，企图达到他们否定党的领导、制造社会动乱的目的。这种伎俩是拙劣的，帮不了他们什么忙。民主革命时期，昆明地区的民主运动风起云涌，沉重地打击了国民党的反动统治，赢得了“民主堡垒”的美誉，而这正是中国共产党领导的结果。著名的1945年的“一二·一”运动，就是在中共云南省工委直接领导下进行的。运动中重大的决策，如时事晚会的召开，全市总罢课，惨案发生后大反攻，停灵复课，四烈士出殡等，都是经省工委决定的，罢课宣言、复课宣言等重要文告，是经西南联大党支部拟出，报省工委审定，再经罢联会交各校学生民主讨论，最后定稿的。广大地下党员、民青成员以自己的模范行为带动群众贯彻党的政策和决定，取得了斗争的胜利。当时参加民主运动的人们有一个普遍的认识：坚持共产党的领导，民主运动才有正确的方向和胜利的保证。越来越多的人自觉地接受共产党的领导。人品学问为世人所钦敬的闻一多，在民主斗争的实践中，提高了认识，明辨了是非，毅然地站在中国共产党一边，“拍案而起，横眉怒对国民党的手枪，宁可倒下去，不愿屈服”。闻一多以及许多进步学生的经历告诉我们，一个真诚的民主战士，是必定自觉接受共产党的领导的。在今天，发扬“民主堡垒”的精神，就是要坚持在党的领导下建设高度的社会主义民主。如果离开党的领导去“争”什么民主，那是南其辕而北其辙，不可避免地要走入歧途，也是对历史经验的嘲弄和践踏。

三、实现民主化是一个建设的过程

少数人鼓动学生向党要民主，怂恿学生“通过舆论与各种渠道，当然也包括一些激烈的方式来争取”。少数学生受了欺骗，误以为得到民主像“探囊取物”般容易，只要上街闹一闹，迫使共产党从口袋里把“民主”掏出来，大家就可以吃上“民主”的美果了。这是一种幼稚的不切实际的想法。高度民主的实现，要靠经济、政治、文化等各种社会条件的逐步成熟，只能是一个渐进的过程，它需要社会全体成员在党的领导下经过长期的共同努力才能达到，是不可能一蹴而就的。

民主权利永远不能超出社会的经济结构以及由经济结构所制约的社会的文化的发展。民主建设的程度首先是同经济发展的程度密切相关的。马克思在《不列颠在印度的统治》一文中，曾经深刻分析了东方专制制度与小农经济的关系，指出：“这些田园风味的农村公社不管初看起来怎样无害于人，却始终是东方专制制度的牢固基础；它们使人的头脑局限在极小的范围内，成为迷信的驯服工具，成为传统规则的奴隶，表现不出任何伟大和任何历史首创精神。”我国商品经济不发达，在广大农村，自足自给的自然经济还占了很大比重，这就使得民主建设不能不受到制约。要建设高度的社会主义民主，一个基本的要求，就是要大力发展在公有制基础上的商品经济。社会主义商品经济的发展，将为民主建设奠立物质基础。社会主义商品经济实行等价交换、平等竞争的原则，可以促使人们破除在自然经济条件下所形成的因循守旧、迷信保守、知足常乐、等级观念、特权思想等落后的思想意识，培养和增强人们的平等观念、民主观念、互惠互利的思想和开拓进取的精神；社会主义商品经济的发展，还将推动经济体制和政治体制改革的进行。发展商品经济需要一个过程，需要全国人民紧紧把握经济建设这个中心，在安定团结的社会环境中，经过几十年艰苦奋斗才能逐步实现。与此相适应，民主建设也不是咄嗟立办的事情，它只能随着社会主义商品经济的发展而逐步加强。

民主建设同样有赖于人们科学文化素质的提高。行使管理国家事务的民主权利，需要具备相当的文化水平，需要明白事理。一个没有文化、闭目塞听的人，即使拥有民主权利，也是难以用好的。由于历史原因造成我国的教育科学文化事业不发达，全国十亿人口中有二亿三千多万人是文盲半文盲。我们云南则更为落后，有一些民族人口绝大部分是文盲或半文盲，有一些地方还停留在刻木、结绳记事的原始文化阶段。由于文化水平低，人们在对民主的理解和民主权利的运用上就遇到许多困难。例如有的地方基层选举，由于群众不识字，不会使用选票，只好采取在候选人背后置一小筐，由选民投豆的办法。在一个充满文盲的国度是不能建成社会主义的。同样的道理，在一个文化水平很低的国家和地区，也是难以建设高度的社会主义民主的。如果我们真的要建设高度的民主，那就要在提高人们的科学文化素质上下功夫。用我们的艰苦努力，脚踏实地地去帮助群众掌握文化知识。提高全民族的科学文化素质不是一件容易的事情，因此，民主建设也不能不经历一个长期的过程。

建设高度的社会主义民主，要做的工作很多。例如民主、法制的教育，就是一项庞大的工程，需要长期抓下去。要从小学开始抓好这一教育，使人们增强社会主义的公民意识，懂得公民的基本权利和义务，养成守法遵纪的良好习惯。再如进行政治体制改革，必将进一步健全和扩大社会主义民主，但这更是一项异常复杂的工作，需要经过充分的调查研究，有领导有步骤地进行，操切从事是有害的。

总之，民主建设作为一个渐进的历史过程，是不以人们的意志为转移的。中国共产党领导全国人民，正在依据自己所处的条件，努力工作，尽可能加快这个进程，但是谁也没有本事在一个早上就把民主建设搞好。只能坚持不懈，积以时日，逐步进行。如果想“一锄头挖出个金娃娃”，提出一些不切实际的要求，采取一些偏激的行动，那么，不但无益于民主建设的发展，还会妨碍民主建设的进程。青年朋友们如果真正关心国家大事，关心民主建设，那就要和党同心同德，自觉接受党的领导，做一些切实有益的事情。

青年是我们的未来。党和国家对青年寄予殷切的期望。民主建设的重担，社会主义现代化建设的重担，将陆续由青年一代肩负起来。青年朋友们要自重自爱，想问题、做事情，要先想一想立场是否正确，是否对人民有利，对国家有利。东汉朱浮写给彭宠的信中有一句著名的话："凡举事无为亲厚者所痛，而为见仇者所快。"这里，提出了一条为人处世的正确原则。愿和青年朋友们共勉。

（载《昆明报》1987年2月17日，与李丹丹合作）

把握邓小平南方谈话的核心

邓小平1992年南方重要谈话，核心是坚持党的“一个中心、两个基本点”的基本路线，加快改革开放步伐，集中精力把我国的经济搞上去。这是我们学习、领会“谈话”精神要把握的一把钥匙。

南方谈话，从巩固和发展社会主义制度的高度，十分突出地强调了坚持党的基本路线的重要性。十几年来，在基本路线的指引下，我们国家发展得这么快，取得了举世瞩目的成就。实践证明，这条基本路线是完全符合我国实际的，得到了亿万人民的热诚拥护。可以确信，继续坚持党的基本路线，努力干下去，一定可以胜利地达到建成社会主义现代化强国的目的。这十多年来，贯彻执行党的基本路线并非一帆风顺，遇到过一些阻力和干扰。有的在坚持四项基本原则问题上有失误；有的又在坚持改革开放的问题上出现偏差。这又从反面证明，基本路线是违反不得的，偏离基本路线确定的中心或任何一个基本点，就要犯“左”的或右的错误。学习“谈话”，我们要紧紧把握核心，极大地提高全面贯彻执行党的“一个中心、两个基本点”的基本路线的坚定性和自觉性。

邓小平依据对形势的正确分析，总结实践的新鲜经验，提出了加快改革开放和经济发展的新任务，并阐述了一系列重要的新思想、新观点，大大丰富和发展了建设有中国特色社会主义的理论和党的基本路线的科学体系。有些问题虽然过去讲过，但有新的针对性；许多问题则是新的理论概括，是突破性的重大发展。例如，强调抓住时机，加快经济的发展；低速度就等于停步，甚至等于倒退；稳定和协调是相对的，发展才是硬道理；指出了“总是要在某一个阶段，抓住时机，加速搞几年，发现问题及时加以治理，尔后继续前进”的经济发展的客观规律；加快经济发展必须依靠科技和教育；指出爱国主义是加快经济发展的精神动力，对我们的国家要爱，要让我们的国家发达起来，等等。在改革开放方面，第一次鲜明地提出了“改革也是解放生产力”的重要观点；有针对性地提出改革开放胆子要大一些，敢于试验，大胆地试，大胆地闯；指出改革开放迈不开步子的要害是姓“资”还是姓“社”的问题；提出了判断改革开放得失成败的三条标准；指出计划和市场都是经济手段，不是社会主义与资本主义的本质区别；科学地概括了社会主义的本质，我们抓住这个本质，就从根本上划清了社会主义同资本主义的界限；强调要大胆吸收和借鉴资本主义国家先进的经营方式和管理方法；尖锐地指出右可以葬送社会主义，“左”也可以葬送社会主义，中国要警惕右，但主要是防止“左”等等。在坚持四项基本原则方面，强调在整个改革开放过程中，必须始终注意坚持四项基本原则；要依靠人民民主专政保卫社会主义制度；坚持两手抓的方针，一手抓改革开放，一手抓打击各种犯罪活动；一手抓物质文明建设，一手抓精神文明建设；两只手都要硬，软不得；两个文明建设都上去才是有中国特色的社会主义等等。这一系列新思想、新观点，是何等精辟、深刻！把值得注意和应防止的问题及思想倾向讲清楚了，把大家心里想说的一些话说出来了，把有些原先思想上不太明确的问题说明确了，确实是在当前关键时刻，高瞻远瞩地指明了全党全国人民继续前进的方向。我们学习“谈话”，既要深刻领会“谈话”是怎样坚持党的基本路线的，同时，又要深刻领会“谈话”是怎样发展党的基本路线的。从而使我们的思想认识跟上变化发展了的形势和任务。最重要的就是要抓住时机，加快改革开放的步伐，加快经济的发展，这是在当前坚持党的基本路线的根本要求。

加强党的建设是贯彻政治路线的根本保证。“谈话”中关于党的组织建设和作风建设的一系列论述，是从更好地保证党的基本路线的贯彻执行的角度提出来的。“谈话”特别强调，关键是我们共产党的内部要搞好；中国要出问题，还是出在共产党内部；正确的政治路线要靠正确的组织路线来保证，要大力加强党的建设；指出中国的事情能不能办好，关键在人；为了粉碎帝国主义把和平演变的希望寄托在我们后几代的图谋，要抓好对军队、专政机构、党员、人民和青年的教育；要按照“四化”标准选拔德才兼备的人进班子；要选更年轻的同志，帮助培养。“谈话”尖锐指出，形式主义也是官僚主义；要多办实事，多做少说；要埋头苦干等等。不言而喻，按照邓小平的要求，认真解决这些问题，特别是抓好党的建设，我们坚持党的基本路线和加快改革开放、经济发展，才有切实可靠的保证。

学习“谈话”，还有一个十分重要的问题，就是要认真学习、领会贯穿“谈话”的马克思主义的立场、观点、方法。邓小平是把马克思主义基本原理正确运用到当代中国实际的典范。通篇“谈话”，闪耀着辩证唯物主义和历史唯物主义的光辉。“谈话”反复强调实事求是是马克思主义的精髓；改革开放的成功靠实践，靠实事求是；不要提倡本本；重申坚持实践是检验真理的唯一标准；强调人民拥护，我们的事业就会万古长青；在坚持两个基本点，坚持两手抓，反对两种错误倾向，正确处理稳定、协调、发展的关系问题上，坚持两点论，反对任何一种片面性；基于对人类社会发展规律的科学认识，坚信社会主义经历一个长期过程发展后必然代替资本主义等等。我们学习“谈话”，不但要学习、领会邓小平对一系列重大问题所做出的基本结论，还要认真学习、领会邓小平分析问题、解决问题的马克思主义的立场、观点、方法。把这一条学到手，就学到了长远起作用的东西，就可以大大提高我们的思想水平和工作能力，就能一通百通，真正达到解放思想，加快改革开放和经济发展，做好各项工作的目的。

邓小平南方重要谈话，是指导全党全国的行动纲领，学习“谈话”，贵在真抓实干。省委五届三次全会提出了云南贯彻落实“谈话”的基本思路和决策，我们要紧密结合实际贯彻落实。要有高度的使命感、责任感和紧迫感，立即行动起来，扎扎实实去闯、去干。

（载《思想战线》1992 年第 4 期）

干部理论教育

加强理论学习要解决一些认识问题

我省干部的马克思主义理论学习，这几年来，总的说是有很大进展的。特别是1985年开展在职干部正规化理论教育后，全省参加学哲学的有20余万人，到8月份，已有6万多人系统学完并参加了考试，5万多人考试合格。但按照邓小平提出的新老干部都要学习理论的要求来看，按照两个文明建设和经济体制改革的需要来看，干部理论学习还有不小的差距，特别是领导干部一般忙于工作没有很好参加学习。除了客观上任务重、工作忙，“工、学”矛盾突出，组织学习确有困难这样一些原因以外，主要的是一些干部中间特别是一部分领导干部中间，对理论学习还存在思想阻力，还有一些模糊认识。要加强理论学习，就必须澄清模糊认识，克服思想阻力。从各地反映的情况看，主要有这样几种模糊认识：

一种模糊认识是，认为全党工作重点转移到经济建设后，干部学好科学技术、专业知识就行了，学习理论没有多大用处，或者说远水不解近渴。干四化，当然需要广大干部掌握科技文化知识和专业知识，我们的干部多年来习惯于搞阶级斗争，搞政治运动，科技文化知识和专业知识缺乏，知识结构很不适应四化建设的需要，中央对全党干部提出了知识化和专业化的要求，是完全正确的。这个方面的学习任务很重，需要我们通过正规培训，精心组织干部学好科技文化和专业知识。但是，如果认为只要学好科技文化知识和专业知识就行了，不需要学习马克思主义理论，那就错了。我们不要忘记，中央还对干部提出了革命化的要求，革命化、年轻化、知识化、专业化，这是全面的要求，缺一不可，而且，革命化是首要的要求。所谓革命化，最主要的就是要用马克思主义理论来武装头脑。如果只有知识化、专业化、年轻化而没有革命化，那我们就不能坚持正确的政治方向。至于说学习理论没有多大用处，远水不解近渴，这种认识显然是不正确的，也不符合实际情况。我们可以联系这几年的实践来想一想。1978年，十一届三中全会前后，全党全国开展了实践是检验真理的唯一标准的讨论。这是一次极其重要的马克思主义基本理论的学习，它促进了全党和全国人民解放思想，端正思想路线，为拨乱反正和三中全会的召开奠定了思想基础。没有那次讨论，我们能够冲破“左”倾错误的束缚，能够进行拨乱反正，实现工作重点的转移吗？还有，近年来关于按劳分配原则的讨论，关于社会主义生产目的的讨论，特别是关于有计划的商品经济的讨论等，都应当看作是对马克思主义基本理论的学习，都对实际工作起到了指导作用。实际上，十一届三中全会以来，中央就是运用马克思主义理论指引我们不断前进的。马克思主义理论时时刻刻都在我们的工作和生活中发挥指导作用。我们有一些同志却看不到这种作用，提出了学习理论没有多大用处的问题，这就有点像“不识庐山真面目，只缘身在此山中”。我们不能认为远水不解近渴，相反，要如渴思饮地积极学习马克思主义理论。

第二种模糊认识，认为理论问题变化多，理无常理，论无定论，搞不好会犯错误。1983年批评在异化问题上的错误观点时，不少同志反映说：幸亏自己对理论问题不感兴趣，没有沾边，要不然，还是会犯错误，要做检讨，这些认识也需要澄清。首先，要承认，在粉碎“四人帮”以前，由于毛泽东晚年的错误，特别是林彪、“四人帮”歪曲、篡改马列主义，在理论问题上的确搞得很乱，有真马克思主义，也有假马克思主义，的确是“理无常理，论无定论”那样一种情况。但是，十一届三中全会以后，情况就大不相同了。经过拨乱反正，恢复了马列主义和毛泽东思想的本来面目，理论上的混乱现象已经从根本上得到扭转。回顾十一届三中全会以来的历史，应该说，我们党坚持马克思主义的基本原理和基本原则是前后一贯的，脉络是十分清楚的。可以说，理有常理，论有定论。当然，根据实践的发展，也提出了新的观点、新的理论，包括对马克思主义个别原理的改变，但这决不是什么变化莫测，而是在坚持马克思主义的前提下发展马克思主义。如果今天还认为“理无常理，论无定论”，持着理论问题不可知的观点，那就是思想落后于实际。其次，对待理论问题要有一个正确的态度。我们知道，按照马克思主义的观点，真理和错误总是相比较而存在，相斗争而发展的。错误思想、错误理论总是存在的，有时在这个问题上，有时在那个问题上表现出来。面对这种情况，有两种态度：一种是不沾边，绕开走，不去过问理论上的是非，这是消极的态度。如果大家都是这种态度，那错误思想、错误理论必然要泛滥开来，影响甚至毒害更多人的思想，到头来想回避也回避不了。另一种是积极的态度，那就是坚持真理，修正错误。一方面，要旗帜鲜明地坚持马克思主义，另一方面，要抵制和克服各种错误的思想，错误的理论。邓小平提出坚持四项基本原则，这“坚持”二字有深刻的含义，没有矛盾，风平浪静，那又有什么必要强调坚持呢？要坚持马克思主义，前提是学好马克思主义理论。对理论没有学懂弄通，就无法辨别真理和谬论、正确和错误，也就不可能坚持马克思主义。再次，思想上要解除怕犯错误的顾虑。现在，我们党对待思想理论问题，采取的是疏导的方针，摒弃了过去那种抓辫子、戴帽子、打棍子的错误做法。对思想上、理论上有错误的同志，采取说服教育的方法，批评与自我批评的方法，帮助这些同志提高认识，改正错误，一时想不通，还可以等待。有了这种正常的政治生活的保证，那种因为怕犯错误而不积极学习理论的想法，就是属于不必要的顾虑了。

第三种模糊认识，认为不学习马克思主义理论，按照党的路线、方针、政策办事，同样可以把工作做好，这是一些从事实际工作的同志常常有的一种想法。想按照党的路线、方针、政策办事是对的，这比起那种“有令不行，有禁不止”的情况要强得多。但是，不学习理论，是贯彻执行不好党的路线、方针、政策的，是做不好工作的。因为，党的十一届三中全会以来制定的方针和基本政策，是马克思主义基本原理同中国实际相结合的产物，不学习理论，就只知其然而不知其所以然，在工作中就必然带有很大的盲目性，甚至在贯彻执行中发生错误。这样的例子是很多的。比如，三中全会以来，我们党制定了一系列关于奖金、工资、福利方面的政策，关心群众生活，照顾群众的物质利益。这些政策的理论基础是马克思主义的物质利益原则。马克思主义的物质利益原则，内容是全面的、丰富的。它强调了在生产发展的基础上逐步改善人民的生活，强调了为全体人民群众的利益而奋斗，反对单纯追求个人和小团体的利益，强调了革命精神的作用，要求把精神鼓励和物质鼓励正确地结合起来，等等。我们有一些同志不懂得马克思主义的物质利益原则，对党的政策做了形而上学的理解，把金钱当作调动群众积极性的唯一手段，滥发奖金，滥发实物，有的企业连年亏损，不从发展生产、改善经营方面想办法，却出卖固定资产来发放奖金，这样就助长了“一切向钱看”的错误倾向。这个例子，说明如果不从理论上搞清楚，贯彻执行党的政策就会走偏方向。我们还要认识到，党的方针政策是概括了各个地区的一般情况制定的，是原则性的规定，要贯彻执行好，落到实处，还必须和本地区、本单位的实际情况结合起来，提出具体的办法和措施。如果只会照抄照转、一般号召，不会运用马克思主义的基本原则、基本方法，就不可能做到这一点。这样，必然要贻误我们的工作。

第四种模糊认识，认为理论难学，提不起兴趣。这个问题要从两个方面来解决。一个方面，要对现有的理论教育进行改革。我们的干部现在学习的一些课程，有的内容离现实比较远，实际工作和实际生活中迫切需要回答的问题，在学习中往往得不到回答和解决，因此，兴趣不大，这是可以理解的。理论教育改革抓好了，使干部在学习时感到切实有用，能解决问题，有助于提高学习理论的兴趣。另一方面，从我们干部自身来说，要努力培养自己学习理论的兴趣。学习理论，的确不像看小说那样，容易引起兴趣。但是，只要钻下去，入了门，兴趣是会越来越浓厚的。有不少先进典型人物，他们在身处逆境的情况下，还以很大的毅力和兴趣阅读马列主义经典著作。这也说明，培养学习理论的兴趣，不能从个人爱好出发，要从信仰和四化建设的责任感出发来解决这个问题。

第五种模糊认识，认为学习理论，拿不了文凭，不愿意学。这个问题在干部正规化理论教育中反映比较突出。现在，重视干部的文化水平，干部想取得文凭，心情是可以理解的，并不是什么坏事，我们也力图合理地解决这个问题。但是，需要指出的是，如果把取得文凭当作学习的唯一目的，不给文凭就不愿意学，这就不正确了，就本末倒置了。邓小平在全国党代会的讲话中提出加强马克思主义理论学习，是对所有新老干部的共同要求。没有文凭的同志当然需要学习，已经有文凭的同志也有学习的任务，通过正规培训取得文凭以后，还有继续学习的任务。所以，不能把取得文凭作为学习马克思主义理论的条件，不能作为学习的唯一动力和目的。

第六种模糊认识，认为工作忙，没有时间学理论。这种反映更带有普遍性。现在搞经济体制改革，搞两个文明建设，大家的确都很忙。但中央仍然强调要加强理论学习。邓小平在全国党代会上的讲话中说："我希望党中央能做出切实可行的决定，使全党的各级干部，首先是领导干部，在繁忙工作中，仍然有一定的时间学习，熟悉马克思主义的基本理论。"为什么工作忙，又要强调学习理论呢？这个道理很简单，学好理论是搞好工作的前提条件。"磨刀不误砍柴工"。从根本上说，学习和工作并不是矛盾的，学习要占用一定的时间，但是学好了理论，干部提高了思想水平和工作能力，工作效率就大大提高了。在这个问题上，各级领导要有一点远见，要舍得抽调干部、拿出时间组织学习。

（原署名理先，载《云南日报》1986 年 1 月 31 日）

提高干部理论素质的新路子

——第一期县以上领导干部“三基本”教育轮训班取得成功经验

省委在省委党校试办的第一期县以上领导干部“三基本”教育轮训班，于1991年3月1日开学，7月24日结业。186名学员按照省委批准的教学计划，紧紧张张地学习了近5个月。他们一直保持着旺盛的学习热情，充分发扬团结、紧张、严肃、活泼的好校风，圆满地达到了轮训的预期目的。这一期轮训班采用整风的方法，理论联系实际的学风，批评和自我批评的武器，系统地而不是零碎地、实际地而不是空洞地学习马克思主义理论，并在会应用、能结合上下功夫，锻炼马克思主义的基本功底，提高思想，增强党性。这是一种学习马克思主义基本理论的有效的好方法。本期轮训班是一次成功的试验。经过学习，学员们精神面貌焕然一新，他们高兴地说：“在党校学习5个月，加了钢、蘸了火，终身受益。回去以后一定要干出个样子，不辜负省委的培养和期望。”

一、办班的指导思想和基本情况

1990年以来，省委为了认真贯彻邓小平关于“聚精会神抓党的建设”和中央关于加强党的建设、干部队伍建设的一系列重要指示，下决心认真抓好对各级领导干部的马克思主义理论教育。决定以党校为基地，力争用四五年时间，分级分工、分期分批地把各级党员领导干部轮训一遍，进行马克思主义基本理论、党的基本路线和党的基本知识教育，并把学习马克思主义与改造世界观结合起来，按照中央从五个方面提高干部素质的要求，打牢马克思主义基本功底。省委党校从1991年3月开始，试办第一期。为了慎于初战，省委加强了领导，目的是取得经验，检验和完善省委提出的教学指导方针、教学内容和教学方法，以便更好地指导全省各级领导干部轮训工作的开展。

参加第一期轮训的学员，有16个地州市委副书记或常委（缺大理州）和80个县的副书记、副县长。50岁以下148人，占79.6%，51岁以上38人，占20.4%；“文革”前入党的42人，占22.6%，“文革”中和“文革”后入党的144人，占77.4%；大专文化程度115人，占61.8%，中专高中文化程度43人，占23.1%，初中以下文化程度28人，占15.1%。这批干部的基本状况是：年富力强，文化较高，工作积极，好学上进，容易接受新事物，愿为党和人民多办好事，实际工作中也做出了很大成绩，有一定群众基础，近几年换届选举陆续走上领导岗位，总的看基础素质是好的，这是基本的主流的方面。另一方面，他们中大部分入党时间较晚，在“文革”特定的历史条件下和前几年放松党的思想建设的情况下，他们一般缺乏系统的马克思主义理论学习和教育，缺乏严格的党性锻炼，基本功底不够，不同程度地存在着主观主义、个人主义、自由主义的毛病。50岁以下的同志是跨世纪的干部，肩负着重大的历史使命。如果不解决思想理论素养和党性锻炼较差的问题，就不能适应新形势新任务的需要，就不能接好革命前辈的班。因此，举办“三基本”轮训班，学习理论，增强党性，是符合这批干部的实际需要的，正如有的学员反映“是在关键时期抓住了关键问题”。

这期轮训班教学的主要内容是，紧紧围绕建设有中国特色社会主义这个主题，认真学习马克思主义基本理论、党的基本路线和党的基本知识。通过学习，着重解决贯彻实事求是的思想路线、坚定社会主义共产主义信念、树立全心全意为人民服务的宗旨、坚持民主集中制的组织原则四个基本问题。学习方法是采用整风的方法。我们理解的整风方法是：学习理论，联系实际，总结经验，开展批评与自我批评，自觉地用无产阶级思想克服非无产阶级思想，改造世界观，增强党性，练就一个工人阶级先锋战士应具备的马克思主义的理论功底和思想功底，提高全面正确地贯彻执行党的基本路线、建设有中国特色社会主义的自觉性和坚定性。整风方法，是我们党自延安整风以来全党学习马克思主义理论的优良传统。只要注意清除过去一段时间对整风方法的曲解和“左”的影响，结合新的形势进行再实践和应用，那就是学习和掌握马克思主义的最有效的甚至可以说是不可缺少的方法，并不是什么惊世骇俗、标新立异的做法。

教学过程分为五个单元进行。第一单元为入学教育，时间一周。由省委书记普朝柱亲自进行动员，他从国内形势、国际形势，今后十年是非常关键的时期，中青年干部肩负着重大历史使命等方面，阐释领导干部学习掌握马克思主义理论的极端重要性。使学员明确学习目的，端正学习态度，树立良好学风，为整个学习奠定了较好的思想基础。第二单元是学习马克思主义哲学，用了29个教学日。通过学马列原著，使学员掌握科学的世界观和方法论，理解党的实事求是思想路线的理论基础。这一单元遇到了原著难学难懂的问题，着重突破了一个“难”字。第三单元是学习党的基本路线，用了36个教学日。着重理解社会主义代替资本主义的历史必然性、中国走社会主义道路的历史必然性、建设有中国特色社会主义的历史必然性，从而坚定社会主义、共产主义信念。第四单元是学习党的基本知识，用了25个教学日。着重明确党的工人阶级先锋队性质、全心全意为人民服务的宗旨和民主集中制的组织原则，努力做一个合格的共产党员和党的领导干部。三、四两个单元的内容，学员比较熟悉，因此提出了“防松求深”的要求，着重抓了一个“深”字。第五单元是进行思想总结，用了一个月时间。运用学到的马克思主义理论和立场、观点、方法，分析解剖自己在党性锻炼方面的情况，特别是找到阻碍自己贯彻执行党的路线、方针、政策中的主要思想问题，实事求是地总结出带规律性的经验教训，明确今后的努力方向。如果说二、三、四单元着重学习掌握理论，那么第五单元则着重于应用理论来分析解决思想问题，改造世界观，增强党性，是在“能结合、会应用”上下功夫，突出抓了一个“用”字。这一单元学员学习积极性、自觉性之高，解剖自己之严格，理论与实际结合之好，思想收效之大，是多年来少有的，开了我省干部理论教育之新局面。五个单元学习环环紧扣，步步深入，循序渐进，体现了从实际到理论，又从理论到实际的思想运动发展规律，安排较为合理，教学实践基本上是成功的。

二、主要收获

本期轮训要求达到的目的，是通过学习，着重解决实事求是思想路线、社会主义信念、为人民服务宗旨和民主集中制组织原则四个基本问题，在这四个方面打牢马克思主义的基本功底。这四个基本问题，体现了马克思主义思想体系的基本原理，是马克思主义世界观、方法论的具体化，是党的建设方面党性锻炼的根本内容，同时又是针对当前中青年干部普遍存在的弱点和不足提出来的，是有的放矢的。从轮训的结果来看，学员在练就四个基本功方面，普遍有了提高和进步。

（一）提高了贯彻党的实事求是思想路线的认识和自觉性

相当多的学员特别是年轻干部学习前的情况是，口头上都会讲“实事求是”，但知其然不知其所以然，理论上没有学懂弄通，想问题、办事情存在主观主义和形而上学片面性。在第二单元哲学学习中，大家学习以实践观点为基础的辩证唯物主义认识论，以矛盾对立统一规律为核心的唯物辩证法，以社会基本矛盾理论为核心的唯物史观，以人民群众是历史创造者理论为核心的群众观点和群众路线，初步掌握了马克思主义哲学最基本的原理。并以实事求是为主线，把哲学原理的几个部分串连起来，从而理解和掌握了党的思想路线的理论基础，提高了贯彻执行思想路线和群众路线的思想认识，提高了克服脱离实际、脱离群众的主观主义、形而上学的自觉性。许多学员总结自己贯彻思想路线正反两方面的经验教训，剖析典型事例，从中找出规律性，使思想路线的理论、原则、方法真正在头脑中扎下根来。有的学员体会说：“以前对马克思主义哲学和思想路线的关系搞不清楚，缺乏理论认识，所以贯彻思想路线很不自觉。当了十个月的县委副书记，还没有下去蹲过点，这同主观上没有认识到要坚持唯物主义的前提，要坚持从个别到一般的辩证法，要坚持从群众中来到群众中去的群众路线有直接的关系。”许多学员认为，思想路线贯彻不好，既有理论认识上的原因，也有实际工作经验不足的原因，更有思想意识上的原因。不少学员检查认识到有一个敢不敢实事求是的问题。一味看上级脸色行事，简单地跟着感觉走，跟着文件走，跟着老同志走，树叶掉下来怕打破头，就是“私”字作怪。认为个人主义是背离实事求是原则的思想根源。一事当前，先考虑个人得失，只怕上级不满意，不怕群众受损失，就难以做到实事求是。因此，认识到坚持实事求是，必须努力改造世界观。

（二）进一步坚定了社会主义、共产主义信念

这一批中青年干部，是党一手教育、培养并提拔到重要岗位上来的，对党、对社会主义有质朴的、深厚的感情，一般说社会主义信念是比较坚定的。但由于他们平时忙于工作，理论学习一般较差，当国际风云变幻、国内错误思潮泛滥，他们对一些问题也往往识别不清，产生了这样那样的困惑和疑虑，影响了信念的坚定性。正如一位学员所说的：“理论上似懂非懂，思想上又信又疑。”本期轮训，抓了系统的社会主义理论学习、澄清模糊认识、把信念落脚到贯彻基本路线的实际行动上三个环节，大大增强了学员的社会主义信念。特别是通过学习《共产党宣言》，大家认识到社会主义代替资本主义是历史的必然；通过学习《新民主主义论》，认识到中国走社会主义道路是历史的必然；通过学习邓小平论著和中央文献，认识到建设有中国特色社会主义是历史的必然。对历史必然性的认识，也就是对客观规律和事物本质的认识，这样就使社会主义、共产主义信念建立在科学认识的基础上。不少学员检查认识了思想深处信念不够坚定的问题。如东欧剧变后产生了“红旗能打多久”的疑虑等等。认识到产生这些模糊观念，是因为没有学习掌握好科学社会主义理论，只看现象不看本质的结果。许多学员反映说：学习科学社会主义理论，有一种豁然开朗的感觉，好像站得高了，看得远了，许多困惑和疑虑得到了澄清。东欧剧变，社会主义遇到暂时挫折，不过是历史长河中的小插曲。社会主义必然胜利、资本主义必然灭亡，不管道路如何曲折、漫长，终究是不可逆转的历史发展总趋势。许多学员反映，这些年很怕和青年学生对话，对他们提出的一些问题回答不了。通过学习，感到底气足了，回去以后敢于登台讲话了，敢于理直气壮地批判诋毁社会主义的错误观点了。一些学员还检查认识了实际工作中的短期行为，追求三年任期内干几件看得见、摸得着的

“政绩”，很少考虑长远发展问题。认为这也是信念不坚定的表现。认识到一个共产党员不论在位不在位，都要胸怀大目标，坚定地为社会主义和共产主义事业奋斗终生。

（三）对全心全意为人民服务宗旨的认识有了深化，增强了履行宗旨的决心

为人民服务是大家耳熟能详的口号，但平时很少深入思考其中的道理。许多学员学习《共产党宣言》关于“无产阶级的运动是绝大多数人的、为绝大多数人谋利益的运动”，无产阶级只有解放全人类才能最后解放自己等论述，从社会主义、共产主义事业根本性质的高度，从唯物史观的高度，深刻理解了为人民服务宗旨的理论依据。在四、五两个单元学习中，学员们自觉地对照党的根本宗旨和党员标准，联系工作和思想实际，寻找自己的不足。一些学员严于律己的精神，使人感动。他们检查了个人主义的种种表现，如爱攀比，怕吃亏，在个人的名、利、地位、工资、职称、住房等问题上，斤斤计较，当仁不让，总想吃个尖尖碗，等等。认识到个人主义同全心全意为人民服务是两种根本对立的人生观、价值观。个人的东西考虑多了，就不能做到全心全意，只能是半心半意，甚至三心二意。不少学员动情地说：“无数先烈为了人民的利益牺牲了自己的生命，现在党对我们中青年干部寄予厚望。我们满脑子私心杂念，把自己混同于一个普通老百姓，怎么能挑起历史的重任呢?”一些年龄较大的学员检查了“船到码头车到站”的思想，表示要活到老、学到老、改造到老，生命不息、奋斗不止。一些年轻的学员认识到，在全心全意为人民服务的宗旨上，自己说的和做的有很大差距，正是在这个根本问题上欠火候，欠功夫，表现了党性锻炼上的不成熟。他们表示要向焦裕禄同志学习，做一个有益于人民的好干部，做一个脱离了低级趣味的高尚的人，过好家庭关、福利待遇关、工作苦累关和个人荣誉关，自觉地服从党和人民的利益，勤政为民，无私奉献。

（四）对民主集中制的认识有了提高，增强了组织纪律观念

通过学习，学员们对民主集中制的理论依据、基本内容、在当前贯彻执行的重要意义等，都有新的认识和提高。一些学员检查认识了自己在贯彻民主集中制方面的缺点和不足。如当一把手时认为集中不够，忽视发扬民主；当副手时又认为民主不够，支持集中不自觉。领导班子内民主生活不正常，常常为一些非原则问题闹别扭，打肚皮官司，形成不团结。另一方面，又存在分散主义、本位主义、自由主义的问题。有令不行，有禁不止，上有政策，下有对策等等。决心自觉摆正个人与组织的关系，做到“四个服从”，维护党的团结统一，模范地遵守党的纪律，坚决克服无组织无纪律现象。

总之，在四个基本问题上，学员们学习了理论，提高了认识，触及了思想，解剖了自己，总结了经验，分清了是非，找到了问题，明确了努力方向，并有决心把提高了的思想认识融汇到自己的品德之中，切实地去身体力行。思想总结阶段结束时，全班学员洋溢着一派思想丰收的喜悦。大家表示，欢迎省委和党校随时检查他们在今后实际工作中的表现。有的小组的学员约定两年后自行聚会，汇报实践的体会，互相检查。

三、基本经验

近5个月的办班实践，积累了多方面的经验，集中地说，就是初步探索到了一条在新时期如何教育提高干部的新路子。基本经验有5条：

（一）苦读深钻学原著

本期轮训，围绕所要解决的四个基本问题，精选了一部分马列经典著作，如学习马克思主义哲学，只选了《路德维希·费尔巴哈和德国古典哲学的终结》（第二章）、《谈谈辩证法》、《〈政治经济学批判〉序言》、《在马克思墓前的讲话》、关于历史唯物主义的两封信等；学习党的基本路线，只选了《共产党宣言》、《国家与革命》（节选）等；学习党的基本知识，只选了《共产党宣言》（节选）、《共产主义者同盟章程》等。同时，从马克思主义的继承发展考虑，结合学习毛泽东、刘少奇、邓小平有关著作和中央有关文献。对于精选出来的原著，组织学员下苦功夫精读。提倡逐段钻研，弄清每段讲的是什么意思，几段联起来又讲了什么主要问题；原著中阐述了哪些基本原理、原则，其精神实质是什么，如何把握贯穿其中的立场、观点、方法，以及如何领会认识它们对现实的重要指导意义。由于大多数学员没有系统学习过原著，因此读起来困难不少。我们在坚持自学为主的同时，组织教员用领读原著的形式进行适当辅导，开展互帮互学活动，小组集体攻关等，终于攻克了难关，绝大多数学员包括文化较低、理论基础较差的学员都基本上读懂了原著，尝到了读原著的甜头。反映说，读原著只要深钻进去，就越学越有味道，“好比倒吃甘蔗——越吃越甜”。

我们体会，学习原著是追本溯源的做法。要系统地学懂马克思主义的思想体系，而不是零碎地学某些观点和结论，就必须学原著。学原著能够抓住世界观、理论、路线、党性、作风的老根，能够抓住立场、观点、方法的老根。对于要求学员打好理论根底来说，这是必由之路，舍此别无捷径可走。单学第二手材料，学员往往知其然不知其所以然，马克思主义的基本原理和立场、观点、方法就不易在思想上扎下根，尚且不说第二手材料往往缺乏准确性和可靠性。取法乎上，仅得其中；取乎于中，仅得其下；取法乎下，一无所得。这个道理是显而易见的。对此，还需要朝深处想一想。这一代中青年干部，已是相当普遍地缺乏理论根底，如果不强调学原著，随着时间的推移，干部的更迭，所谓学习掌握马克思主义，只能是一种架空的要求，难免出现数典忘祖的问题，这的确关乎能否继承、坚持马克思主义的大事。因此，通过学习原著来掌握马克思主义基本原理和立场、观点、方法，应当坚定不移。

当然，学原著有一个怎样学的问题。马列原著浩如烟海，对从事实际工作的党政干部来说，不应当也不可能要求他们通读全学。而要根据少而精、有针对性的原则来选读。所谓针对性，就是要围绕解决四个基本问题来选读，从“的”的需要来选择“矢”；所谓少而精，就是重点选学十多篇马列原著，数量虽不多，但却涵盖了马克思主义哲学、科学社会主义、政治经济学、党建理论等基本方面，体现了马克思主义的思想理论体系。组织学员对这些原著苦读深钻，就使他们懂得了马克思主义的理论基础是辩证唯物主义，懂得了辩证唯物主义的产生和发展的来龙去脉，认识了辩证唯物主义是最科学的世界观和方法论。马克思应用它来剖析资本主义社会，产生了马克思主义的政治经济学，应用它来剖析人类社会历史的发展，就是唯物史观，产生了无产阶级专政的学说，使社会主义从空想变成了科学，从而建立了科学社会主义的学说。通过对马克思主义三大组成部分重点书目的学习，使学员懂得了马克思主义的科学性和客观真理性，增强了对马克思主义的坚定信念。正如学员所深刻体会的，这次学马克思主义理论与往次不同之点，在于从理论上找到了根，串成了线，连成了片，从马克思主义整个理论体系上进行了认识和理解。不经过苦读深钻原著，不从整个理论思想体系来学习思考，就不可能真正学懂马克思主义理论，也不可能学会应用马克思主义的立场、观点、方法来认识和改造客观世界与主观世界。认真刻苦读原著非常重要，非常有效，是这次轮训班大家的共识。

（二）在能结合、会应用上狠下功夫

马克思主义理论最基本的特征：一是它的阶级性；二是它的实践性。学习的目的全在于应用，应用它的立场、观点、方法来认识客观世界和改造客观世界；应用它来改造主观世界，克服一切非无产阶级思想，改造世界观，做到主观与客观的统一，知和行的统一，认识与实践的统一。马克思主义理论，是科学的理论，革命的理论，实践的理论，而不是一般的社会科学知识。学习马列主义理论，不是为增长知识而学，不是为武装嘴巴而学，不是为应付考试、拿张学历文凭而学。理论再好，学了不用，言行不一，等于不学。学了不会应用，同实际结合不起来，就是没有学好。联系实际学理论，能结合、会应用，在改造世界观上狠下功夫，是这期轮训班学马克思主义理论最突出、最成功的一条经验。从第一单元入学教育开始，就联系当前国际国内形势的实际，联系党的状况的实际，认识加强党的建设、学习马克思主义理论的重要性和紧迫性，提高了大家学习的自觉性。第二、三、四单元，主要是认真读书学理论。有重点、有针对性地联系重大的实际问题，以加深对理论的深刻理解。在每个单元的学习后，都用约一周的时间，组织专题讨论和支部大会、全班大会发言。一方面，复习、巩固、深化原著学习的成果；另一方面，运用学到的理论联系历史的和现实的实际，强调把自己摆进去，联系个人的工作和思想实际，侧重解决一两个实际问题，取得阶段性成果。第五单元，专门安排一个月左右的时间，进行认真的思想总结。把学到的马克思主义基本理论，应用来全面剖析自己，把情况和问题摆开来，进行实事求是的分析。以跨世纪的一代党的骨干的使命感、责任感的高标准、严要求，既肯定成绩，又找到影响自己进步的主要思想矛盾，明确今后努力锻炼修养的方向。从认识论的过程来讲，第二、三、四单元是从理论到实际，在认识上掌握马克思主义的基础理论，第五单元是从实际上升到理论，使感性认识转化为理性认识。整个思想运动过程，是一个从理论到实际，又从实际上升到理论这样一个完整的认识过程。少了哪一段都不行，特别是如果少了认真的而不是敷衍的思想总结这一段，学员们就不会有学习的收获特别大、进步特别大这样的共同感觉，认识就不可能升华到现在的高度。这就叫整风的方法，理论联系实际的学风，运用批评自我批评的武器。实践证明，这种方法有百利而无一弊，不会像有的同志所担心的引起副作用。学员们联系实际，摆开问题，分析认识，的确不是轻松的，许多人吃不下饭，睡不着觉，反复思考，数易其稿；但当找准了问题，在同组学员的批评帮助下提高了认识，明确了努力方向，普遍有一种心情舒畅的感觉，反映说：好比洗了一个温水澡，把非无产阶级思想的包袱都丢在党校，可以轻装上阵了。这次轮训的成果，整风方法的效用，集中在思想总结这一阶段表现出来。多年来，我们干部理论教育的一个根本缺陷，就是从书本到书本，从理论到理论。学习理论，没有同改造客观世界特别是同改造主观世界结合起来，一句话，没有很好地坚持理论联系实际，因而成效不理想。此次轮训，在“能结合、会应用”上狠下功夫，提供了带根本意义的重要经验。

（三）依靠学员的高度自觉性，自我学习为主

马克思主义理论的学习运动，是一次自我教育运动，是一次党内群众性的思想运动。只能采取群众路线的学习方法，启发诱导和依靠学员的高度自觉性，才能学好，学出成效。这是本期轮训班的又一条重要经验。如果采取经院式的教学方法，填鸭式的知识灌输，学员成为被动的知识接受器，就不可能收到这样显著的效果。第一单元入学教育很重要，使大家从战略高度，高屋建瓴地认识学习的重要性、紧迫性，明确学习目的，从而端正学习态度，提高了学习的自觉性，做到以普通党员身份进入党校这个“阵地”和“熔炉”。第二单元学原著，难读难懂，但由于有了入学教育打下的思想基础，有了学习的高度自觉性，因而能够迎着困难上，苦读深钻。许多学员刻苦攻读的精神，非常感动人。有的因牙病拔掉三颗牙齿仍“咬紧牙关”学习，有的眼睛动了手术，视力只有0.3，仍在灯下埋头攻读，有的不看电影、电视，星期天不进城，晚上学习到深夜。有的对学习内容提前预习，课堂认真记笔记，课后又重新整理一遍，前后记了七八本笔记。有的引用“衣带渐宽终不悔，为伊消得人憔悴”的词句，表示宁可掉几斤体重也要攻破理论关。正是由于学员顽强刻苦、自觉努力，终于克服了学原著的困难。

启发学员的学习自觉性，还有一个行之有效的方法，就是典型引路。学员的思想发展是不平衡的，大体上是一个两头小、中间大的状况。发现和培养少数典型，推广他们的经验，可以起到以点带面的作用。每一单元专题讨论阶段的典型发言，就起到了这种作用。典型来自学员之中，他们的经验代表了学员现有水平中的较好者，学员听起来亲切，易于接受，不觉得高不可攀，典型能做到的，自己经过努力也能做到。这样，就大大提高了自觉性。在思想总结阶段，采取“一想、二找、三帮、四议”和典型引路的方法，证明是启发自觉性、依靠自觉性、开展自我教育的好方法。在个人总结的基础上开展小组评议活动，互相帮助，很自然地恢复和发扬了党内批评与自我批评的优良传统。在思想总结阶段，学员自觉性之高，超出了预料。他们勇于暴露问题，严于解剖自己，虚心听取意见，力求写出高质量的思想总结，有的写了四五遍，一般都写了两遍以上。党校规定不留学员的片纸只字，不做结论，不装档案，思想总结由学员自己带走，但没有一人因此采取马虎应付的态度。我们党的跨世纪的这一代中青年干部，有多年的实践锻炼，经过了处理复杂社会矛盾的考验，他们的表现和基础素质是很好的。只要引导得法，加强马克思主义的教育，他们就能够按照党的期望和要求，刻苦学习，练就马克思主义的四项基本功底，成为忠诚于马克思主义的接班人。这一点，特别令人感到欣慰。

（四）依靠党支部的领导，是搞好学习的组织保证

党校是党性锻炼的熔炉。要从党校的管理体制、教学方针、教学方法、班级的学习领导、生活管理、课余活动的组织等方面体现出来。其中，重要的是要把党支部建在班上（本期轮训班建立了一个总支、四个支部）。总支委员会负责贯彻执行教学方针和计划，领导学习，组织实施，直接对省委和校党委负责。各支部支委会，按党章规定民主选举产生，支部书记由带队的各地州市委副书记担任，负责组织领导学员的学习、生活、文体活动。各支部都充分发挥了战斗堡垒作用，是保证学习顺利进行、取得成绩的一个重要条件。

（五）省委加强领导，是轮训班取得成功的决定性条件

省委从加强党的建设的战略高度，认识到以党校为基地，充分发挥党校的马克思主义阵地和党性锻炼熔炉的特殊功能作用，把县以上领导骨干作为重点对象，开展大规模的“三基本”教育轮训工作，以提高领导干部的马克思主义水平，是事关全局的重大措施。因此，下了很大决心，倾注了很多精力，办好“三基本”教育轮训班。省委换届后的第一次常委会，专题讨论了加强党校工作、党校的教学方针和教学指导思想问题。办班前，省委指定有关部门深入调查分析干部当前的思想状况。常委集体讨论、批准了教学计划。轮训班开学后，省委常委半数成员三次来党校听取各阶段学习的汇报，集体讨论研究轮训班的学习。普朝柱书记一头一尾住在党校，中间多次来党校，亲自指导学习，先后做了三次报告，自己动手写了这三个报告的长篇讲话稿。省顾委主任李兴旺、省纪委书记邱创教也来轮训班做了报告。省委聘请四位对干部教育有丰富经验的老同志，由他们和校党委主要成员、各支部书记组成轮训班强有力的领导班子——总支委员会。还挑选了党校一批中青年教师和宣传、组织部门管干部教育的干部，自始至终跟班学习，参加工作。由于省委高度重视，采取了切实有力的措施，这是举办时间较长、要求很高的轮训班取得成功的关键所在。

由于初次试办，没有经验，轮训班的教学计划和具体安排尚有一些不够完善的地方，后勤保障工作也有一些欠缺，需要逐步改进。

（本文详细摘要，载《支部生活》1991 年第 10 期）

学原著　抓整风　能结合　会应用

——在职干部理论学习也适用“三基本”教育方法

根据省委指示精神，1991 年 10 月，省委宣传部做出了学习、推广省委党校“三基本”教育轮训班的成功经验，采取整风方法，组织全省在职干部学习党史党建理论的部署。曲靖市试点班的经验证明，这个部署是正确的，用整风方法学习理论，是学习、掌握马克思主义的最有效的方法。

曲靖市委、曲靖地委宣传部和省委宣传部一起，于 1991 年 12 月，在曲靖市委党校举办了一期为期一个月的在职干部党史党建理论学习试点班。参加学习的有乡镇和市属部委办局基层领导干部以及少数乡镇党校教员共 60 人。

这些学员经过一个月的学习，无一不称赞用整风的方法学习理论效果好。市公安局副政委说：“我从部队转业 12 年，学习过四次，包括到北京公安大学政委班学习，感受最深的是这次学习。以前是学文件，听报告，谈体会，就是没有触及思想，这次改变了学风，恢复了延安整风精神，最大特点是把自己摆进去，用理论对照自己，找到了进步的障碍。”市物资局副局长说：“这次是非常成功的一次学习，我取得了预想不到的收获。首先是感到方法新。整风方法过去听说过，没有见过，这次有切身的体会。”他发自内心地说：“我确有提高，确有收获，既学到理论，又找到了自己的问题，对今后的进步肯定会发挥长远的作用。”市建安公司汽车队支部副书记说：“这次抽人学习，大家工作忙，把我推来学习，这一下倒推好了，我这个最基层的干部第一次参加这样的学习，一个月没有白来。”市工交办副主任说：“我第一次参加用整风的方法学理论，比原来挣文凭学三年的效果还好，好在不是说套话，确实深挖了思想，卸下了思想包袱，做到轻装上阵。我对这种学习方法特别欣赏。”菱角乡副书记说：“这次学习，我得到了一把开启真理之门的金钥匙——马克思主义的立场、观点、方法；得到了一把清扫思想灰尘的扫帚——批评与自我批评的武器，受益很大。”市财贸系统有两个学员中途曾回单位一次，主动介绍试点班的情况，畅谈运用整风方法学习理论的好处，并讲了两堂党课，初试锋芒，谈吐不凡，引起本单位干部的很大兴趣，反映说：“到党校学习几个星期就变了样，真是士别三日当刮目相看。”市商业局副书记说：“这次试点强调学原著，抓整风，能结合，会应用，炼四功，取得了令人满意的效果。没有哪一次学习这样吸引人，教育人，提高人。”他郑重地向市委建议：把整风的方法推广到干部考评、党员评议、班子建设、党委民主生活会等活动中去。认为：“这样坚持三年五载，必有大的成效，党的建设会上一个新台阶。”市工交系统的学员在学习中组成了几个思想互助组，他们自行商定，回去以后互助组不散，变成理论教学组，分工合作，各任一课，共同承担工交系统党史党建理论教学任务，积极推广用整风方法组织理论学习的经验。试点班结业时，学员们心情舒畅，情绪高昂，决心以新的面貌投入到工作中去。东山镇的两个干部，原来准备在结业时通知镇上派小车来接，后来决定挤公共汽车回去，说：“党性锻炼要注意随时随地从小事做起。”茨营乡党校教员，是一个大专毕业的共青团员，经过学习，提高了对党的认识，增强了社会主义和共产主义信念，庄重地在全班大会上表示了争取入党的要求。地、市委宣传部参加办班的同志深有感触地说：“用整风方法抓理论学习才有实效，我们的工作才有意义。”鉴于试点取得成功，市委决定在今年内，坚持用整风方法组织干部学习党史党建理论，在市委党校分六期轮训完1000名乡科级领导骨干。

试点班的实践证明，省委党校“三基本”教育轮训班的经验是有普遍指导意义的。在职干部一个月小集中理论学习，同样可以采取整风的方法。试点班的成功，使我们坚定了按照省委的要求，改革在职干部理论教育的决心和信心。

下面，对试点班的具体做法和基本经验做简要的介绍。

试点班一个月的学习时间是分三个阶段安排的：首先，以一天半的时间进行学习动员，组织讨论，端正学习态度。第二阶段，用21个学习日读原著，掌握党史党建的基本知识和理论。这一阶段原著学习，以江泽民的“七一”讲话为总纲，以省委宣传部编的《中共党史和马克思主义党建理论原著选读》为教材，分六个专题，组织学员精读了9篇约10万字的原著。在原著学习阶段，以支部大会和全班大会的形式，组织了几次专题讨论和讲习会。最后一个阶段，用7个学习日进行个人思想总结。思想总结结束时，按照是否读完原著并做了读书笔记，是否保证了30个学习日和思想总结的质量三个方面进行了学习考核，评定成绩，发给结业证书，评选出了13名优秀学员，予以表彰。

试点班的经验，主要有四点：

一、进行充分的思想动员，提高学员的学习自觉性

刚通知来党校学习时，很多人不愿意来。一是年终工作忙，整治南盘江正处在高潮，确有工学矛盾；二是觉得没啥学头，政治学习不过是牛脖子上的搭拉皮，有它不多，无它不少。有些人找市委领导请假，没有准假还不高兴。我们考虑到试点班时间短，不可能有更多的时间来解决思想认识问题，为了使学员很快端正学习态度，着重抓了开学动员这一环节。精心组织了隆重的开学典礼，请地委领导同志莅临指导，市级五套班子的主要领导人全体出席。地委副书记、市委书记和省委宣传部的同志在动员讲话中，着重讲清楚了四个问题：①从反对和平演变，经受“三大考验”的高度，从跨世纪的一代中青年干部肩负历史重任的高度，讲清学习、掌握马克思主义理论的重要性和紧迫性。②介绍省委党校“三基本”教育轮训班的成功经验，说明学原著，学根本，学体系，打好理论基础；采用整风方法，发扬理论联系实际的学风，运用批评与自我批评的武器，在能结合、会应用上下功夫，自觉改造世界观，增强党性，是学习马克思主义理论的最有效的方法。③讲清结合在职干部理论教育的实际，学习、推广省委党校“三基本”教育轮训班经验的要求和做法，以及党史党建理论学习的教学计划。④强调试点班的作用在于探索、总结经验，用以指导面上的学习，每个学员都有光荣而重大的责任，要求大家积极主动地投入学习，

共同创造和总结经验。开学动员后，紧接着以过组织生活的形式进行讨论。由于思想动员工作做得充分，学员很快提高和统一了认识，增强了学习的积极性和自觉性。大家说：“理论学习这样重要，各级领导这样重视，我们不能辜负领导的期望。”有的领导同志在动员时还讲到：“党对这一代中青年干部寄予殷切的厚望，千斤重担压在你们肩上，只是你们要意识到并自觉克服自己理论功底不够、党性锻炼差的弱点。”学员们听后深受感动，有了努力学习、改造自己的迫切要求。许多学员对整风方法感到新鲜，引起了兴趣，有亲自一试的愿望。这样，大家都能以积极的态度投入学习，对自己严格要求，自觉遵守学习纪律。上课认真听讲，做笔记，小组讨论踊跃发言，晚上大多数人都在校自学原著，没有打牌、聊天的，整栋宿舍静悄悄的。许多学员不但读完了规定的原著，还把参阅的篇目也读完了。一部分人还看完了《中国共产党的七十年》。有一个学员文化较低，课堂上记不下笔记，就课后放弃休息，一字一句地重新抄写、整理笔记。有几位学员患病，一边打针服药，一边坚持学习。有一位学员星期天在家突发急性肠胃炎，腹泻六七次，星期一仍按时返校。学员这种饱满的学习热情，一直保持到学习结束。

我们体会，提高认识，端正态度，是搞好理论学习的前提。要做到这一点，就必须对学员晓之以理。这个“理”还必须是讲清关系党、国家和社会主义前途命运的大道理。大道理能管小道理。学员真正理解了大道理，就会产生强烈的使命感、责任感，就会有很高的学习自觉性。

二、苦读深钻原著，追本溯源，学根本，学体系，打好理论基础

试点班用了三分之二还多的时间，组织学员学习党史党建理论原著。为了帮助学员系统地而不是零碎地、实际地而不是空洞地学习掌握党史党建理论，主要采取了五个做法：

第一，处理好原著和专题的关系。9 篇原著即江泽民《“七一”讲话》、《为把党建设成更加坚强的工人阶级先锋队而斗争》，毛泽东《中国

革命和中国共产党》、《新民主主义论》、《改造我们的学习》，邓小平《建设有中国特色的社会主义》、《加强四项基本原则教育，坚持改革开放政策》，马克思、恩格斯《共产党宣言》，刘少奇《论共产党员的修养》。这9篇原著基本上涵盖了党史基本知识和党建理论的主要原理。但是，每篇原著都是独立成篇的，并且包括了多方面的内容。怎样把9篇原著有机地联系起来，使党史党建理论系统化呢？这就靠科学地设置专题来解决。专题的作用就在于把理论穿成线，构成一个有机的整体，帮助学员从体系上来把握党史党建理论。省委宣传部提出七个专题。由于办班期间召开了八中全会，还发生了苏联解体的重大事件，我们将七个专题做了适当调整，共设六个专题：一、党的领导地位和核心作用的形成过程和客观必然性；二、走社会主义道路是中国社会历史发展的必然选择；三、坚持党的基本路线，建设有中国特色的社会主义（这个专题中包含了学习《改造我们的学习》，明确马克思主义的基本原理同中国革命和建设的具体实际相结合是七十年的基本经验。看来这个内容以单独设专题为好）；四、全面加强党的建设，提高党的战斗力；五、坚持马克思主义，反对和防止和平演变（这个专题中增加了总结苏联东欧剧变教训的内容）；六、贯彻八中全会精神，为实现八五计划和十年规划而奋斗。每个专题着重学习一篇或两篇原著。这样，以专题为经，以原著为纬，基本上达到了学原著，学根本，学体系，打基础的要求。在专题学习之前，把江泽民的“七一”讲话作为总纲来学习，使学员先有一个总体的概念，提纲挈领地把握了党史党建理论的要点。在专题学完以后，进行了一次串讲，进一步帮助学员把学到的理论知识系统化。

第二，处理好学习党史党建理论与解决四个基本问题的关系。学习马克思主义理论，要解决社会主义信念、实事求是的思想路线、为人民服务的宗旨、民主集中制的组织原则等四个基本问题，炼好四个基本功。党史党建理论作为马克思主义理论的组成部分，也要在学习中把解决四个基本问题作为要达到的主要目的。我们在组织六个专题学习中，注意引导学员掌握解决四个基本问题的理论武器。如第一、二、三专题着重解决信念问题；第三专题还侧重解决思想路线问题；第四、五专题着重解决宗旨和组织原则问题。由于指导思想明确，原著阶段的学习，就为思想总结阶段解决四个基本问题奠定了较好的理论基础。

第三，鼓励学员以自学为主，下苦功夫深钻读懂原著。既要求领会原著阐发的基本原理，还要求领会体现在原著中的马克思主义的立场、观点、方法。学员们苦读深钻原著的精神，令人感动。白水乡党校一个青年教员，对每篇原著读了七八遍之多，写了数万字的读书笔记，他赋诗言志："一遍一遍又一遍，两遍三遍四五遍，六遍七遍八九遍，学懂原著坚信念。"许多学员边读边思考，领会了原著的精义。市电力公司副书记说："我读《改造我们的学习》，毛主席对主观主义的分析批判和画像，是那样深刻精辟，联系自己的主观主义毛病，就像这篇文章是针对我来说的，读得我面红耳赤。"市物资局副局长说："我在'文革'中也读过《共产党宣言》，但并未弄懂，只记住一些精辟词句，挂在嘴上念念。比如《宣言》中讲两个决裂，我仅从字面上理解，甚至对有部电影中宣扬手掌上有老茧就可以上大学，也认为是和传统观念决裂的表现。这是不求甚解，把马克思主义的经念歪了。这次我按照教学要求下功夫精读《宣言》，逐段钻研，弄懂讲的是什么意思，几段联起来又讲了什么主要问题，注意完整、准确地理解原意，还注意把握贯穿其中的立场、观点、方法，感到收效很大。第二章第九段讲'这些原理不过是现存的阶级斗争、我们眼前的历史运动的真实关系的一般表现'。对'一般表现'这句话看了几遍也没弄清。我便联系上下文仔细琢磨，终于理解了指的是历史的客观规律。仔细研读《宣言》，感到它通篇充满革命的激情，体现了无产阶级彻底革命精神，使我深受震撼、激励，产生了一种精神上的撞击和共鸣。这是过去表表皮皮学习所没有的感受。"由于学员们读原著真正下了功夫，普遍反映收获很大，高兴地说："这次是读了真经。"

第四，认真组织好原著辅导和专题辅导。60 名学员中，具有大专文化程度的 32 人，高中中专文化的 16 人，初中文化以下仅 12 人。他们一般都有自学理论的能力，以自学为主是可行的。但是，由于多数学员过去学原著很少，有的从未学过原著，反映出读原著仍有难度。因此，抓好辅导这一环节是必要的和重要的。我们对六个专题都进行了辅导，对规定精读的原著，都进行了单篇辅导，特别是对比较难读难懂的《共产党宣言》，分两次采取了分段领读的做法。这样，帮助大家基本上学懂弄通了原著。学习第一专题时，我们先进行专题辅导，然后组织自学原著，最后进行原著辅导。学员反映思想准备不足，听专题辅导不得要领。我们及时调整了教学计划，从第二专题开始，首先组织自学原著，然后进行原著辅导，最后进行专题辅导和专题讨论。这样安排，循序渐进，比较顺当，效果较好。

第五，在读原著的同时，辅之以形象教育的方法。为帮助学员增加直观的感性认识，在学习第三专题时，组织参观了曲靖卷烟厂、兰箭五十铃基地和环城乡保渡村公所农民新村，使大家看到了建设有中国特色社会主义的实际成就，深化了对专题的认识，增强了社会主义信心。此外，组织学员观看了《中国革命史》、《历史的必然》、《国魂》等电视录像片，受到了生动形象的教育。

三、采用整风的方法，“一引二想三找四帮五议”的步骤，搞好个人思想总结

采用整风的方法，发扬理论联系实际的学风，拿起批评与自我批评的武器，认真进行个人思想总结，在“能结合、会应用”上狠下功夫，自觉克服非无产阶级思想，打牢马克思主义的四个基本功底，这是省委党校“三基本”教育轮训班经验的精华所在。省委党校思想总结阶段用了一个月时间，搞得比较深透。一个月的在职学习，只能安排一周时间进行思想总结。在这样短的时间内能不能搞好思想总结，不走过场？这是我们在试点中着重探索的问题。实践证明，只要指导思想明确，方法得当，把工作做细，在“认真”二字上下功夫，是可以搞好思想总结，收到显著效果的。

第一，做好思想总结的动员。在开学动员时，学员虽已知道要搞思想总结，但具体怎么进行，大家并不明确。有的认为可能是要求写一篇像样的体会文章。因此，做好思想动员，使大家明确思想总结的意义、要求、内容和方法，是十分重要的。市委书记精心准备，在全班大会上做了一个很好的思想动员报告。他着重讲了五个问题：①学习原著以后专门安排一周时间进行思想总结，主要是解决能结合、会应用的问题。②要按照工人阶级先锋战士和跨世纪干部的高标准，剖析在理想信念、思想路线、为人

民服务宗旨和民主集中制组织原则四个方面所存在的问题，克服个人主义、主观主义、自由主义以及信念不坚定等错误思想，打牢马克思主义的功底。③要有高度的自觉性来搞好思想总结。④思想总结的内容一般包括三个部分：一是通过自己的消化、理解，用自己的语言，把前一阶段学到的基本理论连贯起来，自己把它穿成线，连成片。不要把学理论和思想总结搞成不相联系的两个东西。二是回顾自己的思想发展过程，深挖原始思想，找出影响自己进步的主要问题，运用所学理论进行剖析，分析原因，认识危害，使之从感性认识上升到理性认识。三是明确今后努力方向。⑤思想总结的方法是个人准备，互相帮助，小组评议，即想、找、帮、议。此外，他还讲了政策，即思想总结完全依靠自觉，不揪辫子，不戴帽子，不打棍子，不装袋子，试点班不留片纸只字，以解除顾虑。这个动员，起了很好的思想发动作用。

第二，精心培养典型，运用典型引路。思想总结动员以后，我们紧接着组织了四个典型发言，起到了有力的示范作用。三支部书记，是一位离休老干部，原任市教育局长，一生奉献给教育事业，做出突出贡献，被评为劳动模范。他做大会发言时，严格解剖自己说："我入党30多年，经常受表扬，拿了不少红本本（奖状），好像党性还可以。其实，解剖思想深处，有一个'三不应该'的问题：在不该当老师时当了老师，'文革'中首当其冲，被打成走资派；不该由地区下到曲靖市，待遇受影响；不该由当老师转做行政工作，评了高职工资不能兑现。这三个不该说穿了就是有吃亏思想。我深挖根子，就是没有一贯地在所有问题上都做到全心全意为人民服务。没有坚持用集体主义去克服个人主义。这些事常挂在嘴上，说明思想境界之低。省委书记讲要用革命风格学习理论，把马列主义融化在品德之中，对我启发很大。品德是不能装假的，有了个人主义，就会在品德和言语行动上表现出来。个人主义严重的党员就是不合格的党员，在党内是个薄弱环节，薄弱环节多了，整个链条就要断了。新时期党员并不好当，难在要奉献个人利益，要在平凡岗位上做隐形奉献，生前不一定挂奖章，死后不一定树碑。一个品德高尚的党员，何必把心思花在计较职位高低、待遇好坏，向党提出一大堆个人要求呢？现在我离休了，人退志不能退，理想信念不能退。'喂喂鸡，捡捡蛋，抱抱孙子煮煮饭'这不行。我要活到老，学习到老，改造到老，当我走到人生终点时，要向党交一份奉献与索取的比较表，应该奉献大于索取。”几位典型发言，对全班学员震动很大，使大家深受教育，深受启发。有的说：“几个发言的同志，有的是我的老师，德高望重，他们这样严格要求自己，使我看到了自己的差距。他们是共产党员，我也是共产党员，他们做得到，我为哪样不能做到呢!”如果说，思想动员把学员发动起来了，那么，典型引路又为大家提供了学习的榜样。这样，一步一步地把学员引到了紧张、艰苦的思想运动之中。

第三，启发学员独立思考，认真思索和找出自己的主要问题。我们向学员指出，自己最了解自己，自己的问题要靠自己来找，别人是不能越俎代庖的。要求大家把十一届三中全会以来，或最近几年，自己的工作实际和思想实际系统地回顾分析一番，把重大的事或曾经引起过思想激烈斗争的大事排列出来，抓住影响自己进步最大、危害工作最大的主要矛盾，深挖一下当时的原始思想，那些想法对在哪里？错在哪里？进行深入的分析。由于学员有了高度的自觉，都能按照这个要求认真思考、梳理自己的问题。搞思想总结的几天，许多学员吃不下饭，睡不好觉，中午不休息，晚上一两点钟宿舍里还灯火通明，人人都在开动脑筋，苦思苦想问题，进行激烈的思想斗争。许多学员经过长时间思考，一旦找到问题兴奋不已。二支部有位学员，有天晚上，一声不吭地蹲在床边一个劲地吸水烟筒，只见他一拍大腿，跳了起来，高兴地说：“我找到影响自己进步的问题了，那就是考虑个人得失，遇事存在一个‘怕’字。”个人准备虽然只有三天时间，但基本上每人都写出了一份符合自己实际的、又抓住了主要问题的思想总结。

第四，在个人准备初步有了头绪以后，及时组织开展了谈心互帮活动。学员这时的情况是：已经想和找了自己的问题，不知是否找得准；已经初步做了分析，不知认识是否深刻，迫切需要别人助一臂之力。我们按同一单位、系统或宿舍，把学员分别组成两三人的互助组或互帮的对子，互相帮助分析认识问题。支部书记和支委分工同学员个别谈话，问题找不准的，帮助再找准问题；认识不深的，点拨一下，帮助把认识再提高一步。四个支部书记一般同三分之一或三分之二的学员谈了话。谈话的对象注意抓两头，即认识较好的和搞思想总结有困难的学员，这样，就把中间状态的学员也带动起来了。经过谈心互帮活动，学员的认识普遍提高了一步。经验证明，这是群众性自我教育的好方法。

第五，拿起批评与自我批评的武器，认真开展小组评议。由于前几步工作做得扎实，小组评议进展比较顺利。每个学员都能在小组会上敞开思想，理论联系实际地剖析自己的问题。总的看，学员在总结时，对四个基本问题都有所涉及，比较集中的是宗旨树立不牢和社会主义信念不够坚定两个问题。不少学员检查在发生重大社会事件时，思想产生动摇，为一些蛊惑人心的口号所迷惑，说明自己的信念不坚定，根本原因在于放松了理论学习，不能运用马克思主义理论来分析认识问题，不懂得社会历史发展的必然规律。相当多的学员检查自己考虑、对待和处理问题，往往从个人利益出发。分配工作时，以曲靖市为中心，以十公里为半径，不愿意出这个圈圈；带职下放山区锻炼时，扳着指头计算回城的时间；遇到提工资、评职称、农转非等问题，当仁不让，争得不可开交，并认为这样做没有什么不对，是人之常情；当个人利益得不到满足，就悲观失望，情绪低落，口出怨言，甚至影响工作。认识到这些都是全心全意为人民服务的宗旨树立不牢的表现等等。对学员总结检查的这些问题，小组评议时，大家都能本着与人为善的态度，既严肃认真又诚恳热情地进行批评帮助。例如，有一位从生产队长招干的学员，总结自己私心过重，总认为当党员吃亏。他被派下乡四个月，孩子在家摔断了手，心想如不是党员就可以不去。为救灾捐款，党员要带头，就认为要这个面子划不来。在农村调解纠纷差一点挨打，也认为是当党员吃亏。大家就运用《论共产党员的修养》中讲的道理，帮助他认识当党员吃亏的问题，指出：党员不是普通群众，一要多干工作，二要准备吃亏。如果党员在荣誉、待遇面前事事伸手，事事争先，在工作任务面前拈轻怕重，事事缩后，那就不成其为党员了。有的尖锐地指出，这个学员的根本问题，是小生产者自私自利的弱点没有很好克服，要在树立全心全意为人民服务的宗旨和革命人生观上下功夫，从根本上提高觉悟。大家还帮助说，由于你平时学习不够，对一些基本道理比较生疏，今后要加强政治理论学习。这个学员心悦诚服地接受了大家的批评。经过小组评议，学员们普遍感到心情舒畅，高兴地说：这次学习说出了心里话，听到了金玉良言，解开了思想疙瘩，思想认识提高了，努力方向明确了，心里很滑爽，热乎乎的，回去以后可以轻装前进了。

总之，思想总结这个阶段十分重要，是理论联系实际的集中体现，是运用整风方法的集中体现，是以革命的风格学习革命理论的集中体现。学员们之所以反映这次学习收获特别大，也正是因为通过思想总结，真正使思想认识、党性觉悟得到了提高。

四、加强组织领导，是试点取得成功的保证

采用整风方法学习理论是一个新的探索，要取得成功，关键是加强领导。曲靖市委为切实搞好党史党建理论学习，专门开会讨论，做出决定，下发文件，明确规定了党史党建理论学习的指导思想、学习内容、方法步骤等，并制定出具体的教学计划。对办这次试点班，市委十分重视。在办班的过程中，市委积极贯彻省委提出的改革干部理论学习的要求，切实加强对试点班的组织领导。成立了总支和四个支部。市委书记亲自担任总支书记，市委副书记担任总支副书记。市委书记先后五次给学员们讲课和做报告，市委常委轮流到党校指导学习，并担任专题的辅导。市委为加强试点班的领导，还聘请了四位经验丰富、党性强的离休干部任督导员，担任四个党支部的支部书记。在学习过程中，充分发挥党支部的战斗堡垒作用，加强思想政治工作。市委党校在教学和后勤方面，也做了大量工作。特别是四位老同志跟班学习，以身作则，对学员严格要求，又热情帮助，进行传帮带，为青年同志们做出了榜样，这是这次试点班办得好的一个重要因素。市委要求今后各级办班，也要强调加强领导这个关键环节，采取类似的措施。省委宣传部工作组全过程地指导了试点班的学习。

这次试点班由于初次试办，也还存在一些不足的地方：一是原著辅导和专题辅导内容有一些重复。二是讲课稍多，自学时间少了一点，今后，对易懂易学的原著，应主要采取自学的方法，重点辅导难度大的原著。三是劳逸结合注意不够，没有安排文娱活动，夜以继日地紧张学习，一些学员感到疲劳。这些今后要加以改进。

（载《理论辅导》1992 年第 1 期）

运用辩证唯物论的认识论指导战争的典范

——学习《论持久战》的体会

抗日战争，是中国人民一百多年来反抗帝国主义侵略斗争中第一次取得的完全胜利的战争。这场民族解放战争的伟大胜利，是在中国共产党的正确路线指引下，全国人民英勇奋战取得的。

《论持久战》是毛泽东在抗日战争初期发表的一部重要的军事著作。它深刻地批判了战争中的唯心论和形而上学，提出了一整套正确指导抗日战争的战略方针。这部著作，是运用辩证唯物论的认识论指导战争的典范。

一

毛泽东指出："反对战争问题中的唯心论和机械论的倾向，采用客观的观点和全面的观点去考察战争，才能使战争问题得出正确的结论。"

战争如同世界上的一切事物一样，是客观的矛盾运动。敌对双方依一定的条件互相联结，组成了矛盾的统一体。双方的政治、经济、军事、地理等各种互相对立的基本因素展开于战争的行动中，表现为"力量的竞赛"。双方都为了保存自己消灭敌人而斗争。斗争的结果，各依照一定的条件向相反的方面转化，由此决定战争的胜负。这就是说，战争有其本身固有的规律性。指导战争的人们，为争取胜利，就必须从实际出发，认真研究敌我双方的力量对比及其相互关系，找出其固有的规律性，构成判断，定下决心，提出计划，以此指导行动，促成战争向有利于自己一方转化。主观指导和客观实际情况相符合，就能达到克敌制胜的目的。聪明的指挥员比较能打胜仗，“这是在长时间内认识了敌我双方的情况，找出了行动的规律，解决了主观和客观的矛盾的结果”。如果不从实际出发，不去具体分析矛盾的特殊性，对敌对双方的情况若明若暗，对客观发展的必然规律懵懂无知，这样提出的作战方针和计划，必然是空想，照了去做，就要把战争引到失败的地步。

抗日战争正确的战略方针是什么呢？毛泽东运用辩证唯物论和历史唯物论，深刻总结了抗战十个月的实践经验，对全部敌我对比的基本因素及其相互关系作了周密的考察，不仅从矛盾的总体上，即矛盾的相互联结上，研究了中日战争的特殊性，而且从中日双方矛盾的各个方面研究了它们互相依存、互相斗争、互相转化的关系，从而得出了抗日战争只能是持久战的科学结论。毛泽东指出：“中日战争不是任何别的战争，乃是半殖民地半封建的中国和帝国主义的日本之间在二十世纪三十年代进行的一个决死的战争。全部问题的根据就在这里。”从这个根据出发，他具体剖析了当时中日双方互相矛盾着的四个基本特点：第一，日本是一个帝国主义强国，中国是一个半殖民地半封建的弱国。第二，日本帝国主义的内外矛盾使它临到最后崩溃的前夜，它所发动的侵华战争是退步的、野蛮的；而中国则处在历史上进步的时代，中国共产党及其领导下的军队，就是这种进步因素的代表。中国的抗日战争是进步的、正义的。第三，日本是小国，其人力、军力、财力、物力先天不足，经不起长期的战争；中国是个大国，地大、物博、人多、兵多，能够支持长期的战争。第四，由于双方从事的战争的性质不同，日本在国际上是失道寡助的；中国则是得道多助的。这四个基本特点构成了中日双方两个对比：一个是强弱的对比；一个是小国、退步、寡助和大国、进步、多助的对比。前一个对比，决定了战争之不可避免和中国之不可能速胜；后一个对比，决定了中国可以转弱为强，取得最后的胜利，日本必然由强变弱，遭到最后的失败。根据这些矛盾发展变化的必然趋势，毛泽东科学地预见了持久战的长期过程中，必将经过战略防御、战略相持和战略反攻三个阶段。“抗日战争是持久战，最后胜利是中国的——这就是我们的结论。”八年抗战的历史，有力地证明了这个科学预见，完全符合事物发展的客观规律。

同持久战的正确方针相对立的亡国论和速胜论，是战争问题上的唯心论和形而上学。以汪精卫为代表的一批人就是亡国论者。他们从反动的阶级立场和世界观出发，只看到敌强我弱这个矛盾，把它夸大起来作为全部问题的根据，得出了“中国必亡”的荒谬结论。汪精卫终于投降日本，当了可耻的汉奸。当时，共产党内存在着另一种倾向，认为国民党有很大的力量，把抗战的希望寄托在国民党身上。他们根本忘记了敌强我弱这个矛盾，忘记了国民党反动和腐败的一面，毫无根据地散布“日本不值一打”的速胜论。亡国论产生妥协的倾向，速胜论产生轻敌的倾向，按照这两种错误观点去办，只能得到败军亡国的结果。亡国论和速胜论，虽然表现形式不同，但都是离开了实际情况，看问题的方法都是主观的片面的；或者是主观随意地瞎说一气，或者是只根据问题的一个侧面、一个时候的表现，主观地把它夸大起来，当作全体看。它们都不是从矛盾的总体上把握事物的本质。《论持久战》一文，严厉地驳斥了这两种错误观点，深刻剖析了它们的思想根源，指出：“战争问题中的唯心论和机械论的倾向，是一切错误观点的认识论上的根源。”

共产党内还有一些人，不懂得抗日战争的特点和规律，主张配合国民党打大仗，打正规战。他们不知道，这一战争和那一战争，同一战争的不同发展阶段，都包含着不同质的矛盾。这就决定了战争形式不应当是一成不变的，而应当从客观实际出发，根据不同的情况和特点，采取与之相适应的战争形式。整个抗日战争中，“主要和重要的形式是运动战和游击战”。在战略防御阶段，运动战是主要的，游击战和阵地战是辅助的；在战略相持阶段，游击战是主要的，运动战和阵地战是辅助的；在战略反攻阶段，运动战又升为主要形式，而辅之以阵地战和游击战。这是毛泽东根据敌我力量消长的具体情况而提出来的正确的作战形式。不去分析抗日战争各个阶段不同的具体情况而鼓吹打大仗，打正规战，这完全是脱离实际的。毛泽东批驳了轻视游击战而一味追求打正规战的错误倾向，指出：“不要以为少打大仗，一时显得不象民族英雄，降低了资格，这种想法是错误的。”

二

辩证唯物论的认识论强调认识对于实践的依赖关系，强调战争的主观指导要符合客观外界的规律性，这就同一切唯心论划清了界限；同时，辩证唯物论的认识论又强调人的主观能动性，强调人在战争中的自觉的能动作用，这又同一切形而上学划清了界限。

客观规律性既然是事物发展过程中所固有的、本质的、必然的联系，那么人们是不是消极被动地去适应客观环境呢？不是的。马克思主义认为，人们认识客观世界的规律性，不只是为了解释世界，而且在于拿了这种对于客观规律性的认识去能动地改造世界。自觉的能动性是人类的特点。这种特点在战争中特别强烈地表现出来。毛泽东说："战争指挥员活动的舞台，必须建筑在客观条件的许可之上，然而他们凭借这个舞台，却可以导演出很多有声有色、威武雄壮的戏剧来。"在战争的过程中，敌对双方强弱的转化，胜负的分晓，固然决定于双方军事、政治、经济、地理、战争性质、国际援助诸条件，但这些客观的条件，还只是胜负的可能性。要实现胜利的可能性，就需要正确的方针和主观的努力。只有当人们根据客观事实，提出正确的计划、方针、政策、战略、战术，并据此去组织有力的战争行动，战争最精彩的胜利的结幕戏才能表演出来。

在抗日战争的战略防御和战略相持两个阶段中，由于敌强我弱，决定了我方在战略上处于"内线的持久的防御战"。但这不等于说我方只有招架之功，并无还手之力，只能永远处于被动挨打的地位。恰恰相反，被动是可以经过主观努力变为主动的。毛泽东在提出持久战这个总的战略方针的同时，还制定了"防御中的进攻，持久中的速决，内线中的外线"的具体的战略方针。这个方针，就是为了引导人们在强敌面前，充分发挥主观能动性，改变敌强我弱的形势，去争取胜利的。我们知道，敌兵虽强，但以少兵临大国，这就暴露了许多弱点和留下了许多可乘之隙。它占领了中国的广大区域，守不胜守，防不胜防，我方则可以利用兵多和地广的长处到敌人后方去，开辟广阔的战场，采用灵活的运动战和游击战，在具体的战役和战斗中，以优势兵力，对敌人突然发起包围而攻击之，实行"外线的速决的进攻战"。这样，在具体的战场上，我变成了强者，敌变成了弱者；我变成了进攻，敌变成了防守；我变成了主动，敌变成了被动。把这些局部的优势和主动地位积累起来，就能够逐步改变敌强我弱的形势，促使战局向着有利于我方的方面转化，经过战略反攻达到打败敌人的目的。

在革命战争中发挥人的主观能动性，从根本上来说，就是要发挥广大人民群众的主观能动性。在《论持久战》中，提出了“兵民是胜利之本”和“决定的因素是人不是物”的至理名言。还指出：“抗日战争是要赶走帝国主义，变旧中国为新中国，必须动员全中国人民，统统发扬其抗日的自觉的能动性，才能达到目的。”革命战争是群众的战争，只有动员和依靠群众，才能进行战争。正确的军事路线、战略方针和战术原则，是从总结群众的实践经验中得来；同时，也只有拿到群众实践中去，才能检验其是否正确，才能化为群众的行动，变成战无不胜、攻无不克的伟大的物质力量。离开了群众，只不过是纸上谈兵，战争的正确指导和胜利，都是无从谈起的。《论持久战》中阐述的军事路线和方针、原则，集中了群众的智慧和经验，符合于战争发展的客观规律。正是在党的正确的政治路线和军事路线指引下，全国各族人民奋起抗战，充分地发挥自觉的能动性，在长城内外，大江南北，开展了伟大的人民战争。人民群众创造的地道战、地雷战、麻雀战等等，发挥了巨大的威力。其结果，使日本侵略者在数万万站起来了的中国人民面前，就像一匹野牛冲入火阵，最后葬身于人民战争的熊熊烈火之中。

《论持久战》一文中，用辩证唯物论的认识论指导战争的伟大思想，对于我们胜利地开展各项工作，具有普遍的指导意义。我们搞建设，也像打仗一样，必须充分发挥主观能动性，保持高昂的热情和充沛的干劲，但同时，也必须有科学的态度，努力认识和掌握客观规律。形势又是发展变化着的，我们在实践活动中，必须不断总结经验，不断研究新问题，使自己的思想和行动适应变化了的新形势的要求。我们这样做了，就能恰当地处理各种矛盾，不断夺取新的胜利。

（原署名云岚，载《人民日报》1974 年 11 月 19 日，《新华月报》同年第 11 期转载）

学习群众观点和群众路线

群众观点是历史唯物主义的一个基本观点，它最鲜明地体现了马克思主义哲学的科学性、实践性和阶级性；把群众观点贯彻到具体工作中去，就是群众路线。群众路线是实现党的思想路线、政治路线、组织路线的根本工作路线。中共中央《关于建国以来党的若干历史问题的决议》指出，群众路线是毛泽东思想活的灵魂中三个基本方面之一。因此，学习群众观点和群众路线是十分必要和重要的。我们要系统、深入地学习群众观点和群众路线这一历史唯物主义的基本原理，以及群众路线的理论概括——《关于领导方法的若干问题》；同时，通过学习基本原理，提高贯彻执行的自觉性和坚定性。

一、群众观点是历史唯物主义的一个基本观点

（一）群众观点包括六个主要观点

第一，人民群众是历史创造者的观点。这既是群众观点的重要内容，又是群众观点的理论基础。后面将做重点介绍。

第二，向人民群众学习的观点。人民群众是推动社会发展的根本动力，是社会实践活动的主体，而实践是一切知识的源泉。正如毛泽东指出的："群众是真正的英雄，而我们自己则往往是幼稚可笑的，不了解这一点，就不能得到起码的知识。"我们只有深入群众之中，虚心向群众学习，才能学到最丰富、最实际的知识，才能看到和调动群众中最伟大的创造能

力。只有做群众的学生，才能做群众的先生；只有首先当好学生，然后才能当好先生。

第三，全心全意为人民服务的观点。全心全意为人民服务，是共产党的唯一宗旨，是党的全部政策的出发点和归宿，也是共产党人的根本立场和党性的表现。在党的一切活动中，除了谋求最广大人民群众的利益外，没有自己特殊的利益。我们的党员和干部，不论职位高低，都是人民群众的勤务员，都是人民的公仆，要一切为群众着想，把群众的利益放在第一位。

第四，干部的权力是人民赋予的观点。干部的职务是上级任命的，从表面看，好像权力是上级给的。其实，归根结底，我们所有干部手中的权力都是人民赋予的。“人民要解放，就把权力委托给能够代表他们的、能够忠实为他们办事的人，这就是我们共产党人。”既然权力是人民给的，就要用以为人民谋利益，而不允许以权谋私。

第五，对党负责与对人民负责相一致的观点。共产党从全心全意为人民服务的宗旨出发，必然一切向人民群众负责，把人民群众的最大利益看作自己的根本利益，每一言论、每项政策、每个行动，都以是否符合人民的利益、是否向人民负责为最高标准。为了人民的利益，坚持真理，修正错误。因此，人民的利益也就是党的利益，对党负责与对人民负责是完全一致的。那种借口“对党负责”而损害人民群众利益的倾向，和那种借口“对人民负责”而拒不执行党的方针政策，“有令不行，有禁不止”的倾向，都是错误的。

第六，党要依靠群众又要教育和引导群众前进的观点。人民群众是历史的创造者，是力量的源泉，党必须尊重人民群众的革命首创精神，相信群众自己解放自己，一切依靠群众，否则必然一事无成。另一方面，党是人民群众中的先进阶级——工人阶级的先锋队，是用马列主义、毛泽东思想武装起来的。党能够洞察社会历史发展的客观规律，科学地预见革命和建设事业发展的趋势，提出正确的路线、方针、政策，领导群众前进。所以，依靠群众和领导群众是统一的。“文化大革命”中，鼓吹“群众运动天然合理”论，取消党的领导，结果打派仗，搞武斗，陷入长达十年之久的内乱。这从反面证明了党教育、引导群众的极端重要性。

以上六个重要观点是有机联系的，构成了历史唯物主义群众观点的科学体系。承认人民群众是历史的创造者，是基础和前提；从这个前提出发，就必须向历史创造者——人民群众学习；就必须解决根本立场问题，这就是要站在人民群众的立场，全心全意为人民服务；为了真正做到为人民服务，就要正确解决对待权力的问题，要运用人民赋予的权力为人民谋利益，而不能以权谋私；为了真正做到为人民服务，就要正确解决对党负责与对人民负责相一致的问题。最后，为了实现党对群众的正确领导，既要坚定地依靠群众，又要负起教育、引导群众的责任。历史唯物主义的群众观点，把正确的立场、观点很好地统一起来了。

（二）群众观点的理论依据

群众观点的理论依据，就是历史唯物主义关于人民群众是历史的创造者的原理。

历史唯物主义的创立，第一次科学地解决了社会存在和社会意识的关系问题，指出了社会物质资料的生产对于人类社会存在和发展具有决定意义。恩格斯《在马克思墓前的讲话》中指出："马克思发现了人类历史的发展规律，即历来为纷繁芜杂的意识形态所掩盖着的一个简单事实：人们首先必须吃、喝、住、穿，然后才能从事政治、科学、艺术、宗教等等；所以，直接的物质的生活资料的生产，从而一个民族或一个时代的一定的经济发展阶段，便构成基础。"人类社会之所以能够向前发展，从根本上说，是由于生产力发展的结果，而在生产力中，人又是最重要的因素。人类社会的历史首先是生产发展的历史，当然也就是物质资料生产者本身的历史，以及代表生产力发展要求的各个阶级和阶层的最广大人民群众的历史。

人民群众创造历史的伟大作用主要表现在三个方面：

第一，人民群众是社会物质财富的创造者。人类社会赖以生存的物质生活资料，是由劳动者创造的。没有他们的生产活动，其他任何社会活动都不可能进行。马克思曾经指出："任何一个民族，如果停止劳动，不用说一年，就是几个星期，也要灭亡，这是每一个小孩都知道的。"人民群众在创造物质财富的过程中，不断积累生产经验，改进生产工具，提高生产力的水平，从而推动了社会历史的发展。

第二，人民群众是社会精神财富的创造者。对这个命题，有些同志可能产生疑问：社会精神财富不是科学家、工程师、文学家、艺术家们创造的吗？怎么说是人民群众创造的呢？这要从几个方面理解：首先，许多劳动者直接参与了精神财富的创造。如我国古代发明家鲁班是一位木工；我国古代四大发明之一的活字印刷术，是北宋时的工匠毕昇发明的；南宋末年的纺织革新家黄道婆，是个普通的劳动妇女。蒸汽机的发明者瓦特是个机械工人；珍妮纺织机的发明者哈格里夫斯是个纺织工人；蒸汽机车的发明者斯蒂芬孙是个锅炉工；电学理论家、避雷针的发明者富兰克林是个排字工人；电灯、电影、留声机的发明者爱迪生当过小贩、报务员。在文学艺术方面，苏联作家高尔基当过装卸工、烤面包工人；美国作家马克·吐温当过排字工人、银矿工人、领港员。我国第一部诗歌总集《诗经》中的“国风”以及源远流长的民族民间艺术作品诸如雕塑、绘画、民歌、建筑等，很多是劳动人民自己创作的。其次，任何科学文化活动，都必须以具备基本的物质条件作为前提，而这些物质条件，都是出自人民群众的创造。试想，如果没有工人生产那些复杂的仪器设备和产品，我们的卫星能够发射升天吗？其三，人民群众的实践活动，是一切精神财富的唯一源泉。以自然科学为例，正是劳动群众的生产实践推动了自然科学的发展。我国古代四大发明之一的指南针的发明，就是与宋代生产的发展、进行海外贸易航行的需要分不开的。瓦特发明蒸汽机，就是因为刚刚兴起的资本主义大生产，迫切需要较少受地理位置限制的动力。恩格斯在《自然辩证法》中分析近代科学技术以神奇的速度发展的原因时指出：“我们要再次把这个奇迹归功于生产。”人类历史上的一切科学文化发明，从根源上说，都是劳动人民实践经验的总结。这一点，在文艺创作上更得到鲜明的体现，优秀的文艺作品总是源于生活的。另外，作为脑力劳动者的科学家、文学家、艺术家，也是人民群众的一部分。

第三，人民群众是社会变革的决定力量。人类社会的发展，是生产力和生产关系、经济基础和上层建筑矛盾运动的结果，而生产力是社会发展的最终决定力量。由于生产力不断向前发展，原来的生产关系不相适应了，成为生产力的桎梏。这时，就要发生社会革命或社会变革，打破旧的生产关系，建立新的生产关系，或者调整现有生产关系，从而促使社会由低级形态过渡到比较高级的形态。在阶级社会，由于占有生产资料的统治阶级总是利用他们掌握的国家机器，维护旧的生产关系，所以必须依靠代表生产力发展要求的人民群众开展阶级斗争，才能推翻反动阶级的统治，改变旧的生产关系。奴隶起义摧毁奴隶社会的生产关系，农民起义瓦解封建社会的生产关系，无产阶级革命摧毁资本主义的生产关系，都充分说明了人民群众是社会变革的主力军和决定力量。我们今天社会主义的改革是一场深刻的革命。改革的推进和成功，都要依靠人民群众的力量。

正是基于人民群众是历史创造者的原理，我们党提出了向人民群众学习、为人民服务等一系列群众观点。

群众观点的理论依据，除了关于人民群众是历史创造者的原理以外，还有两个重要理论观点，一是个人在历史上的作用，一是群众、阶级、政党、领袖的关系。两者都是树立自觉的群众观点所要解决的理论认识问题。

历史唯物主义肯定人民群众是历史的创造者，并不否认个人在历史上的作用。事实上，每个人都参与历史活动，特别是代表先进阶级的杰出人物对于历史的发展起着重要的促进作用；代表腐朽没落阶级的反动人物，则起着阻碍历史进程的作用。先进阶级的杰出政治代表人物提出的先进思想，能够成为社会变革的先导；他们是群众的领袖，在革命斗争中起着核心作用。杰出的思想家、科学家、艺术家，对于人类社会精神文明的发展，从而对于历史的进步，也起着巨大的推动作用。但是，决不能夸大杰出人物对于历史发展的作用，不能置于人民群众作用之上。第一，杰出人物的历史作用要顺应人民群众社会实践的根本要求，而不能违反。第二，杰出人物的历史作用要通过人民群众创造历史的实践才能实现，否则一事无成。第三，杰出人物历史作用的优劣、大小要根据人民群众创造历史的实践结果来评价。第四，个人的历史作用会受到群众实践的历史局限性的制约。总之，是时势造英雄，而不是英雄造时势。正确理解个人在历史上的作用，有助于进一步坚定地树立群众观点。

关于群众、阶级、政党、领袖的关系，列宁在《共产主义运动中的“左派”幼稚病》一书中有一段精辟的论述：“群众是划分为阶级的……

在多数情况下，至少在现代文明国家内，阶级通常是由政党来领导的；政党通常是由最有威信、最有影响、最有经验、被选出担任最重要职务而称为领袖的人们所组成的比较稳定的集团来主持的。”这一段话阐明了四个环节环环紧扣、层层递进的关系，强调了领袖与党、阶级、群众的一致性；总结国际共运的经验教训，我们还要看到，四者之间的关系有时也存在矛盾的一面。因此，还必须强调领袖必须代表、依靠和服从党；党必须代表、依靠和服从阶级；阶级必须代表、依靠和服从群众。归根结底是要代表、依靠和服从人民群众。

这里，关键是要正确处理领袖和群众之间的关系。一方而，群众需要自己的领袖。领袖对于群众斗争所起的预见作用、教育作用、团结作用、指挥作用是不可缺少的。没有领袖，群众斗争就会陷于自发、涣散、“群龙无首”的状态，群众的奋斗目标就不能实现。另一方面，领袖必须依靠群众，领袖决不能离开群众。这是因为：①领袖是在群众斗争中涌现和被推举的，不是自封的。②领袖只有代表群众的利益和要求，密切联系群众，才能得到群众的拥护。③领袖只有集中群众的意见，总结群众的经验，才能制定出正确的理论、路线、方针、政策，实现正确的领导。由此可见，群众固然需要领袖，比较起来，领袖更必须依靠群众。领袖的作用再大，也大不过亿万群众的作用。而且他们的重要作用，正是群众赋予的。我们既要承认革命领袖的作用，又不能无限夸大领袖的作用；既要热爱自己的领袖，维护领袖的威信，又要反对个人崇拜，反对把领袖神化。正确理解群众、阶级、政党、领袖的关系，有助于我们进一步坚定地树立群众观点。

（三）两种历史观的对立

马克思主义的历史观，从社会存在决定社会意识的基本前提出发，阐明了人民群众创造历史的科学真理，第一次真正地、彻底地、全面地解决了谁是历史创造者的问题。这种历史观，我们称之为唯物史观，也叫群众史观。它的观点和理论依据已如上述。

在马克思主义产生以前，长期占统治地位的是唯心主义历史观。它从社会意识决定社会存在的基本前提出发，认为少数英雄人物主宰了人类历史的发展。这种历史观，我们称之为唯心史观，也叫英雄史观。英雄史观又有两种表现：一种是主观唯心主义的唯意志论。它认为人类历史是由少数帝王将相、英雄豪杰随心所欲创造的，是由他们的意志决定的。最典型的是俄国民粹派的观点，把群众看作是“群氓”，认为他们好比阿拉伯数字中一连串的“0”，“0”再多也是没有意义的，少数英雄才是“实数”，只有把实数放在0的前面，才能组成有效的实数。在我国思想史上，盛行英雄造时势的观点，朱熹说：“天不生仲尼，万古如长夜。”意思是说，如果老天不降生孔子，我们世世代代都要生活在黑暗之中。梁启超也说过，大人物“心理之动进稍易其轨，而全部历史可以改观”。英雄史观的另一种表现是客观唯心主义的宿命论。它认为决定社会历史发展的是某种神秘的精神力量，如“上帝”、“天命”、“神”、“绝对精神”等，而英雄人物则是这类精神力量的体现者。英雄史观的两种表现本质是相同的，都是否认人民群众的作用，认为是精神的力量主宰历史。

英雄史观之所以是错误的，就因为它根本违背了历史事实，完全歪曲了社会历史发展的根本原因。剥削阶级宣扬英雄史观，是为了维护他们少数人的统治。而人民群众中不少人受英雄史观的影响，例如过去盛行的“个人崇拜”，则有认识上的根源。由于历史运动总是由杰出人物发起和组织的，他们的活动显露于历史现象的表层；而社会历史发展的动因，即生产力和生产关系的矛盾运动，则是隐蔽的，被复杂的社会现象所掩盖，不通过科学的抽象，是不能被认识和掌握的。如果从表面看问题，那就只看到杰出人物的作用，把历史运动的功劳都挂在他们的账上，看不到人民群众创造历史的作用。这就如同剧场上的观众往往只看到乐队指挥在挥舞指挥棒，而看不到深居乐池的乐队一样。

英雄史观对我们的干部有不容忽视的消极影响。有一些党员干部不调查研究，不深入群众，凭老经验和想当然办事。有的自恃高明，听不进群众的意见，习惯于搞“一言堂”，一个人说了算。有个别单位，个人独断专行成了习以为常的现象。在反腐败斗争中揭露的问题表明，极少数干部忘记了自己是人民公仆，发展到做官当老爷，凌驾于群众之上，老虎屁股摸不得，甚至以权谋私，贪污腐化。凡此种种，都可以看到英雄史观的影响。在党内普遍深入地进行马克思主义群众观点和党的群众路线的再教育，用群众观点武装全党同志，划清历史唯物主义和历史唯心主义的界限，是十分必要和重要的。

二、党的群众路线

学习马克思主义理论的目的全在于应用。因此，仅仅懂得历史唯物主义的群众观点还不够，还必须把群众观点贯彻到具体工作中去，这就要有群众路线。群众路线是群众观点的具体运用，两者是辩证统一的。没有坚定的群众观点，就不可能在工作中贯彻群众路线；仅仅有为人民服务的良好愿望，而没有掌握群众路线的工作方法，也不能把工作做好。党的群众路线，是实现党的思想路线、政治路线、组织路线的根本工作路线。它的内容是三句话：一切为了群众，一切依靠群众，从群众中来到群众中去。这三句话包括两个方面的含义："一切为了群众，一切依靠群众"是一个方面，它建立在历史唯物主义关于人民群众是历史创造者的理论基础之上，它规定了我们党的一切工作的出发点和立足点。一切为了群众，是我们党的宗旨、出发点；一切依靠群众，是我们党的力量源泉、立足点。"从群众中来，到群众中去"，是第二个方面的含义。它建立在辩证唯物主义的认识论的基础之上，把认识路线和群众路线统一了起来，构成了我们党的科学的领导方法和工作方法。党的根本宗旨，党的力量源泉，党的科学工作方法，这三条就是群众路线的基本内容，是无产阶级立场、观点和方法的统一。

这里，我想对为什么说群众路线是实现党的思想路线、政治路线、组织路线的根本工作路线，谈一点认识。这个论断的基本意思是说，在思想路线、政治路线、组织路线付诸实行的时候，都必须采取群众路线的工作方法，否则就不可能贯彻落实。从思想路线说，我们要真正做到实事求是，一切从实际出发，理论联系实际，坚持实践是检验真理的标准，这里的基本点是要深入群众的社会实践，从群众的实践中集中起来，再到群众的实践中坚持下去，并经由群众实践的检验，否则这四条必然落空。从政治路线来说，我们要贯彻执行党在社会主义初级阶段的基本路线，坚持以经济建设为中心，要靠人民群众的辛勤劳动；坚持四项基本原则和改革开放两个基本点，要靠人民群众的觉悟和力量。离开人民群众，建设富强、民主、文明的社会主义现代化国家的宏伟目标，决然不能达到。从组织路线来说，党的组织路线是为政治路线服务的，它有四个主要内容：一是民主集中制，二是实现干部队伍的“四化”，三是密切党同群众的联系，四是搞好党风。很明显，要贯彻执行这四条，都要走群众路线。民主集中制就是从党员群众中集中起来，又到党员群众中坚持下去的制度，是党内生活的群众路线。同样，要在群众的社会实践中，选拔和培养干部，实现干部的“四化”，依靠群众来监督干部。离开了群众路线，干部队伍建设也一定不能搞好。

群众路线，是中国共产党人依据历史唯物主义的基本原理，总结中国革命斗争经验，所做的一个富有特色的创造。它是中国共产党的优良传统和政治优势，并且在实践中不断得到发展。

（一）一切为了群众

如前所说，一切为了群众，全心全意为人民服务，是共产党的根本宗旨，是贯彻群众路线首先要解决的出发点问题。为此，我们从事任何工作，都要时时、事事、处处想到群众，为人民谋利益，并且要处理好几个方面的关系。

第一，正确处理个人、集体、国家三者的利益关系。在社会主义条件下，三者利益根本上是一致的，但也存在矛盾，在实际工作中经常遇到这个矛盾。解决办法，是统筹兼顾，不能只顾一头。国家利益是整体利益，它高于作为局部利益的集体和个人的利益。因此，当三者利益发生矛盾时，集体、个人利益要服从国家利益。但是，也不能片面强调国家利益，忽视和否定集体、个人利益。离开了局部利益，整体利益也就不能存在。

第二，正确处理当前利益与根本利益的关系。群众的根本利益是最大的利益，忘记根本利益，就会放弃远大目标，迷失前进方向，走到邪路上去。强调群众的根本利益，并不是说可以忽视群众的当前利益。要把两者统一起来。我们各级干部必须努力为人民办好事，办实事，给人民看得见的物质利益，使他们从中认识到党是人民利益的代表者，从而拥护党的领导，自觉地为实现党提出的任务而奋斗。

第三，正确处理党员个人利益和群众利益的关系。党员的个人利益是群众利益的一部分，党组织要在可能的条件下，合理照顾党员的个人利益。但是，人民群众的利益高于一切。每一个党员都要把个人利益和群众利益统一起来，当两者发生矛盾时，应当服从群众的利益，直至牺牲个人的利益。

第四，正确处理对人民群众负责和对领导机关负责的关系。前面讲群众观点时已经涉及这个问题。下级要对上级负责，不能搞无政府主义和分散主义，但是全党都要对人民负责。我们贯彻上级指示，要结合实际情况，当上级某些指示不符合实际情况和人民的利益，要积极向上级反映，以便于上级补充、修改指示。

（二）一切依靠群众

一切依靠群众，就是要解决工作中的立足点问题：是发动群众，组织群众，由群众自己解放自己，还是由少数人包打天下？为了真正做到一切依靠群众，要解决三个问题：

第一，在思想上确立人民群众是历史创造者的观点。只有清除英雄史观的影响，真正相信群众，尊重和支持人民群众的革命首创精神，才能做到自觉地依靠群众。

第二，坚持领导和群众相结合的方法。群众的智慧是无穷的，群众的力量是伟大的，但是，正如俗话所说，“蛇无头不行”。要有坚强的领导核心，才能宣传群众，把群众组织起来，依靠和发挥群众的智慧和力量。依靠群众，决不能排斥领导的作用，在这个问题上，不能崇拜群众的自发性。

第三，既反对命令主义，又反对尾巴主义。命令主义和尾巴主义是违背群众路线的两种错误倾向。毛泽东在《论联合政府》中指出：“在一切工作中，命令主义是错误的，因为它超过群众的觉悟程度，违反了群众的自愿原则，害了急性病。”命令主义往往导致领导同群众的对立，后果是严重的。在同一著作中，毛泽东又指出：“在一切工作中，尾巴主义也是错误的，因为它落后于群众的觉悟程度，违反了领导群众前进一步的原则，害了慢性病。”搞尾巴主义，领导就失去了站在群众前头引导群众前进的作用。

（三）从群众中来，到群众中去

这是党的群众路线所规定的基本领导方法。下面，结合学习《关于领导方法的若干问题》，作一些介绍。

三、群众路线的理论概括
——《关于领导方法的若干问题》

《关于领导方法的若干问题》是毛泽东于 1943 年 6 月 1 日为中共中央所写的一个决定，它是我们党关于领导方法和工作方法的一篇马克思主义的经典文献，是党的群众路线形成为完备的科学形态和深刻的理论内容的重要标志。在学习群众观点和群众路线这个问题时，应作为基本教材。

大家知道，我们党在 1942 年开展了有伟大历史意义的延安整风运动。整风运动的主要内容是整顿三风，是一次深刻的马克思列宁主义教育运动，是打破以王明为代表的教条主义束缚的思想解放运动。在整风的基础上，中央采取了一系列整改措施。1943 年 3 月 20 日，通过了《关于中央机构调整及精简的决定》。6 月 1 日，做出了《关于领导方法的若干问题》的决定。这个决定，是从领导方法和工作方法的角度，贯彻理论与实际相结合的方针，进一步清除主观主义的影响，倡导克服主观主义、官僚主义的科学的领导方法。

在《关于领导方法的若干问题》中，毛泽东精辟地阐述了群众路线的领导方法包含的内容和实施的步骤，分析了“从群众中来，到群众中去”这一正确的领导方法的全过程及其各个环节。全文共九条，第一条，概括提出进行任何工作都必须采用一般和个别相结合、领导和群众相结合两个方法。第二、第三两条，是这两个方法的具体展开。第四条，运用马克思主义认识论的原理，阐明“从群众中来，到群众中去”的基本领导方法。第五条，着重指出与以上三个科学方法相对立的三种错误倾向。第六条，讲“从群众中来，到群众中去”的方法与一般号召和个别指导相结合方法的关系，后者是前者的组成部分。第七条讲分工而又统一的一元化的方法，即上级领导机关及其工作部门应当通过下级机关主要负责人来布置各项工作，使他们负起责任，统一安排。指出这种方法是领导和群众相结合方法的一种形式。第八条，讲运用领导和群众相结合、一般和个别相结合这些原则时，还要注意一个领导方法，即正确确定中心工作，一个地区、一定时间内只能有一个中心工作。第九条是结语，号召共产党人掌握科学的领导方法去克服主观主义、官僚主义的领导方法。

以上九条，不是平行并列的，中心是第四条，即阐述“从群众中来，到群众中去”那一段，其他各条都是这一条的展开和补充。其中，以较多篇幅阐述的一般和个别相结合、领导和群众相结合的方法，都是以“从群众中来，到群众中去”这个基本方法为基础的，并且是它的组成部分。第四条，是把认识路线和群众路线结合起来的十分精彩的经典表述，为了在下面叙述方便，先引全文：“在我党的一切实际工作中，凡属正确的领导，必须是从群众中来，到群众中去。这就是说，将群众的意见（分散的无系统的意见）集中起来（经过研究，化为集中的系统的意见），又到群众中去做宣传解释，化为群众的意见，使群众坚持下去，见之于行动，并在群众行动中考验这些意见是否正确。然后再从群众中集中起来，再到群众中坚持下去。如此无限循环，一次比一次地更正确、更生动、更丰富。这就是马克思主义的认识论。”下面，按照第四条的思路，讲三点认识：

（一）从群众中来，就是在实践的基础上从感性认识能动地飞跃到理性认识的过程，就是调查研究的过程，也就是民主、科学决策的过程

我们各级领导制定政策措施，拟制工作计划，决定重大事项，应当怎样按程序办事呢？首先，要抱着甘当群众小学生的态度，迈开双脚，深入到群众实践中去，真心实意地向群众请教，认真调查研究，广泛听取群众意见，了解群众的要求和愿望，集中群众的智慧和经验，充分占有各种材料。对于基层领导来说，大量工作是如何贯彻上级的指示。各项贯彻执行的具体措施的提出，也要坚持从群众中来，不能照抄照转。这是形成正确领导意见的基础和前提。这既是坚持历史唯物主义的群众观点，又是坚持辩证唯物主义认识论的实践第一的观点，坚持认识论的唯物论。如果自以为比群众高明，把干部和群众的“鱼水关系”变成“油水关系”，不深入群众，不重视调查研究，一个人或少数几个人关在办公室里拍板定案，这样的决策必定是主观主义的，照着去做，就要把事情弄糟。有一副对联形容这样的领导是“情况不明决心大，胸中无数点子多”，可谓入木三分。

到群众中进行调查，坐着汽车跑跑面上，找下级干部听几个小时汇报，这种“走马看花”式的调查是需要的，可以使领导了解掌握面上的情况，但仅仅这样做是远远不够的，“走马看花”还必须同“下马看花”结合起来。这就是说要坚持决定中指出的一般号召和个别指导相结合的方法，具体地说，就是要蹲点调查，解剖“麻雀”。为什么要这样做？因为“走马看花”只能了解一般的情况，蹲点调查才能了解深入的情况。麻雀虽小，五脏俱全。解剖了几只“麻雀”，对“麻雀”的情况就有比较深入具体的了解了。

经过调查包括典型调查，掌握了大量第一手材料，这时还不能马上做出决策，因为这些材料一般都是感性认识，群众的意见是分散的、无系统的，并且由于各人所处的角度不同，所提的意见甚至是相互矛盾的。这就需要进行“从群众中来”的第二步，即以马克思主义理论和党的方针政策为指导，对群众的意见进行综合分析，加以去粗取精，去伪存真，由此及彼，由表及里的加工制作功夫，把群众分散的、无系统的意见，化为集中的、系统的意见。在这一过程中，群众的偏于感性认识的经验被提高为理性认识了，群众片面的和不正确的意见被否定了，而好的正确的东西又被发展了。这时，对于如何进行某一项工作胸中有数了。这样才能做出决策，实现由物质变精神的认识过程的第一个飞跃。这一步，体现了领导的主观能动性，是十分重要的。以推行农村家庭联产承包责任制为例，当时有各种不同的意见，赞成者有之，反对者亦有之。中央综合分析各种意见，抓住本质，并且从安徽肥西、凤阳等地取得了个别指导的经验，从而做出了推行责任制的正确决策，实现了强有力的领导。

（二）到群众中去，就是从理性认识能动地飞跃到实践，把领导决策变为群众行动的过程，也是检验、补充完善决策的过程

领导意见、领导决策，是属于主观范畴的东西。把它贯彻到群众实践中去，变为群众行动，就脱离了主观范畴而变为一种客观的物质力量：认识飞跃为实践，思想转化为行动。从认识过程来说，就是实现了由精神变物质的第二个飞跃。“到群众中去”的重大意义在于，只有这样，才能实现正确的领导决策，达到改造客观世界的目的，同时又是领导认识的进一步深化。

要把领导决策变为群众的行动，必须抓好两个方面的工作，一是宣传、思想工作，一是组织工作。领导决策虽然来源于群众实践，反映了大多数群众的利益和要求，但经过加工制作，已高于群众的认识。所以，需要进行细致耐心的宣传解释工作，使群众了解和掌握，自觉地贯彻执行。命令主义的做法，或者像列宁说的，用棍子把人赶上天堂的做法，都是不可取的，都会把好事办糟了。同时，一件工作任务布置下来，既然要依靠群众来办，就要精心地组织群众。毛泽东在这个决定中提出的领导和群众相结合的方法；团结少数积极分子作为领导的骨干，并凭借这批骨干去提高中间分子，争取落后分子的方法；经过总负责人推动很多干部、有时甚至是全体人员去做工作的分工而又统一的一元化方法；一个地区在一定时间内只能有一个中心工作，辅以别的第二位、第三位的工作的方法等，都是在组织群众中要重视采用的方法。

到群众中去的过程，如同从群众中来一样，也要采取一般号召和个别指导相结合的方法，这就是一些重要的工作任务在实施前需要经过试点，将所号召的工作深入实施，突破一点，取得经验，用以指导面上的工作。“凡不从下级个别单位的个别人员、个别事件取得具体经验者，必不能向一切单位做普遍的指导。”我们有些干部成天泡在会议里，没有时间和精力深入下去抓点，胸中无全局，手中无典型，这样，工作必然停留在一般号召上，就有使一般号召归于落空的危险。在从群众中集中起来又到群众中坚持下去的过程中，必须采取一般号召和个别指导相结合的方法，其道理就是认识论要同辩证法相结合。光懂得从群众中来，从实际出发还不够，因为一切客观事物都是矛盾运动，不懂得辩证法，还不能正确地认识事物。一般号召和个别指导相结合，体现了共性和个性的辩证关系，是坚持群众路线时要掌握和运用的辩证方法。

领导的决策是否正确，这在从群众中来的过程中是没有得到证明的。

只有回到群众中去，经过群众实践的检验，才能证明领导决策正确与否。实践成功了，说明决策是正确的，应当继续坚持下去；实践失败了，说明决策有失误，应当及时修正；实践证明决策不完善，就应当补充完善，纠正偏差，防止酿成大错误。所以，到群众中去的过程，也是检验、丰富、发展领导认识的过程。以这次学哲学为例。从当前形势任务的需要出发，从广大干部的实际出发，总结许多典型经验，中央和省委做出了干部学哲学的决策，据此，我们提出了组织学习的具体意见。我们的意见是否符合实际，现在还没有得到证明。只有等到干部学哲学普遍开展起来，在学习实践中，才能检验、补充、丰富、发展我们的认识。“只有千百万人民的革命实践，才是检验真理的尺度。”在到群众中去的过程中，特别要把握这个问题，为了人民的利益，坚持真理，修正错误。

（三）“从群众中来，到群众中去”是一个无限循环、永无止境的过程

客观事物和实践都是发展的，新情况、新问题是层出不穷的，工作任务是不断提出的。一件工作完成了，达到了预期目的，可以说是完成了一个认识过程；新的工作布置下来了，又要从头开始一个认识过程。因此，对于领导者来说，坚持群众路线的工作方法决不是权宜之计。从群众中来，到群众中去，再从群众中集中起来，再到群众中坚持下去，循环往复，以至无穷，达到主观指导和客观实际的具体的、历史的统一，从而不断地提高领导的思想水平和工作水平，不断地推进党的事业。

综合以上所说，可以看到，“从群众中来，到群众中去”和“从实践中来，到实践中去”，“实践、认识、再实践、再认识”实际上是一回事情。群众路线和认识路线就这样紧密地结合在一起了。继马克思把实践观点引入认识论之后，毛泽东又把群众观点引入认识论，把群众路线提到马克思主义认识论的高度做出理论概括，或者说，把马克思主义认识论原理化为领导方法，这是马克思主义哲学发展史上的一个创举，是把马克思主义的世界观、方法论和党的具体工作方法融为一体的典范。有人否定群众路线的工作方法，认为“过时了”、“落后了”，有的认为现在是信息时代，领导干部不需要深入群众就可以做出正确决策，这些观点都是错误

的。诚然，如同马克思主义要不断丰富、发展一样，党的群众路线、领导方法也要不断丰富、发展，充实新的内容，但是群众路线的原则决没有过时，马克思主义的领导方法决没有落后。我们要认真学习《关于领导方法的若干问题》，坚持不渝地贯彻实行“从群众中来，到群众中去”的科学方法，这是完成改革和建设任务的重要保证。广大干部特别是各级领导干部，学习和掌握群众路线的领导方法，必定能进一步密切党同群众的联系，必定能使各项决策更正确，符合人民的利益，必定能使各项工作任务完成得更好，从而大大加强和改善党的领导。

（本文是一篇学哲学的讲义，载《马克思主义哲学和社会主义理论学习辅导》，云南人民出版社 1991 年版）

历史回眸

从历史中学习

经过10多年艰苦努力完成的《当代云南简史》，是一部信史。半个世纪，在人类历史长河中是短暂的一瞬间。而云南自解放以来的50年，却走过了极不平凡的道路。云南人民在中国共产党领导下，从事着前人从来没有干过的极其光荣伟大的事业，全省发生了翻天覆地的变化。在这个过程中，有胜利的欢欣，也有过挫折。该书的作者，在科学研究的基础上，本着实事求是的精神，秉笔直书，是则是，非则非，不溢美，不掩过，不为尊者讳，不为贤者讳。既用主要篇幅，浓墨重彩地叙述了发展顺利、取得成功时期特别是改革开放以来的历史；也列出专章，着重写了整风反右、“大跃进”、人民公社化，特别是“文化大革命”等发生严重失误时期的历史。全书始终坚持客观公正、严肃严谨的历史唯物主义态度，反映了历史的本来面貌，真实可信。

这部简史是一部高水平的力作。50年的历史，时间跨度长，涉及方面广，事件众多，头绪纷繁，有得有失。要把这些概括起来，写成一部既可信又可读的史书，谈何容易！6位作者为此下了大功夫、苦功夫。首先，他们尽力搜集完备的史料，查阅了大量档案材料，走访了数以百计的当事人，寻根问底，不遗不漏。仅报刊方面，就细看了1.8万多天的《云南日报》，且不说其他。在此基础上，运用马克思主义的立场、观点、方法，对庞杂的史料进行筛选梳理，去伪存真，去粗取精，理出重大事件的发展脉络、前因后果，评价其成败得失，找出带规律性的东西。进入写作过程后，按照以时序为经、以事件为纬的体例，精心撰写，细心打磨，广泛征求意见，反复修改，数易其稿。编辑、审稿人员又做了大量加工、修改、润色的工作，务求精益求精。现在，呈现在我们面前的这部《当代云南简史》，观点正确，史料翔实，结构合理，叙事清晰，详略得当，史论结合，文字通畅，堪称是一部准确、鲜明、生动的上乘之作。例如第三章，写解放初期的民族工作，用丰富生动的史料，反映了当时民族隔阂、对立情绪很深的情况，叙述了云南民族工作从交朋友、做好事入手，做深入细致的工作的全过程。其中写到的一些典型事例，描绘入微，栩栩如生，有很强的感染力。读这样内容的史书，引人入胜，仿佛把读者重新带进了那难忘的岁月。读者从中不仅学到了历史知识，还获得了很好的审美愉悦。

希望全省广大干部重视这本书，在百忙中挤出时间学习。毛泽东曾说："不但要懂得外国革命史，还要懂得中国革命史；不但要懂得中国的今天，还要懂得中国的昨天和前天。"邓小平也指出："总结历史是为了开辟未来"，"过去的成功是我们的财富，过去的错误也是我们的财富。"今天的云南是从前天和昨天的云南发展而来的，历史不能割断，经验需要总结。一个干部的成长和成熟，固然要依靠自身实践经验的积累，但不可缺少的一个重要方面，是要善于学习前人和旁人的历史经验。如前所说，这部简史，真实、客观、全面地叙述了云南 50 年的当代历史，透过对成功和失误的分析，总结了正反两个方面的经验教训。无论正面的经验或反面的教训，都是宝贵的财富，都对我们有深刻的启示和教益。例如，阅读第六、七、八章，我们可以清楚地看到，"左"的错误对社会主义事业造成多么大的危害，由此更加深切地认识到党的十一届三中全会拨乱反正的必要性和正确性，从而也就能够在思想上引起警觉，注意避免重犯类似的错误。这就是前车之覆，后车之鉴。也可以从该书中清楚地看到，50 年来，云南的工作走了一个大的"之"字形的曲折发展道路，从中得出的历史经验是多方面的。其中最主要的一条经验，就是要坚持实事求是的思想路线，正确认识和把握社会的主要矛盾，从而正确地确定各个时期的中心任务。在完成中心任务和其他一切工作任务时，从省情出发，把中央的精神和实际情况结合起来，把共同性和特殊性结合起来，因地制宜地采取不同的政策和措施。总之，学习历史经验，可以丰富我们的思想认识，增长我们的聪明才干，把当前的工作做得更好。

（载《云南日报》2004 年 9 月 6 日）

红军长征对云南人民的革命影响

1934 年 10 月至 1936 年 10 月，中国工农红军举行了震撼世界的二万五千里长征。中央红军和红二方面军都先后路过云南，在各族人民中留下了深远的革命影响。

遵义会议以后，1935 年 1 月中旬，中央红军从遵义出发，一渡赤水，进入川南，准备北渡长江与红四方面军会合。1 月 22 日，中央军委电令红四方面军突破嘉陵江，逼近成都、重庆，牵制四川敌军，策应中央红军北渡长江。由于红四方面军主要领导人张国焘违抗中央命令，拒不南进，反而北攻陕南，遂使敌人解除了后顾之忧，蒋介石得以抽调 36 个团的兵力，至川黔边境布防，封锁长江，全力阻止中央红军北渡。面对优势之敌，红军为了保存有生力量，决定暂缓执行渡江计划，改为在川滇黔边地区机动作战，寻求新的战略机动。2 月 8 日，中央红军进驻滇东北的扎西（今威信县城），并于当天召开了军委扩大会议（扎西会议），决定对部队进行整编。这时，国民党中央军和川、滇、黔、湘各路军阀部队，也向威信疾进，妄图围歼红军。为了甩开敌人，争取主动，毛泽东指挥红军，突然挥师东进，二渡赤水，集中力量打击贵州军阀王家烈，重占遵义，在运动中歼敌 20 个团，取得了重大胜利。为了进一步迷惑和调动敌人，三月初，红军从遵义出发，三渡赤水，佯作北渡长江姿态。敌人认为红军又要北渡长江，连忙调兵遣将，在川滇黔三省边界布置防线。但是，红军突然折回贵州，在茅台附近四渡赤水，除九军团在乌江北岸牵制敌人外，其余主力则南渡乌江，佯攻贵阳。当时，蒋介石正在贵阳督战，见红军逼近贵阳，自己周围兵力空虚，慌了手脚，急令滇军火速驰援。这样，便实现了毛泽东“调出滇军”的计划。四月下旬，红军乘虚直插云南，以每天 120 里的急行军直逼昆明。昆明城内空虚，只好调几个民团守备。红军在昆明虚晃一枪后，即折向西北，向金沙江挺进，抢占了禄劝县的皎平渡。中央红军三万多人（除九军团外），在毛泽东和周恩来、朱德、刘伯承的亲自组织下，用七只木船，经九天九夜全部渡过金沙江。九军团完成在侧翼牵制敌人、掩护主力的任务以后，也从东川树桔渡胜利地渡过了金沙江。从此，中央红军摆脱了几十万敌军的围追堵截，取得了战略转移中具有决定意义的胜利①。

从1935年2月6日红军进入威信至12日撤离，4月23日再次进入云南，至5月9日全部渡过金沙江，中央红军先后在云南活动了24天时间。经过了威信、镇雄、富源、曲靖、沾益、寻甸、马龙、嵩明、宣威、会泽、东川、富民、元谋、武定、禄劝等15个县市和昆明的官渡区，攻占了威信、寻甸、马龙、嵩明、会泽、富民、元谋、武定、禄劝等九座县城。

1935年10月，中央红军胜利到达陕北。11月，由贺龙、任弼时、关向应率领的红二、六军团（后命名为红二方面军）两万余人，也退出湘鄂川黔边根据地，实行长征。

红二、六军团从湘西桑植突围后，原来准备在贵州境内建立根据地，并成立了川滇黔省革命委员会。后因敌人集中了十几倍于红军的优势兵力，形成包围，乃向西北方向转移，进入了滇黔交界的乌蒙山区。红军在乌蒙山区活动了二十余天，运用机动灵活的战略战术，与敌人周旋，连续给敌人以打击。3月23日，在宣威以北的虎头山，歼敌千余人，打破了滇军的阻击。这时，红军总部指示二、六军团设法渡过金沙江与红四方面军会合。于是，二、六军团开始了以抢渡金沙江为目的的战略转移。在平奕（今富源）附近冲破滇军的防线，向滇中疾进。计划经普渡河，由元谋龙街渡江。由于滇军拼力尾追，去元谋的道路受阻，红军乃由普渡河折转南下，直指昆明。乘敌全力回守昆明之际，乘势渡过普渡河，兵分两路，向滇西挺进。六军团为右翼，连克牟定、姚安、盐丰；二军团为左翼，连下楚雄、南华、祥云。两个军团在宾川会合。4月24日，红军占领滇西重镇

① 刘伯承：《回顾长征》，载1975年10月19日《人民日报》。

丽江城。第二天，进至金沙江上游的石鼓渡口。在各族群众的支持下，两天两夜从容渡过了金沙江。渡江以后，二、六军团沿金沙江东岸前进，越过大雪山，于4月30日到达藏族聚居的中甸城。接着，离开中甸，经西康的乡城、德荣（今属四川）向甘孜前进，于1936年6月，与红四方面军在甘孜胜利会师①。

红二、六军团从1936年3月进入乌蒙山区至5月上旬离开中甸，在云南活动了近两个月的时间。先后经过了镇雄、彝良、富源、沾益、曲靖、宣威、寻甸、马龙、嵩明、禄劝、富民、禄丰、牟定、楚雄、南华、大姚、姚安、祥云、宾川、鹤庆、丽江、中甸和昆明的官渡、西山区；攻占了寻甸、富民、牟定、楚雄、南华、姚安、祥云、宾川、鹤庆、丽江、中甸等县城。

毛泽东曾经指出："长征是宣言书，长征是宣传队，长征是播种机。"② 两大主力红军路过云南，所起到的正是"宣言书"、"宣传队"和"播种机"的作用，其革命影响是深远的、多方面的。

一、红军的英勇作战，使云南人民看到了革命胜利的希望，增强了敢于斗争、敢于胜利的决心和信心

路过云南的两大主力红军不过五万余人，而且是在反第五次"围剿"遭到挫折的情况下实行战略转移而进行长征的，转战数千里，饥疲困顿。而围追堵截红军的则是蒋介石亲自指挥督战的中央军和地方军阀部队几十万大军，力量对比十分悬殊。但是，红军依靠高度的革命觉悟、高昂的士气和高超的指挥艺术，玩敌人于股掌之上。在毛泽东亲自指挥的四渡赤水战役中，红军声东击西，忽南忽北，迂回穿插于数十万敌人之间，巧施调

① 云南省军区党史资料征集办公室编：《红二六军团长征过云南》，云南人民出版社1986年版，第64—130页。

② 《毛泽东选集》一卷本，人民出版社1966年版，第136页。

虎离山计，把敌人弄得晕头转向，疲于奔命，同时在运动中抓住战机，狠狠地打击和歼灭敌人，创造了不失一人一马渡过金沙江的奇迹。正如毛泽东指出的："红军是英雄好汉，帝国主义者和他们的走狗蒋介石等辈则是完全无用的。长征宣告了帝国主义和蒋介石围追堵截的破产。"①

红军除了在战场上克敌制胜外，还在其他场合巧妙地与敌周旋，表现了极大的聪明机智。红军进嵩明城和昆明官渡时，当地县长和军警各界领导人列队恭迎。原来，他们见到红军纪律严明，买卖公平，钞票兑现，而且服装整齐，有许多新式武器，为云南地方军所不及，误以为是南京中央军过境，于是将省府命办的军米、军款全数交出，并募集几百夫役与大批向导供红军使用。红军将计就计，自认"南京军"，将一切军需及夫役接受后，应邀参加宴会。席间，县长一一介绍与会官绅，并请"南京军"长官训话。红军指挥员即席起立，口呼："同志们!"此时红军伏兵四出，立即将地方官绅看管起来，红军指挥员宣布："我们不是国民党的南京军，而是中央红军。"地方官绅大惊失色，面面相觑。但红军并未与他们为难，好言安慰而去②。

红军的勇敢与机智，敌人的怯懦与愚蠢，形成鲜明对照。各族人民耳闻目睹，留下了深刻的印象。他们第一次见到这样素质优良的军队，深受鼓舞，坚信红军所从事的事业必胜；他们也第一次见到压迫他们的反动派在红军面前不堪一击，狼狈周章，认识到敌人是可以打败的。红军走后，禄劝县群众中流传着一首赞颂红军的民歌："四月风吹大麦香，红军长征上北方。头抵川军往前冲，脚踏滇军跨金江，拖得蒋军像瘦狗，顶天立地好儿郎。"③ 红军敢于压倒强敌的英雄气概，给云南人民树立了榜样。从抗战时期滇西人民组织游击队同日寇做斗争，一直到解放战争时期边纵燃起武装斗争的烽火，都是暂时处于劣势的革命人民在优势敌人面前奋起斗争的表现，从中可以看到红军的英勇斗争事迹所产生的深远影响。

① 《毛泽东选集》一卷本，人民出版社1966年版，第136页。

② 陈云：《随军西行见闻录》，载《红旗》杂志1985年第1期。

③ 中共楚雄州委宣传部编：《红军长征过楚雄》，第76页。

二、红军的言传身教，使云南人民认识到只有红军的道路，才是解放自己的道路，大大提高了革命的觉悟

红军在云南期间，每到一地，就忙着写标语、画漫画、贴布告，召开群众大会和各界人士座谈会，向群众广泛宣传中国共产党抗日救国的主张，揭露蒋介石政府奉行不抵抗政策，葬送东三省的罪行，揭露土豪劣绅压迫剥削人民的罪恶，宣传土地革命的道理，号召人民起来进行革命斗争。禄劝县大木克村至今还完好地保留着中央红军留下的“工农暴动起来，实行打土豪分田地”等两幅宣传画；元谋县龙街还保留着“组织抗捐军，反对苛捐杂税”等三条红军标语①。革命道理通过生动的宣传，深入人心。

红军在沿途不少地方，沉重打击作恶多端的地主恶霸，为民除害，发动群众起来没收土豪劣绅贪官污吏的土地、财产，分配给贫苦的劳动人民。在东川，红军逮捕了鱼肉人民、顽抗红军的县长和一个大土豪，召开万人公审大会进行惩处；在宣威，红军没收了一家反动大土豪几房子的火腿，分给贫苦群众；在楚雄，红军打开县政府的和丰义仓，分粮济贫，还打开县政府监牢，拯救了230余名无辜被押的老百姓；在禄丰元永井，红军没收了大土豪的财物，分给盐矿矿工和贫苦农民；在姚安，红军惩处了群众恨之入骨的乡长和巡官；在石羊镇，开仓分盐30万斤，许多身在盐矿区却终年吃不上盐的群众抱回雪白的“红军盐”，欢喜万分；在武定潘德村，红军惩治了囤积居奇、高利盘剥农民的地主，使群众解了心头之恨②。与此同时，红军严格遵守“三大纪律，八项注意”，对群众秋毫无犯，说话和气，买卖公平。红军进驻扎西时，正是农历正月初三，当时大

① 中共楚雄州委宣传部编：《红军长征过楚雄》，第46—47页。

② 同上。

雪纷飞，红军为了不惊扰老百姓过年，除领导机关进驻一些寺庙等公共建筑外，大部队都在雪地宿营，群众感动地说，从来没有见过这么好的军队。红军战士在禄劝县头哨村一户群众家里拿了三升包谷喂马，因主人不在，留下二元大洋并附上留言："用去包谷三升，付大洋二元，请老板收下。十团。"这条留言至今依稀可见，成为红军遵纪爱民的历史见证。

广大群众从红军爱憎分明的阶级立场和模范行动中，深切认识到红军是亘古少有的仁义之师，是工农自己的队伍，红军的道路就是穷苦百姓翻身求解放的道路。他们把红军当作自己的亲人，积极支援红军，主动给红军带路，帮助红军渡江，并且踊跃参加红军。中央红军进驻扎西时，扩大红军三千余人。陆定一、贾拓夫编的《长征歌》，生动记录了当时的情景："二月里来到扎西，部队改编好整齐。发展川南游击队，扩大红军三千几。"红军到达距东川30里的者海时，在散发积谷的行动感召下，不到一小时就扩大了八十多个红军。红军攻占东川后，散发了一万多石土豪的谷子。乾人儿（穷人）成群结队地涌来参加红军，不到一天半，"扩红"八百多人。

三、红军认真执行党的民族政策和宗教政策，使少数民族深受教育和鼓舞，从此揭开了云南地区民族团结、共同斗争的历史新篇章

红军进入民族地区时，在部队中普遍进行了民族政策和宗教政策的教育，要求全体指战员严格地遵照执行。途中，发布了一系列文告和传单。1934年11月29日，中央红军发出《关于对苗瑶民的口号》，宣布了共产党关于民族平等的主张；提出了武装苗民、推翻国民党军阀统治、解放弱小民族的口号；表示欢迎民族弟兄参加革命，加入红军。12月24日，红军总政治部又下达了《关于我军沿途注意与苗民关系加强纪律检查的指示》，要求各部队向战士详细解释民族政策并督促贯彻执行；为了争取少数民族的上层人士，提出了不打苗民的土豪，不杀苗民中有声望的甲长、

乡长；为了保护少数民族的生产，特别规定不许杀牛，打土豪没收的耕牛，要分给少数民族群众；还要求各部队加强纪律检查，克服一切侵犯群众、脱离群众的行为。以朱德的名义公布的《中国工农红军布告》，对党的民族政策做了通俗生动的宣传："中国工农红军，解放弱小民族。一切夷汉平民，都是弟兄骨肉"，"赶快团结起来，共把军阀驱逐。设立夷人政府，夷族管理夷族。真正平等自由，再不受人欺辱。"① 在今寻甸回族自治县的柯渡村，至今仍完好地保存着中央红军宣传民族政策的标语："红军绝对保护回家工农群众的利益！"

红军从高级指挥员到普通战士，都以实际行动认真执行党的民族政策。中央红军路过昆明官渡时，朱德亲自到清真寺同回族宗教领袖谈话，慰勉有加，关系融洽。第二天，回民排队欢送，并有几十个回族青年参加红军。红二方面军到达中甸时，贺龙委任藏民夏拿古瓦组成采购组，为红军公平采购给养，并安抚和招徕藏族同胞。贺龙还向归化寺（藏族喇嘛寺）赠送"兴盛番族"的锦旗。刘伯承在四川冕宁县彝海同彝族领袖小叶丹结为兄弟的消息，也迅速传到了云南的彝族地区。红军以兄弟般的平等态度亲切对待沿途的少数民族，访贫问苦，嘘寒问暖，尊重少数民族的风俗习惯和宗教信仰，调解民族和部落之间的纠纷，为少数民族排忧解难，做了许多好事。

红军广泛宣传和模范执行党的民族政策，这在云南具有划时代的意义。历代统治阶级从来推行民族歧视、民族压迫的政策，造成民族之间长期的猜疑和隔阂。红军一反他们的所作所为，把少数民族人民当作自己的骨肉兄弟，把解放兄弟民族当作自己的责任。这些，强烈震撼了少数民族的心灵。他们认识到中国共产党和工农红军是代表各民族利益的，开始破除"石头不能当枕头，汉人不能做朋友"的传统偏见，阶级意识有了觉醒，民族团结的观念有了增强。长征途中，就出现了许多民族和睦团结的动人事例。红二方面军在石鼓渡江时，年已 70 的纳西族老船夫周怀仁，昼夜不停地摇船送渡红军，最后，为了阻止敌人渡江，毅然将自己的船只

① 本节所述红军文告，参见《黔山红踪》，贵州人民出版社 1981 年版，文献资料选辑部分。

烧毁①。在红军离开云南以后，云南各少数民族人民更加自觉地参加到共产党所领导的民主革命的行列中来，同汉族人民一起为打倒共同的敌人而奋斗，在这个过程中，民族关系得到进一步改善，民族团结得到进一步加强。

四、红军过云南，促进了共产党领导和影响下的武装斗争的发展，促进了云南地下党组织的重建

1935年2月，中央红军在扎西整编期间，中央决定“经过宣传与选拔可成立游击队在地方活动”（《扎西命令》）。据此，中央抽调100多名红军干部和国家保卫局第五连全连武装共200余人，在威信石坎子成立了川南游击队，后与黔北游击队合并，正式成立了“中国工农红军川滇黔边区游击纵队”。游击队在川滇黔三省广大边区开展斗争，坚持了两年多的时间，先后两次发展到1000多人。在敌我力量悬殊的情况下，这支游击队最后被打散了，但在三省20多个县播下了革命的种子②。

1935年五六月间，中央红军过金沙江不久，武定县万德、马德坪、波波亭三个乡的41个村寨，近千名彝汉农奴和贫苦农民，学习红军“打土豪，分田地”的革命行动，掀起了轰轰烈烈的“万德暴动”，手持土枪、砍刀、长矛、锄头，捣毁了大土司的老巢。这次起义虽然被镇压下去了，但是，万德地区的人民没有屈服，持续不断地开展抗粮、抗租、抗捐、抗兵的斗争③。

在红二方面军走过的地方也爆发了农民的武装起义。1938年，金沙江两岸的各族人民举行起义，号召人民起来打倒土豪劣绅，提出了“杀贪官，安人民，打富济贫”的口号。他们向往红军，但又自感不如红军，因

① 《纳西族简史》，云南人民出版社1984年版，第98—99页。
② 四川省博物馆编：《红军长征在四川的战斗历程》，第28—37页。
③ 中共楚雄州委宣传部编：《红军长征过楚雄》，第55—59页。

而谦称“黄军”。中甸、剑川、维西、永胜、兰坪等部分地区的纳西、汉、白、傈僳等各族人民纷纷响应，参加起义。不到三天，黄军发展到一千多人。接着分兵两路，攻占了巨甸与石鼓，威震滇西北。这次起义虽然遭到失败，但沉重打击了国民党在滇西的反动统治①。

在红军长征的直接影响和推动下，1930 年底遭到严重破坏的中共云南地下党组织，又重新得到了恢复。1935 年 11 月初，经中央批准，成立了党的“云南省临时工作委员会”。临时工委成立之后，积极开展活动，秘密印发了党的《八一宣言》、《对时局宣言》，扩大了党的政治影响，推动了抗日救亡工作。还秘密出版了党刊《火山》，以加强对党员的教育。临时工委曾决定组织游击武装，后因西安事变爆发，时局发生变化，乃根据党中央的号召，集中力量在昆明组织和领导城市的抗日救亡运动，逐步形成了昆明地区的抗日救亡运动的高潮。

（本文系《云南简史》第九章第四节，云南人民出版社 1991 年版）

① 《纳西族简史》，云南人民出版社 1984 年版，第 99—100 页。

“九九整肃”与卢汉起义[①]

1949年4月20日，国民党政府拒绝了国共两党代表团经过长时间谈判所拟定的国内和平协定。4月21日，人民解放军遵照毛泽东、朱德的命令，强渡长江。23日，解放了国民党统治中心——南京。接着，迅速解放了长江以南地区。同时，云南人民武装斗争日益迅猛发展。人民解放军滇桂黔边区纵队，活动遍及全省，到1949年4月，解放县城31座和占全省三分之一人口的地区，强有力地摇撼着云南的国民党反动统治。

云南地下党根据中共中央和南方局的指示，长期以来，对以卢汉为首的云南地方势力，采取争取的方针。在全国解放战争胜利发展的形势下，更加强了争取工作。1948年下半年到1949年初，国民党省参议会内中共统战工作小组（由杨青田、唐锡畴、马曜三人组成），在省工委书记郑伯克的直接领导下，以参议员的身份，与卢汉密切接触，做了大量工作。1949年夏秋之交，边纵代表，在寻甸磨盘寺、路南石林和昆明等地，与卢汉的代表多次会晤，争取卢汉起义。卢汉看到国民党统治覆灭已成定局，不愿意与蒋介石同归于尽，逐步有了起义的愿望。他派出代表取道香港转赴北京，与中共中央直接联系，表示在适当时机举行起义，得到中共中央的欢迎和嘉勉。卢汉为了表明靠拢人民的政治态度，曾支援边纵轻重机枪92挺、步枪3000支、弹药200箱、电台两部和一批银元等。但是，在他最后举行起义前，却经历了曲折的过程。

解放军渡江以后，蒋介石妄图以西南特别是云南作为最后挣扎的基

① 本文所引主要资料见云南省政协文史资料委员会编《云南文史资料选辑》第三、四辑。

地，部署其嫡系部队进驻云南。除第二十六军余程万部已在云南外，还令第八十九军刘伯龙部从贵阳、第八军李弥部从四川泸州向云南开进。8 月 24 日，蒋介石由台湾飞抵重庆，电召川、康、滇、黔等省主席会商防务。卢汉因云南准备起义的风声很大，担心被扣，迟疑不肯上道。他多次召集属下军政要员商议，认为解放大军远在湘赣，鞭长莫及，而蒋介石军队大军压境，云南几个保安团不是对手。若贸然行事，难免受挫。他们为了保存实力、谋求出路，不愿蒋介石控制云南，但又怕抗拒不了蒋介石。因此，在蒋介石的政治、军事压力下，决定采取暂时妥协的态度。

9 月 6 日，卢汉怀着忐忑不安的心情飞赴重庆。蒋介石派西南军政长官公署长官张群等到机场欢迎，并立即召见。卢汉见蒋介石优礼有加，如释重负。蒋、卢经过会谈，达成协议。蒋介石为了笼络卢汉，允将云南保安部队扩编为军，中央军第八、二十六、八十九军拨归卢汉指挥，发军费大洋 100 万元；但是，要卢汉接受反共反人民的条件。这些条件包括：逮捕进步人士；设置滇中、滇西、滇东南三个“剿匪警备司令部”，进攻边纵；解散省参议会；查封、整理各大中学校和进步报刊；发表反共宣言；部分改组云南省政府；同意国民党中宣部副部长任卓宣（中共叛徒叶青）到云南做反共演讲；等等。采取这些措施的目的，是为了打击革命的、进步的力量，为把云南建成反共基地准备条件。

9 月 8 日，卢汉返回昆明。毛人凤、徐远举等国民党特务头子也来到昆明，组成行动指挥部。9 月 9 日发布“整肃”令，宣布解散省参议会，查封除国民党中央系统以外的所有地方报纸，封闭全部大中学校，对师生进行“甄别登记”。警察、宪兵、特务横行全市，四处抓人，被捕的进步人士达 800 余人。在此期间，国民党特务还暗杀了云南著名的爱国将领杨杰①。

① 杨杰（1889—1949），字耿光，云南大理县人，白族。早年留学日本学习军事，回国后参加护国、护法、北伐战争，历任护国军第三军第五支队长、国民革命军总司令部总参谋长、陆军大学校长等职。抗日战争时期，出任驻苏大使，荣获斯大林颁赠的勋章。1941 年回国后，倾向民主，抨击时政，被国民党当局软禁于重庆。抗战胜利后，积极参加民主爱国运动，当选为国民党革命委员会中央执行委员，为川滇黔三省民革组织的主要负责人。1949 年 9 月 19 日离昆明赴北京参加全国政协会议途中，被国民党特务暗杀于香港。杨杰学识渊博，著有《国防新论》、《孙子兵法解》、《军事与国防》、《国民军事必读》、《战争扶要》、《大军统帅学》等十余部军事性理论著作。

由于国民党省参议会中共统战工作小组事先得到消息，地下党主要领导人已经疏散下乡。国民党特务机关对被捕人士经草草“审讯”之后，提出判处死刑37人、无期或有期徒刑200余人，其余由“绥靖公署”“管训”。一俟卢汉批准即付诸实行。这就是反共反人民的“九九整肃”的主要内容。

在“整肃”过程中，卢汉是留有余地的。他8日回昆明时，即托人转告他认为是中共党员的地下党统战工作小组成员暂避。大逮捕后，卢汉又面嘱昆明市长兼警察局长曾恕怀，对所捕人员要“优待照顾”。当军统特务头目沈醉等人一再要求执行“整肃”判决案时，卢汉则以“杀人过多”、“罪证不足”和需要三方“会审”以昭慎重为理由，拖而不决。

1949年10月14日，广州解放，国民党政府逃往台湾。11月3日，李宗仁逃离大陆前专程来到昆明，想拉拢卢汉共商滇桂“联防”。卢汉借此组织40多个群众团体上书请愿，要求从宽处理“整肃”案，同时授意著名人士李根源、周钟岳出面恳求。李宗仁以“代总统”的权力，批下“交卢主任从宽处理”八字作复。卢汉于李宗仁走后，不到10天，就将“九九整肃”中所捕人员全部释放。至此，蒋介石屠杀昆明革命群众并借刀杀人、迫卢汉下水的阴谋宣告破产。

1949年11月初，人民解放军向大西南进军，势如破竹，11月15日解放贵阳，22日解放桂林，30日解放重庆。蒋介石赖以支撑西南残局的军队，迅速土崩瓦解。大量溃军以及一部分军事指挥机关，沿川滇、滇黔、滇康公路逃进云南。

卢汉看到云南解放在即，加紧进行起义的准备工作。

11月底至12月初，蒋介石数次派遣张群来到昆明，要求卢汉把云南省政府、云南绥靖公署等主要地方军政机关迁移到滇西，而让国民党中央军事指挥机关进驻昆明。卢汉则提出发给迁移费大洋300万元和三个师的武器的条件，反复商谈，拖延时间，迟滞蒋军的行动。进而以解放军深入黔桂川，迫近云南，需要加强“防务”为理由，将国民党中央军第八军和二十六军调离昆明附近地区，而以滇军九十三军驻防昆明，调滇军七十四军由大理、保山移驻楚雄、禄丰一带，做好起义的军事部署。

12月6日，卢汉召集主要军政人员会议，商询起义准备情况，决定赶运保安团来昆明。同一天，张群来昆。第二天，应蒋介石电召，张群率驻滇蒋军头目李弥、余程万以及滇军九十三军军长龙泽汇飞赴成都见蒋，蒋介石做了进驻昆明的部署。9日，张群一行返回昆明。卢汉根据龙泽汇汇报的情况，认为情况紧迫，必须抢在蒋介石来昆实行军事控制之前起义，否则就会失去和平解放昆明的条件与起义时机。经过权衡利弊得失，当即决定于9日晚举行起义。

9日午后，卢汉借迎接张群的名义，通知李弥、余程万、李楚藩（国民党宪兵副司令）、沈醉等军政特头目到他的公馆开会，随即加以扣留。黄昏时，实行全市戒严。入夜，派部队分头按计划行动，迅速解除蒋介石驻昆机关和部队的武装，占领了机场、车站等要地。午夜，打电报给毛泽东、朱德并通电全国，宣布起义。

10日、11日，毛泽东、朱德两次来电，对云南起义表示欢迎。11日电文如下：

昆明卢汉主席勋鉴：

佳电诵悉，甚为欣慰。云南宣布脱离国民党反动政府，服从中央人民政府，加速西南解放战争之进展，必为全国人民所欢迎。现我第二野战军刘伯承司令员、邓小平政治委员已进驻重庆，为便于具体解决云南问题，即盼迅速与重庆直接联系，接受刘、邓两将军指挥。并望通令所属遵行下列各项：（1）准备迎接人民解放军进驻云南，并配合我军消灭一切敢于抵抗的反革命军队；（2）执行人民解放军今年四月二十一日布告与今年十一月二十一日刘邓两将军四项号召，保卫国家财产，维护地方秩序，听候接收；（3）逮捕反革命分子，镇压反革命活动；（4）保护人民革命活动，并与云南人民革命武装建立联系。

专此并希裁复。

毛泽东　朱德　亥真

毛泽东、朱德来电，给了起义当局和云南人民以极大的鼓舞，卢汉随即按来电所示，开展了起义后的各项工作。

10日，中共地下党昆明市委任命杨青田为联络员，启用中共中央通知的代号，正式代表中国共产党与卢汉联系①。卢汉当即表示听从中国共产党的指挥，安排各项工作。地下党向起义当局分析了形势，认为蒋军反扑在所难免，要立即集中起义军警部队建立保卫昆明的防线，准备进行昆明保卫战。并指出，虽然起义部队数量与装备不如驻滇蒋军，但依靠昆明市30万人民的支援，加上边纵部队对敌侧背夹击，完全有条件粉碎蒋军的反扑，迎接解放军主力到来，取得完全胜利。

云南起义，打乱了蒋介石在云南建立反共基地的计划。蒋介石气急败坏，决定进行反攻，夺取昆明。他任命李弥为“云南省主席”、余程万为“云南绥靖公署主任”（这两人当时尚被卢汉扣押），以代替卢汉；提升汤尧为“陆军副总司令”，饬其指挥由第八军和第二十六军组成的第八兵团，从开远、沾益两路进攻昆明。蒋介石为了给部队打气，宣布给各军发大洋10万元。与此同时，多次派出飞机对昆明市区和工厂滥施轰炸；派“参谋次长”肖毅肃飞抵西昌，纠集川康蒋军残部配合进攻昆明。当时，驻守昆明的起义部队只有4万余人，在数量上和武器装备上均处于劣势。一时间，形势十分紧张。卢汉一面急电朱德、刘伯承、邓小平，请求火速驰援；一面组织指挥起义部队坚守防线，抗击蒋军的进攻。

12月16日，昆明保卫战揭开序幕。17日，蒋军分东南两路发起进攻，从三面包围昆明。18日，巫家坝飞机场失守，接着，蒋军突入火车北站、拓东路、状元楼、南窑、纱厂、柳坝一带，进逼昆明城下。19日，蒋军对城防核心阵地发动全面总攻，在猛烈炮火掩护下，成千的敌人进行波浪式冲锋，到晚9时，更组织敢死队，企图打开几个突破口，冲入城内。20日，敌军攻势更加猛烈，第八军攻击重点为昙华寺、大树营地区，二十六军攻击重点为五里多、吴井桥一带，企图突入塘子巷小火车站。起义部队在战斗中士气旺盛，勇敢顽强。他们死守城防核心工事，与敌人反复争夺已失去的阵地，并多次发起反击，终于阻遏了蒋军的凶猛进攻，使其顿兵于坚城之下。

中共云南地下党在保卫昆明的战斗中，积极发动群众，组成了“昆明

① 《杨青田口述》，1974年7月31日，未刊本。

人民义勇自卫总队”，警戒市区，维持秩序。另有4000余名没有拿到武器的自卫队员，纷纷到前线修筑工事。地下党还组织担架队、医疗队、慰问队和肃奸队等数千人，大力支前和巩固后方。19日，又组织数千工人、学生、市民示威游行①。昆明保卫战打响以后，中共中央军委电令滇桂黔边区纵队“结合当地人民保卫昆明”。边纵六支队在宣威分水岭，阻击向昆明开进之敌第八军四十二师，经过激战，毙敌团长以下300余人。九支队四十一团，向昆明疾进，穿插至海口、土桥，袭击巫家坝机场，在呈贡马金铺与敌人发生激战。十支队乘滇南敌军主力进攻昆明防守空虚的机会，解放了滇南重镇个旧、建水。边纵副司令员朱家璧率领的边纵西进支队，从滇西回师昆明，造成了从西面侧击蒋军的态势。所有这些，强有力地支援和配合了坚守昆明的起义部队。

20日，在战况万分危急的时候，卢汉收到刘伯承、邓小平重庆来电，谓已命令二野第五兵团派有力部队自贵阳用汽车运送，星夜驰援昆明。第五兵团司令员杨勇也来电告知，已派一个师兼程入滇，其先头部队23日可抵曲靖②。这个消息传到起义部队后，士气大振，官兵们勇气倍增。这一天，尽管蒋军自晨至晚不断发起猛攻，仍未能突破防线。

二野五兵团援滇部队于22日提前到达曲靖地区，消灭敌人一部后，又插向陆良，设伏于天生关，共歼敌何绍周第十九兵团残部、第八军第三师及陆军总部宪兵团等部3000余人。

进攻昆明的蒋军第八兵团，在攻城受阻，又获悉解放大军已经入滇的情况下，被迫放弃攻占昆明的企图，在付出伤亡数千人的惨重代价后，于22日仓皇向蒙自、个旧、开远、建水地区撤退。

昆明保卫战前后经过六天时间（自1949年12月16日至21日），取得了重大胜利。它显示了起义部队与解放军、边纵，军队与人民团结对敌的伟大力量。起义部队在此役中伤亡官兵600余人，为保卫昆明做出了重要贡献。

（本文系《云南简史》第九章第十二节，云南人民出版社1991年版）

① 陈盛年:《回忆争取昆明解放的斗争》，载《云南日报》1979年12月7日。

② 胡荣贵、王非、苏策:《解放云南之战》，云南人民出版社1980年版，第75页。

解放云南之战

国民党第八兵团（辖第八军、第二十六军）进攻昆明不成，即南下退集于开远、建水和蒙自、个旧地区，控制滇南，准备负隅顽抗。这时该兵团离国境线只有一百多里，并拥有蒙自飞机场，自以为抵抗不成，逃跑亦很方便。该兵团共有3万多人，装备精良，是蒋介石的嫡系部队。蒋介石千方百计想保存这支力量，指令陆军副总司令汤尧负责组织撤退事宜。为了在云南境内消灭这股敌人，不使其空运台湾或逃窜国外，留下后患，中央军委和毛泽东布置了一个迂回、包围、歼灭敌人的作战计划。这个计划的要点是：令从贵阳驰援昆明已到达曲靖、沾益、陆良一线的二野五兵团四十九师暂行停止前进以麻痹敌人；令驻广西百色的四野三十八军以一部就近向滇越边境前进，占领金平、河口一线，断敌向越南的逃路；令驻广西南宁地区的二野四兵团以一部迅速向蒙自前进，协同滇桂黔边区纵队歼灭该敌。

遵照这一作战计划，在二野四兵团司令员陈赓的统一指挥下，野战大军和边纵部队，兵分南中北三路，从1949年底至1950年初，千里奔袭，对敌实施大迂回、大包围，打了一场漂亮的滇南追歼战①。

1949年11月，边纵司令员庄田、政委林李明率领边纵一支队，作为云南人民的使者，到广西迎接野战军②。随即协同四野三十八军一一四师、一五一师，组成南路军，于1949年12月27日从百色出发，经剥隘、富宁、砚山、马关，沿国境线西进。这条路线山高林密，人烟稀少，给养困

① 陈赓：《在祖国南部边疆的三次追歼战》，载《解放军报》1977年9月13日。

② 廖必均：《边纵配合野战军进行滇南追歼战役纪实》，载《滇南武装斗争》，云南人民出版社1984年版，第362页。

难。我南路军忍受饥疲，经常冒着冬夜的风寒，整师露营在高山顶上。在敌人毫无察觉的情况下，半个月隐蔽疾进一千多里，于1950年1月11日，占领滇越边境战略要道上的重镇河口和南溪地区。当时，敌军先头部队正在红河上架桥，为敌军南逃国外做准备。1月14日，我占领河口的部队猛扑红河上的蛮耗渡口，毁敌浮桥，并于当天解放了屏边县城，主力遂进至蒙自以南，封锁了敌人从陆上南逃越南的交通要道。这样，便形成了“关门打狗”的形势①。

二野四兵团十三军三十七师、三十八师组成中路军，在军长周希汉、政委刘有光、副军长陈康率领下，于1950年元旦从南宁地区出发，先乘车到百色，然后徒步强行军，昼夜兼程，奔袭蒙自。从百色到蒙自是15个马站，每站约90里。部队以九天九夜强行军走完了1300余里路程。中路军所经过的富宁、文山、砚山地区，是我地下党和边纵所建立的滇东南根据地。各族人民群众早在数月前就积极准备迎军工作：修桥补路，筹粮筹草，沿途设立了粮秣、柴草、茶水、食宿、卫生、运输等接待站。仅富宁县20天就筹粮80万斤，麻栗坡县一个月给部队打好37000双草鞋。许多村边路旁扎起了彩门，各族群众箪食壶浆、载歌载舞迎候亲人。人民的热情支援，减少了行军中的困难，大大鼓舞了广大指战员的战斗意志。特别是根据地群众严格保守我军行动秘密，使我军得以出敌不意地突然出现在敌人面前。1月16日凌晨，中路军先头部队三十七师一一〇团，神兵天降般地迅速袭占了蒙自飞机场，切断了敌人的空中逃路②。

北路军系由昆明附近的边纵主力组成。昆明保卫战期间，中共中央军委电令边纵结合当地人民保卫昆明。因此，边纵集中了主力一万多人，由边纵副司令员朱家璧率领挺进昆明。在配合卢汉起义部队完成保卫昆明的任务后，奉命参加滇南战役。1月13日，部队分别从晋宁和呈贡出发，作为滇南战役的北路军，南下石屏、宝秀一带，兜击敌军。后因敌情变化，

① 穆欣：《忆陈赓将军率部解放云南》，载《解放云南之战》，云南人民出版社1980年版，第93页。

② 胡荣贵、王非、苏策：《解放云南之战》，载《解放云南之战》，云南人民出版社1980年版，第78—80页。

改向扬武、元江方向截敌①。

敌第八兵团完全没有料到解放大军如此神速地突然来到并迅速切断其陆空逃路，惊恐万分，登时陷于一片混乱，纷纷夺路狂逃。敌第二十六军向个旧、红河方向逃窜；敌第八兵团部及第八军，向西南元江方向逃窜。这时，我军已布下围追堵截的天罗地网，各路部队坚决贯彻执行“穷追猛打，追必到底，不歼不止”的战术原则，发扬坚忍顽强的战斗作风，针对山高路小、大部队行动不便的特点，以营、团为单位，大胆穿插，分多路追击，遂将敌军逐股地加以歼灭。

敌二十六军被歼于个旧、屏边地区。我中路军十三军两个师的四个主力团在蒙自战斗结束后，乘胜向西追击，在个旧追上逃敌一九三师，经六小时激战，歼敌1800余人，解放了锡都个旧。在鸡街车站，歼敌一六一师后卫团及九十三师、二十六军军直各一部。在普雄西北山地，歼敌一九三师五七七团。在倘甸，歼敌五七八团一部，缴获牲口1000余匹。在建水南狗街一带，边纵部队经一天激战，全歼敌九十三师二七九团，俘副师长兼团长黄贤齐以下1200余人。我南路军沿红河西进，迎头截击敌人，我一五一师在个旧附近的斗母阁，歼敌一九三师大部，俘敌少将副师长邓少华以下2600多人。至此，敌二十六军主力一万多人，在个碧石铁路沿线和红河中游被我歼灭殆尽。只有一个团1000余人漏网，从官厅渡过红河进入五土司地区，向思普、南峤方向逃窜。我三十七师一部与边纵九支队一部穷追不舍，在南峤县（今勐海县勐遮区）追上残敌，歼灭800多人，尚有200余人漏逃。我军一直追到边界打洛，截获100余人，最后只有100多人逃出国外②。

敌第八兵团部及第八军被歼于元江、镇沅地区。敌第八军原辖五个师，在逃跑中，三师、二三七师失去联系，其余三个师（一七〇师、四十二师、教导师）两万多人，分成左右两路纵队，在汤尧和敌第八军军长曹天戈率领下，经建水、石屏逃往元江，妄图凭借元江天险阻滞我军，然后

① 杨守笃等：《回忆参加解放云南的最后一仗》，载《边纵武装斗争纪实》，云南人民出版社1981年版，第213页。

② 胡荣贵、王非、苏策：《解放云南之战》，云南人民出版社1980年版，第81—82页。

由西双版纳地区逃往国外。我北路军边纵主力首先赶上这股敌人，在青龙厂地区歼敌五〇一团，俘敌团长左舜生以下千余人。敌先头部队抵达元江时，我元江县委领导的县大队及起义部队保安团一个连坚守元江铁索桥，大部伤亡。敌一七〇师3000多人依靠优势兵力，抢过元江。由于我边纵一部已赶到桥边，敌人害怕我军追击过江，遂将铁索桥炸毁，以致把敌后续部队二万余人丢在江北，无法过江，为我军聚歼该敌提供了机会。这时，我野战大军和边纵主力陆续赶到，将敌军合围于元江北岸二塘、黄土坡、路通铺、三家村、玉台山一带，经四昼夜激战，粉碎了汤尧亲自指挥的多次凶猛反扑，终于将二万余敌军全部歼灭，生俘汤尧、曹天戈等高级将领。逃过元江的敌军残部，在镇沅县境被我军追上。敌人组织敢死队多次冲锋，均被击败。经过谈判，敌一七〇师师长孙进贤率部3500余人在镇沅南景街缴械投降。与敌第八军军部失去联系的敌二三七师2000余人，在建水宜得山地被我三十八师与一一四师合围，全部被歼，敌师长李彬晋被击毙。敌三师两个团在建水与鸡街之间的安边哨地区被我军阻击，敌第八军副军长兼三师师长田仲达见逃脱无望，遂率部2000余人向我边纵部队缴械投降①。

滇南战役历时一个多月，经过大小战斗30多次，合计歼敌31030人，取得全胜。滇南战役的胜利，实现了中央军委歼敌于云南境内的作战计划，迎来了云南全省的解放。在战役过程中，野战大军坚决果敢地执行中央军委的正确部署，起了决定性的作用，边纵各支队主动积极配合作战，起了有力的配合作用，云南起义部队也做出了自己的贡献。广大各族人民群众，积极参战，踊跃支前，建立了不朽功勋。

1950年2月20日，陈赓、宋任穷两将军率领人民解放军进驻昆明。昆明市各界群众12万余人，组成长达10余里的欢迎行列，夹道欢迎英雄的子弟兵。人们争向指战员献花献旗，载歌载舞，欢声动地。22日，10余万市民在拓东广场举行欢迎解放军大会。陈赓在讲话中指出，云南的解放，“是由于中国共产党、中央人民政府和毛主席的英明领导；人民解放

① 穆欣：《忆陈赓将军率部解放云南》，载《解放云南之战》，云南人民出版社1980年版，第99—109页。

军在全国范围的伟大胜利；云南人民和中共云南地方党所领导的人民革命武装的长期奋斗；卢汉将军及所部的起义；才有今天这样的胜利”①。

从此，五星红旗飘扬在云南高原。云南各族人民结束了几千年饱受阶级压迫和民族压迫的苦难历史，开始了由自己当家做主的新时代。

历史翻开了崭新的一页。

（本文系《云南简史》第九章第十三节，云南人民出版社 1991 年版）

① 胡荣贵、王非、苏策：《解放云南之战》，云南人民出版社 1980 年版，第 86 页。

响彻云霄的凯歌

——云南省庆祝建国10周年综合展览馆巡礼

风光如画的翠湖西畔，绿树丛中，红旗展处，耸立着一幢乳白色的弧形大厦，这就是云南省庆祝建国10周年综合展览馆。

这不是一个寻常的展览馆。走进宽敞的综合馆和16个专业馆大厅，站在那数以万计的光辉夺目的陈列品面前，我们看见的是一部我省人民10年奋斗的历史，我们听见的是一曲响彻云霄的凯歌！

我们不曾忘记，10年前，当红旗插上云贵高原的时候，我们的云南是一幅多么褴褛的形容。可是今天，发生了怎样翻天覆地的巨变啊！

展览馆为我们展现了奇迹。

“党的领导英明，十年不朽功勋，工业一日千里，云南面貌一新。”一位观众在留言簿上这样热情地歌颂我省工业的进步。是的，短短10年，我们几乎白手起家，在工业化的道路上迈开了雄健的步伐。地质煤炭冶金馆内，有一个巨大的昆明钢铁公司的模型。这个公司的前身是云南钢铁厂、中国电力制钢厂。国民党政府兴师动众，聘请许多留学欧美的专家，进口成套的外国设备，经营十载，一座小高炉、一座小转炉、一个小电炉和一套小轧钢机，这就是他们全部儿戏般的结果。而且，到新中国成立前夕，已经被破坏得百孔千疮。现在，昆明钢铁公司已经建设成为一个从探矿到轧钢的钢铁联合企业，生产能力和新中国成立前最高年产量比较，铁增加5倍，钢增加25倍。昆钢的诞生，为我省冶金工业史揭开了崭新的一页。机械工业馆引起了我们浓厚的兴趣。一方面，我们赞美那些达到国际水平的精巧玲珑的光学仪器；同时，又为那些高大而威严的重型机床惊叹不止。经10年建设，我省的机械工业具有相当规模，新建改建了483个企业，拥有机床6000多台，能够制造新型、精密、大型的机床，成套的矿山、冶金、电站设备，各式各样的农业机械等等。有不少精密车床和光学仪器行销省外，并有一部分出口。“不毛之地”的云南，很快就有了现代化工业产品出口，这大约是前人做梦也不敢想象的事情吧！在室外广场上，我们还看到了那些不能升堂入室的庞然大物：拖拉机、发电机、榨糖机、载重汽车、排灌机械等等。可以毫不夸张地说，那是一片气势磅礴的钢铁森林。

综合馆大厅，有一匹奔腾前进的千里马和两条矫健的巨龙，是由稻穗、麦穗和玉米组成的，这恰是农业发展的生动象征。我省农业的落后面貌已经大大改观了，“八字宪法”在各地开花结果。10年内，我省农业总产值增长239.7%，粮食产量整整翻了一番。经济作物，也以空前的速度和规模向前发展。和新中国成立前比较，棉花面积翻3番，增产18倍；甘蔗面积扩大41万亩，总产值增加4倍多；素负盛誉的烤烟，总产量翻了16倍。古人把“禾生双穗”看成是罕见的佳瑞，那实在是少见多怪。亲爱的读者，来这里看看分蘖20余穗的小麦，结荚150个的蚕豆，一尺三寸长的包谷，70斤的南瓜，一丈多高的烤烟，800多斤的大肥猪吧！请用最好的言语来赞美我们英雄的农民，他们创造了多少珍奇的事物啊！

当我们参观了整个展览馆以后，那种万马奔腾，全面发展的形象，在我们脑海里鲜明地浮现出来。墙壁上悬挂着各种图表，红色箭头携带着巨大的数字，昂首飞升。不错，人们常常习惯于把数字看成是枯燥的东西，但是这里的数字，具有多么动人的魅力啊！仅仅是，仅仅是10年的时间，原煤产量增长了30多倍，焦炭产量增长了69倍；电力工业新增设备容量，等于解放前办电42年全部发电能力的14倍多；通车公路增加16382公里，相当于新中国成立前的6倍；轻工业总产值增加5倍；牲畜头数翻了一番；造林3769万亩。随着生产的蓬勃发展，劳动人民生活有了很大改善，单社会购买力就增长了327%。我们实在无法逐一叙述图表上那灿烂如繁星的数字。这些数字有一个共同的特点：都是直线上升的。但是，我们也看到一个显著下降的数字，这就是社会失业人数逐年大幅度下降。亲爱的读者，你一定同意这样的说法：最大胆的幻想家也不敢这样驰骋自己的想象力，最好的诗人，也未必写得出和这些数字相媲美的诗篇！

当我们在展览馆流连忘返，为数不清的奇迹所频频激动的时候，我们愈来愈深刻地认识到一个真理：党，是胜利的源泉。客观条件今昔相同，为什么万千奇迹涌现在今朝？是党领导劳动人民打碎了身上的枷锁，是党指明了前进的道路，是党领导劳动人民开辟了一个自由的天地。“海阔凭鱼跃，天空任鸟飞”，劳动人民无穷无尽的创造才能，便在今天最充分地发挥出来。让我们信手拈来一个例子。我省以矿藏丰富著称。但是千百年来，它们一直寂寞地沉睡在地下。只有当人民成了土地的主人，当党号召和组织人们向自然进军的时候，才发生了这样的奇迹：一支强大的地质队伍和广大群众相结合，入山探宝，叩醒了沉睡的宝藏。短短10年，勘探了56种矿产，已探明储量的即达44种，所探储量较新中国成立前数十倍数百倍地增长，例如镍增加了135倍，煤增加了107倍，铁增加了84倍，磷增加了59倍，铜增加了39倍。特别是勘探结果，证明我省煤炭资源极其丰富，从而驳倒了某些人所谓“云南无煤”的主观论断。地质馆的玻璃柜里，陈列着五光十色的矿石标本，有我们熟悉的铁、煤、铜、锡、磷、锌、铅、钨、锑、锰、铬；也有我们陌生的原子工业原料铀，稀有金属锆、镓和制造半导体的重要原料锗；还有十分好看的玛瑙，透明的水晶，润泽的冰洲石和金碧辉煌的自然铜。慷慨的大地，就是这样以累累的果实，来酬答第一次殷勤拜访它的人们。

当我们为数不清的奇迹所频频激动的时候，我们由衷地礼赞广大人民群众的革命英雄主义精神。正是这种革命英雄主义精神，创造了那数不清的奇迹。列宁在评论世界无产阶级革命运动的时候指出：“世界所以有这种突飞猛进的发展，其基本原因是有成亿成亿的人卷进这个发展的洪流了。”同样，不难想象，如果没有全省广大人民群众自觉地参加社会主义建设，没有他们冲天的干劲，我们是什么成就也不会取得的，更不用说取得那样辉煌的成就了。水利馆的一幅巨大的油画，把我们重新领进了1958年大修水利的伟大场面之中。几百万人劈山造海，那种气魄真是山岳为之崩颓，风云为之变色。图表数字告诉我们，有史以来，全省只有28件中型水利工程，灌溉面积只有443万亩，百分之九十的耕地都要等雨栽种，望天保苗。1958年至今，单大中型工程就兴修了408件，增灌面积1007万亩。新中国成立前全省最大的昆明谷昌水库，已被新建的松华坝水库淹没在一片汪洋之中了。

董必武副主席10月18日参观了展览馆。敬爱的董老给予展览馆很高的评价，他热情地题词勉励我省人民：“云南物产丰富是人民建设社会主义的好条件。云南的工农业生产，在党的总路线的光辉照耀下取得的成就是空前的。把客观条件和主观努力的方法展示出来，比较综合，得出经验，挖掘潜力，推广先进，鼓足干劲，革新技术，在既得的成绩上加速社会主义建设，将会有更大的成绩出现。一盘棋布局，两条腿走路。”是的，我们的凯歌也是战歌。全省一千九百万各族人民，在社会主义建设的继续进军中，必定能够再接再厉，取得一个接连一个的胜利！

（载《创造》1959年第11期）

农业社会主义改造是历史的必然

《关于建国以来党的若干历史问题的决议》（以下简称《决议》），对我国在20世纪50年代中期进行的对农业、手工业和资本主义工商业的社会主义改造，作了充分的肯定，指出："在一个几亿人口的大国中比较顺利地实现了如此复杂、困难和深刻的社会变革，促进了工农业和整个国民经济的发展，这的确是伟大的历史性胜利。"

正确评价我国的社会主义改造，不但有重大的历史意义，也有重大的现实意义。我们知道，我国正是经过了社会主义改造，才实现了由新民主主义到社会主义的转变的；今天的社会主义社会，正是建立在社会主义改造所奠定的基础之上。前一个时期，有一些人怀疑我国社会的社会主义性质，其中就包括怀疑和否定社会主义改造。现在，把对社会主义改造的认识和评价统一到《决议》上来，就能够使我们澄清模糊认识，理直气壮地坚持社会主义道路。

农业社会主义改造是整个社会主义改造中规模最大、影响最深远的重要方面。本文就学习《决议》的体会，谈谈农业社会主义改造的必要性和正确性。

怀疑社会主义改造的人，有一个似是而非的观点，认为既然生产关系一定要适合生产力的性质，那么合作化以前，我国农村生产力十分落后、低下，因此没有条件建立社会主义的生产关系。他们把十一届三中全会以来的放宽农村经济政策（包括允许实行包产到户）引为口实，说什么"既有今日，何必当初"。应当指出，这些观点是不正确的，他们从正确的命题出发，却推导出了错误的结论。

生产关系一定要适合生产力的性质，这是历史唯物主义所揭示的人类社会发展的基本规律。应当承认，在处理生产关系和生产力相互关系的问题上，我们过去在理解上存在着片面性，因此在工作中曾发生过严重的失误。但是，我们总结历史的经验教训，承认缺点错误，这在任何意义上都不是否定对生产资料私有制的社会主义改造，都不是否定农业合作化。这是因为，要不要进行社会主义改造和在社会主义改造过程中有什么缺点错误，是不同的两个问题，不能混为一谈。我们不能因为社会主义改造是必要的、正确的而否认工作中的缺点、错误；同样，我们也不能抓住工作中的缺点错误来否定社会主义改造。这样看问题，才比较符合实际，比较全面。

一

为什么说农业社会主义改造是必要的和正确的呢？从根本上来说，还是因为它并没有违背生产关系一定要适合生产力的性质这一客观规律，恰恰是这一规律的生动体现。新民主主义革命在全国胜利和土地制度改革在全国完成以后，农业合作化是社会生产力发展的必然要求。社会主义改造和社会主义工业化两大任务是同时并举的，这就是通常所说的“一化三改造”。我们党把工业化作为主体任务提出来，抓住了中国政治和经济生活中最本质、最主流的东西。新中国成立前，我国是一个半殖民地半封建的落后的农业大国。把落后的农业国变为先进的工业国，是中国人民世世代代梦寐以求的理想。夺取全国胜利，建立了人民民主的国家以后，为实现这个理想提供了现实的可能性。新中国成立初期，国家没收了全部官僚资本企业并把它们改造成为社会主义国营企业，使国营经济有了很大发展。到1949年为止，没收的工业企业2858个，拥有产业工人75万多人。国家和人民掌握了这一部分企业，就掌握了国民经济的命脉，为实现社会主义工业化奠定了初步的基础，建立了前进的基地。在国民经济得到迅速恢复的基础上，我国从1953年起开始实行第一个五年计划，在这期间，工业生产的增长速度是很高的，工业总产值平均每年递增19.6%。到“一五”计划结束时，现代工业在国民经济中的比重，已从1952年的26.7%提高到 40%，相当于苏联在 1927 年即农业集体化已进行了六年时的水平。在我国社会主义工业化起步和发展的过程中，遇到了一个日益尖锐的矛盾：落后的农业不能适应和满足工业建设的需要。我国大多数地区的土地改革是 1952 年冬完成的。经过土改，封建地主所有制变成了农民个体所有制。这种分散的农业个体经济，劳动生产率是很低的，无法采用农业机械和其他先进技术，无力抗御自然灾害，不但不能持续地进行扩大再生产，有时连维持简单再生产也困难。它不能为工业建设提供充分的商品粮、原料、资金和劳动力，作为工业品的销售市场也十分有限。这就是说，工业化的发展，迫切要求有充分发达的农业与之相适应，而小农经济不进行社会主义改造，农业就不可能得到迅速的发展，也就不可能满足工业化的需要。社会主义工业化是不能离开农业合作化而孤立地去进行的。我们不能把一只脚踩在社会主义工业的基础上，而把另一只脚踩在小农经济的基础上。因此，实行农业的社会主义改造，是工业化发展中提出的迫切要求，是实现工业化必不可少的条件。这个事实说明，农业个体经济的生产关系，必然要对工业化即新的社会生产力的发展起着阻碍作用。一种新的生产关系必将顺应生产力的要求而产生，这是不以人们的意志为转移的。

随着工业化的发展，迫切需要对农业进行社会主义改造，这是一方面；另一方面，工业化的发展，对农业技术改造的支援日益增强，这又是促进个体农业向合作化方向发展、并使集体经济逐步得到巩固的一个动力。多年来，工业支援农业的思想是深入人心的，这方面确实取得了不可低估的成绩。我省农业合作化运动掀起高潮的 1955 年，工业部门给合作社提供的比较先进的农机农具就有约 1.3 万件，化肥 80 万公斤，农药 44 万公斤。30 年来，我省工业部门以平均每年生产拖拉机 3000 混合台的速度支援农业。现在每年提供给农业的化肥达 200 多万吨。全省现有有效灌溉面积 890 万亩，其中的灌溉设备大多数也是工业部门生产和供应的。据 76 个县的统计，多年来在工业的大力支援下，现在拥有大中型农业拖拉机 9000 台、手扶拖拉机 1.4 万多台、载重汽车 3900 辆，建成小型电站 4000 多个，发电量 5.7 亿度，农村用电达 2.7 亿度，化肥用量一年达 49.5 万吨，等等。这些，逐步转化成为新的生产力，加强了集体经济的物质基础，从而使公有制的生产关系同生产力向着基本上相适应的方面发展。这也就是社会主义农业合作化之所以可能和集体经济能够巩固下来的一个根本原因。

很明显，如果我们从总体上来考察整个社会生产力与社会生产关系的相互关系，特别是注意把工业化和农业合作化这两件事情联系起来加以考察，那么，就不难正确理解，进行农业社会主义改造，正是党中央依据生产关系一定要适合生产力的性质这一规律制定的正确方针，从而也就不难正确认识农业社会主义改造的必然性和必要性。而有些人只看到个体农业生产力落后，而不顾及其他的因素和条件，就武断地得出“以手工劳动为基础的个体农业不能建立社会主义生产关系”的结论，这显然是片面的、错误的。

进入封建社会后期，个体的小农经济本身就不代表新的生产力，因此，孤立地就小农经济而言，不能用生产力与生产关系的矛盾来说明变革小农经济生产关系的必然性。我们知道，英国在 18 世纪末，小土地所有者就已基本消灭了，代替它的是以大地产为基础的资本主义农场经济。英国小农经济生产关系的变革，并不是小农经济生产力发展的结果，而是资本主义经济发展了，由于毛织业对羊毛需要量的增加，为发展饲羊业而进行的圈地不断扩大，小农经济正是在资本主义圈地运动中被消灭的。所以，马克思主义的经典作家在论述小农经济的社会主义改造问题时，他们的着眼点从来都在于：在整个社会生产力发展的情况下，个体小农经济作为一种过时的、落后的生产方式，只有向合作化方向发展才有出路。恩格斯在《法德农民问题》一文中，十分精辟地谈到了这个问题。他认为资本主义生产形式的发展，割断了农业小生产的命脉，“我们的小农，正如任何过了时的生产方式的残余一样，在不可挽回地走向灭亡”，“资本主义的大生产将把他们那无力的过时的小生产压碎，正如火车把独轮手推车压碎一样是毫无问题的。”恩格斯富有预见地指出：当我们掌握了国家权力的时候，“我们对于小农的任务，首先是把他们的私人生产和私人占有变为合作社的生产和占有，但不是采用暴力，而是通过示范和为此提供社会帮助”，“我们无须等到资本主义生产发展的后果到处都以极端形式表现出来的时候，等到最后一个小手工业者和最后一个小农都变成资本主义大生产的牺牲品的时候，才来实现这个变革。”① 值得注意的是，恩格斯在这里讲引导农民走互助合作道路的必要性，完全不是从农业经济的生产力发展得不得了，要冲破旧的生产关系的角度谈问题；相反，他所强调的是，小农经济作为过时的、落后的生产方式，正面临着破产、灭亡的威胁，只有走互助合作的道路，才能避免被资本主义大生产所吞噬的厄运。恩格斯在19世纪90年代谈的法德农民问题，当然不同于我们党在20世纪50年代遇到的中国农民问题。但他所提出的原则和所指出的解决小农问题的方向，却基本适合我国广大农村在土地改革以后的实际情况。

我国广大农村在土改以后是一个什么情况呢？当时，汪洋大海般的个体农业经济，表现出来的最显著的特点就是它的不稳定性。它不是向一个方向而是向两个方向发展，即迅速地两极分化，用形象化的说法，就是“站在十字路口”。据调查材料记载，江苏昆山县西宿乡，全乡677户，土改后两年，出卖土地者39户，借高利贷者57户，有两户贫农下降为雇农，而同时全乡出现了11户新富农。四川南充李渡区羊口乡三村，土改后的1953年，224户农民中就有48户卖青谷，其中贫农38户，中农9户。我省潞西县江东区1954年秋完成土改以后，全区860户农民中，有245户卖了分得的牛马，有两户卖光了分得的土地，同时有491户出租土地。这个区的李子平乡112户中有62.5%的农户粮食不够吃，生活困难。这样的例子，带有相当的普遍性。这种情况说明，个体的小农经济是不可能巩固的。有些农民生产条件比较好，他们会逐渐富裕起来，发展成为新的剥削者——富农；另外一些农民生产条件比较差，遇到某些不可抗拒的灾害，他们就会贫困破产，沦为受人剥削的贫农和雇农。当时，如果听任农民个体经济自发地发展，其结果，资本主义势必泛滥起来，吞噬广大的小生产，占领农村阵地。我国个体农民，特别是在土地改革中新获得土地而缺少其他生产资料的贫农、下中农，为了避免重新借高利贷甚至典让和出卖土地，产生两极分化，为了发展生产，兴修水利，抗御自然灾害，采用农业机械和其他新技术，确有走互助合作道路的要求。正是根据广大农民特别是贫农、下中农的要求，同时根据新民主主义革命胜利所创造的向社会

① 《马克思恩格斯选集》第四卷，人民出版社1972年版，第296—312页。

主义过渡的经济政治条件，我们党确定了在土地改革以后及时引导农民走互助合作道路的正确方针。我们党以宏伟的气魄，领导了全国的农业合作化运动。在合作化过程中，遵循自愿互利、典型示范和国家帮助的原则，创造了从临时互助组和常年互助组，发展到半社会主义性质的初级农业生产合作社，再发展到社会主义性质的高级农业生产合作社的过渡形式，有秩序、有步骤地完成了农业的社会主义改造，实现了具有伟大历史意义的社会变革。我国农业社会主义改造的完成，不是把恩格斯的设想变成了光辉的现实吗！

其实，在经济文化落后、生产力低下的农村，可以实行农业集体化，这在斯大林领导时期的苏联也有先例。苏联的农业集体化的主要工作是在1929—1934年完成的。当时，有相当一部分地区特别是像南高加索、中亚细亚等边疆、少数民族地区，经济文化、生产技术相当落后。联共（布）中央对这类地区的农业集体化做出了放慢速度、延长期限的特殊规定。但是，对于这类地区要不要、能不能搞农业集体化，回答却是肯定的。斯大林把在这类地区建立的集体农庄，称之为“代表集体农庄建设中所谓工场手工业时期的、依靠农民的原有农具的初级集体农庄”。他举前顿河区霍泊尔区的集体农庄为例说：“这些集体农庄在技术方面似乎和小农经济没有区别（机器很少，拖拉机很少）。其实，在集体农庄里面单是把农民的工具集合起来使用就产生了我们的实际工作者所梦想不到的效果”。为什么能这样呢？斯大林说：“因为农民在单干条件下是没有力量的，而当他们把自己的工具集合起来并联合为集体农庄的时候，就变成了巨大的力量。”①

实践经验告诉我们，对于生产关系一定要适合生产力的性质以及生产力达到什么样的水平才能进行社会主义革命、变革社会生产关系等问题，不能做机械的、形而上学的理解，它们并不是那种简单的“对号入座”式的关系。诚然，没有社会生产力的一定发展，社会主义革命的任务无从提出来；但是，社会主义革命不是单纯的经济过程，而是经济、政治、国际国内多种因素互相影响的过程。一个国家社会主义革命能够发生、社会生

① 《斯大林全集》第12卷，人民出版社1955年版，第137页。

产关系能够实现变革、社会主义制度能够建立起来，不是生产力的自发结果，它还取决于多方面的因素，特别是取决于上层建筑的情况，阶级力量对比的情况。正如恩格斯指出的："根据唯物史观，历史过程中的决定性因素归根到底是现实生活的生产和再生产。无论马克思或我都从来没有肯定过比这更多的东西。如果有人在这里加以歪曲，说经济因素是唯一决定性的因素，那末他就是把这个命题变成毫无内容的、抽象的、荒诞无稽的空话。"恩格斯明确指出，对历史的进程发生影响的，"还有上层建筑的各种因素"①。列宁在1923年写的《论我国革命》一文中指出，第二国际的"英雄们"把"俄国生产力还没有发展到足以实现社会主义的水平"当作口头禅，但这是错误的。俄国无产阶级在特殊形势下，完全可以利用已经实现的工农联盟来夺取政权，然后依靠无产阶级政权来发展经济文化实现社会主义。② 事实正是这样。无产阶级在小农经济占优势的国家夺取了政权，建立了新的上层建筑，这就是用革命手段取得和创造了发展生产力的前提。在这种情况下，不但应当而且完全可能利用国家政权的力量、上层建筑的力量，利用革命胜利所创造的一定的经济条件，领导人民逐步地进行社会主义革命，变革旧的生产关系，建立新的生产关系；利用国家政权和上层建筑的力量，来促进生产力的发展。正因为在这样的国家里生产力的发展水平较低，当然最初也只能建立公有化水平较低的生产资料公有制形式。但它毕竟是崭新的社会主义生产关系，能够容许和促进社会生产力以前所未有的规模和速度向前发展。在生产力不断发展的过程中，这种新的社会主义的生产关系又能够不断地得到完善、巩固和提高。我国经过农业社会主义改造所建立的社会主义的集体经济，就经历了这样一个辩证发展的过程。它所提供的经验，丰富了马克思主义的科学社会主义理论。我们应当以此自豪，而不应当妄自菲薄。

① 《马克思恩格斯选集》第4卷，人民出版社1972年版，第477页。

② 《列宁选集》第4卷，人民出版社1972年版，第689—691页。

二

如同任何事物的发展都不是径情直遂一样，我国的农业社会主义改造也走过了曲折的道路，也产生过缺点和偏差。《决议》指出：“在一九五五年夏季以后，农业合作化以及对手工业和个体商业的改造要求过急，工作过粗，改变过快，形式也过于简单划一，以致在长期间遗留了一些问题。”还指出：一九五八年，“轻率地发动了‘大跃进’运动和农村人民公社化运动，使得以高指标、瞎指挥、浮夸风和‘共产风’为主要标志的左倾错误严重地泛滥开来”。拿我省的情况来说，1953年春内地土改基本结束的时候，重点试办了九个半社会主义性质的农业生产合作社。在这九个社的示范、带动下，经过整整两年的发展，到1955年春天，全省建立了7119个合作社，入社农户占全省总农户的5.4%。这一段，合作化发展是健康的，步子是稳妥的。1955年下半年以后，合作化的速度猛然加快了，加大“油门”，冒冒失失往前闯，到1956年3月中旬，就基本上“完成”了合作化，入社农户占了全省总农户的80.2%。到了1958年，这种缺点和偏差发展到更为严重的程度。当时，大批“条件论”，要求在很短时间内实现公社化，特别是在边疆民族地区错误地提出“一步登天”（即不经过互助合作阶段就一步实现人民公社化）。我省是多民族的边疆省份，经济文化十分落后，生产力的发展也不平衡，表现了显著的多层次的特点。当时完全没有考虑到这些实际情况，按照“一大二公”的模式一律要求，一刀切，频繁地变革生产关系，以为这样就可以促进生产力大幅度提高。结果，事与愿违，欲益反损，反而阻碍了生产力的发展。如果说，农业社会主义改造之所以应当从根本上加以肯定，是因为它体现了生产关系一定要适合生产力的性质这一客观规律；那么，农业社会主义改造中的缺点和偏差，主要的也就是表现在有些时候、有些方面违反了这一客观规律。由于我国特殊的条件，我们可以在经济文化落后的农村实行农业合作化，这是正确的；但如果进而不考虑生产力的状况，认为可以随意变革生产关系，那就错误了。我们过去的主要问题正出在这里，主要经验教训也在这里。

应当看到，党中央和毛泽东对于农业社会主义改造中的缺点和偏差，采取了十分严肃认真的态度，尽可能及时地进行了纠正和补救。早在1959年，毛泽东就发现了公社化中的错误，力排众议，坚决主张往下退，退到三级所有，队为基础，退到初级社的规模、高级社的组织。20世纪60年代初期，毛泽东重申价值规律、等价交换、不能剥夺农民等原则，坚决纠正一平二调的“共产风”，在经济上向农民退赔。毛泽东亲自主持制定了《农村人民公社条例》即“六十条”，从人民公社的体制到经营管理，规定了详尽的方针、政策和办法。与此同时，开展了大规模的整风整社。由于采取了一系列调整生产关系的重大措施，就使我们的集体化事业重新回到正常发展的轨道上来。我们还要看到，大部分地区合作化虽然搞得急了一些、快了一些，但后来工作跟上去了；干部成长起来了，积累了丰富的经验；国家在水利、机械、电力、化肥等生产建设方面，给了大力的扶持，提高了生产力，使集体经济得到了巩固和发展。当然，也还有一部分地区，由于原来的基础太差，国家支持又力所不及，生产长期没有搞好，甚至群众的温饱问题也没有得到很好的解决，这类地区生产关系和生产力不相适应的矛盾就更突出一些。党的十一届三中全会以来，党中央坚持实事求是的原则，总结历史的经验教训，对农村的生产关系做了进一步调整，切实贯彻按劳分配原则，坚决克服平均主义，放宽经济政策，推行各种形式的生产责任制，包括允许实行包产到户和包交提留到户，其目的就是为了进一步纠正过去工作中的缺点和偏差，解决长期间遗留的问题，使生产关系更好地适应和促进生产力的发展。党中央采取的这一系列方针、政策和措施，是正确的，是合乎实情、顺乎人心的。广大农民群众的积极性正在被调动起来，他们对党更加信任，走社会主义道路的信心更加坚定，集体经济更加巩固，广大农村出现了令人鼓舞的大好形势。

那么，搞包产到户是不是单干？既有今日，何必当初呢？我们认为不能这样看问题。现在实行的包产到户，同合作化以前的单干，两者有本质的区别。合作化以前的单干，是建立在私有制基础之上的，农民对土地等生产资料拥有完全的自主权，可以使用、转让、出租和买卖；而包产到户，是集体经济内部实行把农活和产量包到户，以地定产，以产定工。承包户对土地等基本生产资料有使用权，没有买卖权。包产到户虽然带有个体经营的性质，但它依存于社会主义的集体经济，是集体经济的一种经营管理形式，即所谓“集体不散，分头去干”，我们不能把它同私有制的小农经济等同起来。包交提留到户只承包上交任务，不再进行统一分配，比包产到户的机动范围更大一些，但它也是集体经济下的一种经营管理形式。实践证明，搞平均主义，吃“大锅饭”，干多干少、干好干差一个样，严重挫伤了农民的积极性。实行包产到户和包交提留到户，能够更好地发挥农民的积极性。这种办法的实行体现了我们党制定方针、政策确实坚持了实事求是、一切从实际出发的原则。实行这些措施，是进一步健全和完善集体经济的经营管理，而决不是对集体化道路的否定。

一棵参天大树，在芟除了枯枝病叶以后，会成长得更加茁壮挺拔；经过社会主义改造建立起来的我国社会主义农业集体经济，在克服了成长过程中的缺点偏差以后，也会更加健康地向前发展。今天，我们欣喜地看到，社会主义农业集体经济已经在中国大地上深深扎下了根子，它的发展前途无限广阔。在向四个现代化的伟大进军中，它是我们必须紧紧依托的前进的阵地。在党的十一届三中全会正确路线的指引下，我们一定能够更好地发展我国的农业现代化建设，胜利地实现建立社会主义现代化强国的宏伟目标。

（载《云南社会科学》1981 年第 4 期，人大复印报刊资料 1981 年第 11 期转载）

中国现代教育家马曜传

一、少年时代

马曜字幼初，1911 年 10 月 11 日出生于云南省洱源县大果村一个白族知识分子家庭。父亲马东初先生（1886—1946），是前清秀才，1911 年以优等生毕业于云南优级选科师范学堂，1912 年后在大理中学、昆明成德中学、开远中学任国文教员达 17 年。抗日战争初期，出任永平、龙陵县长，主持滇缅公路从漾濞到龙陵段的修筑工作，对抗战做出了贡献。马曜自幼受到父亲的影响，培养了爱国主义思想和对教育事业的浓厚兴趣。

马曜 7 岁入村中私塾读书，聪明颖悟，博闻强记，很快掌握了旧体诗的写作技巧。16 岁时，已能写出格律谨严、对仗工稳、意境高远的旧体诗。

1927 年秋，马曜考入大理省立第二师范初级部。这所学校的所在地，是大理城内著名的“西云书院”旧址，苍山洱海，映带左右，翠竹环绕，环境清幽，是读书的好地方。马曜勤奋攻读，学业日进。但是，安静的读书生活却没有持续多久，第一次国内革命斗争的风浪也波及西部边疆的这所师范学校，引起了马曜思想上的激烈变化。大革命失败后，全国处于白色恐怖之中。云南地方当局成立“清共委员会”，在全省进行图书审查，控制文化教育，逮捕和屠杀共产党人、进步人士。大理师范具有进步思想的青年学生奋起进行抗争。洱源籍学生发起组织洱源旅榆同学会，推举马曜为会长，经常开会研讨时事，抨击黑暗政治。1929 年夏初的一个晚上，学校举行话剧晚会，有讽刺大理驻军欺压人民的节目。驻扎三塔寺的地方军队独立营百余人，以此为借口，到校寻衅滋事，打伤教师两人和学生多人，致使学校被迫停课十余天。这件事，激起马曜的无比愤慨。他在昏黄的油灯下，伏案写诗作文，抒发愤懑心情。并撰写了“举目皆大敌，居心作小人”的对联，张贴墙壁，与施介等同学共勉。联语中的“小人”是反义词，意为敢于做那种被反动统治者称为“小人”的犯上作乱的革命者。这副对联，反映了青年时期的马曜已开始萌发了革命的思想。

1930 年夏，马曜和施介等同学从大理步行到昆明求学。他考入云南省高级农业学校。这时的昆明，革命活动虽然遭到镇压而显得沉寂，但地火仍在运行，革命书刊仍在暗中传播。马曜从朋友处阅读了一批革命书籍，初步接触了马克思主义。他还经常到省教育会图书室如饥似渴地阅读“五四”运动以来的新兴文艺作品。郭沫若的《女神》，那狂飙突进的激情，歌颂叛逆者的礼赞，猛烈地震撼着马曜的心灵。这时，马曜产生了一个强烈愿望——“仗剑去国，辞亲远游”。他决心走向更广阔的天地，寻求救国救民的真理。

1930 年冬，19 岁的马曜，告别故乡，只身赴南京，在云南学会补习功课半年，1931 年秋，考取上海光华大学经济系。从此，他的生活历程发生了一个大的转折。

二、在抗战的激流中

光华大学是 1925 年“五卅惨案”时上海圣约翰大学一部分师生不满学校当局镇压学生反帝爱国运动，自行分出建立的一所大学。许多在上海的学者如吕思勉、徐志摩、钱基博、李石岑、潘光旦、王造时等曾先后在那里任教或兼课。著名国学家钱基博先生（钱钟书之父）教授大学二年级国文，对马曜这个来自西南边疆的少数民族学生十分器重，师生间建立了深厚情谊。后来，马曜的诗集《茈湖精舍诗初集》1948 年出版时，钱基博亲自为之作序，誉马曜为“滇南诗人”，“因才抒藻，不乏遒响”。在光华大学期间，马曜受钱基博的教益良多，为以后研究中国古代哲学、历史学和从事教育工作，打下了良好基础。

1931 年 9 月，爆发了“九一八”事变，日寇强占了我国的东三省。全国人民掀起了轰轰烈烈的抗日救亡运动。马曜同当时的千千万万爱国青年一样，已不可能在学校埋头读书，激于爱国义愤，他积极地投入了抗日救亡活动。在斗争中，他做了一个对比：一方面，国民党政府奉行不抵抗政策，横暴地镇压群众的抗日活动；另一方面，中国共产党旗帜鲜明，号召全国人民奋起进行抗日救亡斗争。这时，马曜在政治上做出了一个重大抉择：要抗日，要救国，就必须参加到共产党的行列中来，这是他当时越来越强烈的信念和执著的追求。他先是参加了党的外围组织互济会，“九一八”事变后，便坚决地参加了中国共产党。从此，马曜更加自觉地把自己的命运和党的事业联系在一起。他在中共沪西区委领导下，积极从事工会和学运工作。曾参加义勇队、宣传队，组织街头募捐队，支援东北义勇军。有时白天忙碌了一天，晚上还和同学一起，冒着秋夜风寒，伫立街头，向群众宣传抗日和募捐。9 月下旬以后，马曜两次参加上海八个大学爱国学生组织的赴南京请愿活动，要求国民党政府出兵抗日，收复失地。12 月，为抗议上海警备司令部逮捕北京大学南下示威团两名领队学生，马曜参加了各大学学生包围国民党上海市政府的正义行动。他是直接找到当时的上海市长张群并迫使他出来会见群众的一批学生之一。这次斗争，终于使被捕的爱国学生获释。马曜后来回忆“九一八”事变时的情景说：“那时青年学生爱国热情高涨，是不顾身家性命的。”

1932 年春季，艾思奇来到上海，致力于介绍马克思主义哲学。由于同乡的关系，马曜和艾思奇时相过从。他们常在一起讨论马克思主义，分析时局，对国民党政府的媚日行径表示强烈愤慨。马曜认为，乞求国民党恩准抗日是徒劳无益的，应当采取更积极的实际行动。他想到驻扎湖北襄阳的国民党滇军五十一师师长范石生对蒋介石不满，范部有一些下级军官倾向革命，可以试一试策动范部兵变，投奔红四方面军。1932 年夏天，马曜前去襄阳，结识了一批思想进步的下级军官，冒着危险进行策反工作，可惜没有成功。同年 9 月，他回到上海复学。

1934 年春，马曜所在的党组织遭到敌人的破坏，他被迫失去了组织关系。在此后的岁月里，他一方面积极找党，一方面始终以一个共产党员严格要求自己，坚持不懈地从事革命活动（中共云南省委于 1985 年做出决定，恢复马曜1931年入党的党籍，党龄连续计算）。

三、活跃在教育战线上的革命者

马曜1934年夏天离开光华大学。从这时起一直到新中国成立，10余年间，他都在国民党统治区从事教育工作，先后担任过小学校长、中学教员、大学讲师和副教授。他在教学工作中，除了传授文化知识，更主要的是教育学生明辨是非，走革命的道路。他的学生中，有许多参加了革命的实际斗争。有的成为今天党、政、军的领导骨干，其中有中央委员、省一级的领导干部。

1934年夏，马曜到湖北随县教书。他再度来到湖北，目的是继续对范石生部进行策反工作，仍然没有成功。但在他的影响下，罗丰、彭光、唐维恭等青年提高了政治觉悟，先后参加了革命。这是他此次湖北之行的积极成果。

1935年初，马曜应聘到江西芦林学校教书。芦林学校是李一平先生（新中国成立后任国务院参事）创办的一所具有进步倾向的学校。马曜和其他教师，不断地向学生进行爱国的、革命的思想教育，甚至公开讲授马列主义。在他们的教育影响下，有些学生在抗日战争中参加了游击队，有的英勇牺牲。这所学校于1936年底被当地警察局以所谓"鼓吹异端邪说"的罪名查封。马曜在芦林学校教书期间，薪俸微薄，生活清苦，1935年除夕，竟没有米下锅。这时，他又染上肺病，缺医少药，病情日益加重，槁卧荒山，几至不起。1936年"西安事变"前后，马曜与挚友罗丰、唐维恭、学生柯贤廷在芦林相聚。大家对"西安事变"的发生同感振奋，罗、唐、柯三人对未杀蒋不以为然，马曜说服他们，应当从孤立亲日派的全局看问题，罗丰到延安后回忆此事，深服马曜的卓识。1937年春，根据国共合作的新形势，马曜鼓励罗丰、柯贤廷到延安参加革命。后来罗丰进了抗大（离休前任福州军区空军政治部副主任），柯贤廷到陕北公学学习（1939年牺牲）。不久，马曜又扶病亲自送唐维恭（唐是汉阳兵工厂工人，到延安后在抗大任机关枪教员）到九江转武汉去延安，赋诗握别。马曜鼓励朋友和学生参加革命实际斗争的同时，自己热望结伴同行，但重病缠身，不能如愿。他写了“大地不平山突兀，苍天有泪雨滂沱”的诗句，抒发这种心情。

1937年7月，抗日战争全面爆发，江南陷于兵荒马乱之中。马曜拖着病体，谋生为难，只得取道香港、越南回云南。1938年春，马曜历尽艰辛，回到故乡。由于环境较为安定，病情渐有起色。在这以后几年内，他先后担任过安宁温泉小学校长，安宁、武定、镇南（今南华）、昆明等地的中学和师范学校的文史教员。1939年10月，马曜到西南联大进修文史一年。西南联大是人文荟萃之地，马曜从陈寅恪教授学习历史，从罗庸、刘文典教授学习古典文学，还选修了魏建功教授的音韵学，许维遹先生的先秦诸子之学和陈梦家先生的文字学，学术上得到全面提高。1940年10月，以全班第一名在西南联大毕业，继续到昆华中学任教。抗战时期，云南的民主空气比较浓厚，马曜利用这种形势，在教学中积极宣传马克思主义和中国共产党的抗日主张。在这一时期内，著名植物学家秦仁昌、语言学家傅懋勣、历史学家方国瑜、李埏、缪鸾和等人都不同程度地受到马曜的进步思想影响。李埏教授在新中国成立后回忆说：“马曜是我的马克思主义启蒙人。”

解放战争时期，昆明地区蓬勃发展的民主运动，是全国革命斗争的一个重要方面。民主运动的骨干力量，是广大进步教师和进步学生。这期间，马曜先是在中学任教，1947年被聘为云南大学文史系讲师，兼任昆明师范学院中文系讲师（1949年转为副教授）。他以积极的姿态投入到民主运动中，后期，并以中共地下党员的身份，参加了争取卢汉将军起义的工作。

1945年抗战胜利后，马曜与闻一多、楚图南、冯素陶等民主同盟负责人建立了密切的联系，随即参加了民盟。闻一多、冯素陶考虑到杨青田、马曜作为云南本地人的有利条件，建议他俩以教育界人士的身份竞选国民党云南省参议员，开展合法斗争。杨、马二人于1945年冬当选。省参议会是所谓“民意机构”，并无实权，但却有很大的影响，除每年开两次大会外，每月开一两次例会。马曜在教学工作之余，充分利用省参议会这个讲坛，进行民主斗争。他说服了许多来自不同职业和阶层的省参议员参加了反蒋统一战线。

1945 年 11 月下旬，昆明地区学生集会游行，发出“反内战、要和平，反独裁、争民主”的正义呼声。12 月 1 日，遭到国民党军队和特务的武装镇压，教师学生死 4 人，重伤 60 余人，这就是著名的“一二·一”惨案。马曜作诗愤怒斥责国民党当局的暴行，有“诸生有命谁能惜，食肉犹夸饲虎驯”和“八春喋血河山在，医国终须换骨丹”之句。他在省参议会上提出国民党中央“驻滇军队不得直接拘捕人，任意检查人，以维人权”的提案，旗帜鲜明地支持学生运动。随后，他在省参议会内又积极参加和组织了反对内战、反对三征（征兵、征粮、征税）的斗争，抗议国民党当局杀害李公朴、闻一多的斗争。

1948 年夏，马曜同中共地下党组织取得联系，接着回到了党的队伍。他像游子回到慈母怀抱一样，充满感奋的心情，迫切要求党组织交给自己战斗的任务。这时，在地下党云南省工委的直接领导下，在省参议会内，秘密成立了由杨青田、唐锡畴、马曜三人组成的党的统战工作小组，积极开展以争取地方实力派为中心的党的统战工作和揭露、反对美蒋的斗争。1948 年夏天，昆明学生运动掀起新的反美扶日运动高潮，抗议国民党政府的卖国行径。国民党云南警备总司令何绍周（何应钦的侄子）指挥军警进行镇压。马曜执笔写了《致何绍周的公开信》，以九个省参议员的名义在 6 月 20 日《民意日报》上发表，并摘要刊登于《大公报》。信中义正词严地指出：“美国不顾我国利益，扶植日本，八年之血迹未干，强邻之野心复起。……青年抗议游行，动机极为纯正”，要求“迅将无辜被捕学生，一律予以释放”。这封信在当时产生了很大的影响。7 月 15 日，两千多名反动军警围攻逮捕大批罢课的青年学生，制造了骇人听闻的“七一五”事件。数百名青年学生高踞云南大学会泽院楼顶，抗拒军警的围攻。当天，马曜怒不可遏地写了题为《七月十五日即事》的诗：“正气真存不帝秦，刀光剑影警鸡晨。悬空万目睽睽处，知是田横五百人。”诗中把反抗美蒋的青年学生比作义不帝秦的鲁仲连，比作杀身成仁的田横五百壮士，对学生的英勇斗争，做了热情的歌颂。在白色恐怖下，马曜还尽力掩护和转移了万国祥等一批教师、学生中的地下党员到滇西参加武装起义的准备工作。

1949年初，人民解放战争取得伟大胜利，全国解放在望。马曜奉省工委指派，多次与卢汉谈判，敦促他和平起义。为了排除卢汉起义的障碍，党的统战工作小组发动省参议会开展驱逐操纵云南省军事指挥大权的省警备总司令何绍周的斗争（卢汉暗中支持，提供了何绍周贩卖武器、鸦片，中饱私囊的材料），迫使蒋介石于1949年2月宣布撤销云南省警备总司令部，调走了何绍周。在这以后，马曜和统战工作小组成员在省参议会内，还发动了一系列反对国民党残余军队溃退入滇企图控制云南作为大陆反共最后基地的斗争，如反对胡宗南部队入滇，反对桂系三〇三师入滇，反对国民党第八军李弥部和第九十八军刘伯龙部入滇等。还通告全省人民立即停止交兵交粮，同蒋介石的"应变计划"进行针锋相对的斗争。

在反动统治下，想找一块清净土闭门读书或教书是难以做到的。一个爱国的知识分子，或迟或早总要走到共产党领导的人民民主革命的行列中来。马曜在教育战线坚持不渝地进行革命斗争，并教育、支持学生走上革命的道路。他的活动顺应了历史发展的潮流，带有鲜明的时代特色。

四、民族教育的准备——民族调查

新中国成立后，马曜是中共云南省委民族工作五人小组的成员。云南是多民族的边疆省，民族问题在云南具有特殊重要的意义。1950年，马曜受命组建云南省民族事务委员会，任副秘书长。1951年，被任命为云南民族学院副教育长。云南民院是云南有史以来第一所专门培养少数民族人才的高等学校，由云南省人民政府副主席周保中将军兼任院长。马曜作为民族学院筹备委员会委员，具体负责筹建的日常行政工作，参与了学生的招收，教学计划的制定，课程的设置和教师的聘请等等，他都殚精竭虑，付出了辛勤劳动。经过努力，云南民院于1951年8月1日正式成立，各族人民奔走相告，庆贺这一件大喜事。

马曜不仅负责教学的组织领导工作，还讲授民族理论政策课程。他在教学中深切感到，要搞好民族教育，首先必须了解教育对象——少数民族的现状和历史，要研究不同民族在形成和发展过程中所具有的特点，还要研究各民族之间的相互影响和相互关系。只有对少数民族的情况了然于胸，民族教育才能做到有的放矢。而当时的实际情况是，历届政府并没有留下像样的民族资料，连最起码的民族识别也几乎没有人做过，究竟云南有多少少数民族，谁也说不清楚。基于做好民族工作和发展民族教育的需要，马曜产生了亲自做民族调查的强烈愿望。

民族学院的创建工作初步有了头绪以后，马曜在省民委立即组织开展了全省民族人口统计，各民族的自称、他称等数百种的调查分析。1952 年他率领民族学院第一班毕业学生到德宏傣族、景颇族地区开展工作，从事民族调查。后来又调任省委边疆工作委员会政策研究室主任、边疆处处长、中缅勘界委员会办公室常务副主任等职，一直到“文化大革命”。这就为他进行系统、深入的民族调查提供了极好的条件。1966 年以前马曜还一直兼任云南民族学院民族理论政策的讲课工作，并经常到省委党校、云南大学及财贸、工交、农水等系统的专科学校讲授民族政策。10 多年来，他所积累的丰富的民族工作和民族教育实践经验，为“文革”后重新从事民族教育工作，打下了良好的基础。

马曜从 1951 年开始，就在省民委首先发起和组织领导了对全省少数民族的调查研究工作。1953 年到 1955 年，他具体领导了德宏景颇族地区和西双版纳傣族地区的社会调查。1954 年到 1956 年，参加组织、领导了对云南 20 多个少数民族的民族识别工作和大规模的社会历史调查工作，积累了大量的第一手材料。1953 年，马曜来到潞西县遮放西山景颇族地区，进行 40 天调查，剖析了 41 个村寨的情况。在他面前，展现了一幅原始公社末期——农村公社的生动图画。这里，原始森林茂密，山梁上疏落地分布着一些村寨。人们使用简陋的工具，从事狩猎、采集和刀耕火种的农业生产。为了维持最低的生活，辛勤劳动，并保持互助合作的习惯。没有从农业分离出来的手工业者，基本上是自然经济。旱地自由开荒，水田占有虽有多少之别但不集中。山官寨头有世袭的特权和轻微的剥削，但大部分参加劳动，其生活仅相当于中农水平。当马曜到达西双版纳傣族地区调查时，发现是另一番情景，那里的封建领主经济已相当发育。马曜从实际调查中，深刻认识到各民族发展极不平衡的特点，彝、白、纳西、回、蒙古族等内地民族地区，已经进入封建地主经济；边疆傣、哈尼、拉祜、藏、阿昌、普米等族，经济上是封建领主制，政治上是土司制度；居住在小凉山的彝族，保留着奴隶主所有制；分布在国境边沿一线的傈僳、佤、景颇、布朗、怒、独龙、基诺、德昂等族，或多或少地保留着原始公社制，或正处于原始社会向阶级社会的过渡阶段。这样，就构成了一部活的社会发展史。根据这些极其复杂的情况，马曜认为民族地区进行民主改革和社会主义改造，决不能照搬汉族地区的做法，而必须从实际出发，采取特殊的政策和措施。他首先提出，对于保留着原始公社残余的景颇、傈僳、佤、布朗等族，新中国成立初约有60万人口的边疆民族地区，由于水田占有不集中，阶级分化不明显，不应把土地改革当作一个革命运动阶段来进行，可以不重分土地，不划阶级，在国家的帮助下，发展经济、文化和互助合作，逐步完成某些环节的民主改革任务，直接过渡到社会主义。他的意见为云南省委所采纳，并报中共中央批准实行，形成了“直接过渡”的思想和政策，在理论上和实践上都有重要的意义。与此同时，他根据省委指示协助思茅地委制定了西双版纳傣族地区和平协商土地改革方案。基于对各少数民族发展不平衡特点的认识，马曜从这时开始形成了发展民族教育必须分类指导的思想。

马曜在“文革”中受到残酷迫害，被罗织许多莫须有的罪名，关“牛棚”多年，被“开除党籍”、“扣发工资”、下放农村“插队落户”。马曜在身处逆境的情况下，对党的信念坚定不移。1970年平反昭雪以后，他将补发的工资大部分交了党费，其余捐赠他插队所在的生产队和救济贫苦农民，以表示一个老党员对党的忠贞和对人民的深情。

五、民族教育的实践

1972年，马曜重新回到教育战线工作。先后担任云南大学历史系教授、云南大学学报《思想战线》主编，云南民族学院院长、名誉院长等职。这时，他已年过花甲，为了弥补“文革”中失去的宝贵时间，他异常勤奋地工作。他爱才重才，把培养人才视为最大的乐趣。他在发展民族教育事业方面，倾注了满腔热情，做出了突出的贡献。

马曜任云南民族学院院长是1979年。当时，这所大学同其他大学一样，在“文革”中备受摧残，百废待兴。马曜重回民院时，怀着强烈的发展民族高等教育的事业心，制订规划，组织实施，日夜操劳。马曜认为，云南民族学院的发展要同整个民族工作联系起来，正确处理好发展民族教育事业与发展民族经济的关系。1980年初，马曜首先提出，民族学院招生重点要面向全省少数民族人口中的最大多数和经济文化特别落后的国境边沿一线以及内地广大山区，主要培养少数民族中学师资和各类专业技术人才，为这类地区的四化建设服务。同年，他主持制订了学院1980—1985年发展规划，经院党委讨论通过，并报请省委批准实行。按照这个规划开展工作后，民院的工作有了很大的发展。1980年开办了预科，招收边疆和内地山区的少数民族初中毕业学生及高考落选的应届高中毕业生，分别开办高中班和大学预科补习班。连续三年，有75%的预科生考上了大学，其中20%考取清华大学等全国重点大学。有的学生入学时，汉话都不会说，三年毕业后考取了大学。民院本科原有汉语文、少数民族语文、政治、历史、数学五个系，1980年后增加了物理、经济管理、外语三个系，并筹办化学系，在校学生由原来700人增加到1500人。培训在职民族干部的干训部，逐年扩大招生人数，逐步走向正规化。马曜在民院筹建了云南省民族研究所，调来一批国内知名民族学专家，使该所业务得到充实加强。为适应学校发展，需要扩建校舍。马曜为联系征地、申请经费、组织施工，亲自劳碌奔波。两年之内，扩建校舍近4万多平方米，兴建了容纳1500名学生上课的教学大楼、学生宿舍，兴建了280套教职工宿舍，成立了永久性的民族文化和民族工作展览室。几年来，云南民族学院从一所原来主要轮训在职政工干部的学校，发展成为一所培养四化建设所需要的党政干部和专业技术人才的综合性大学，这是同马曜的辛勤工作分不开的。

马曜主持民院工作期间，首先抓师资队伍的建设。他认为要办好一所大学，没有一支量足质高的教师队伍是根本不可能的。他延揽人才，有一股求贤若渴的劲头。民院在三年内调入教师和科研人员120人，其中有59人是从其他学校包括外省学校商调而来的，有61人是采取“招贤”的办法调入的。这61人中，有的是历次政治运动中被错误处理的，有的是闲散在社会上的专业人员，有的是外单位学非所用的。有一位原云南大学副教授，解放初期被错误处理，判刑多年。1980 年，马曜派人到法院查找他的案卷，请求法院复查，很快得到平反，恢复了副教授职称，并担任一个系的副主任。还有一位知名教授，50 年代错划为右派，被迫退职，马曜得知后，延请到校任教，恢复了他的职务和职称。在反右派扩大化错误未纠正以前，马曜就聘请了一批学有专长的“右派”教师到校任职。马曜重视和爱惜人才，团结知识分子，出以公心，不计毁誉，敢于冲破阻力，赢得教育界的普遍尊敬。

民院学生的民族成分包括全省 20 多个少数民族，许多人来自穷乡僻壤，对城市和大学生活很不习惯。马曜对学生亲切关怀，视同子弟。他特别重视从政治思想上关心学生。1981 年，有个学生在试卷上写了有政治性错误的话。马曜分析这个学生本质不坏，主要是年轻幼稚，听信谣言。因此，着眼于进行疏导教育，耐心帮助，并让授课教师把试卷退给该生，不装档案。这个学生深受感动，认识了错误，后来表现很好，并申请入了团。马曜经常主持会议，具体研究和检查后勤工作。为了改善教职工和学生的生活，他在 1980 年就提出用“半企业化”的办法管理食堂，取得显著效果。马曜关心学生的事迹是很感人的。1981 年底，经济管理系有一个白族学生的母亲在家乡患破伤风病危，这个学生买到了急需的针药，但无法及时送回。马曜知道后，当即派汽车连夜把针药送到 500 公里以外的鹤庆县，使病人得救。这件事很快在全县传开，白族群众反映说：云南民族学院送来了党对少数民族的关怀，救活一个人，暖了众人的心！

马曜重回教育战线以后，即使担任了繁重的行政领导工作，也从来没有放弃他热爱的教学工作。他常说：“我是以教书走向社会，也要以教书终其晚年。”作为历史学教授，他主要讲授先秦史和民族史的课程。先秦史和民族史是一个广阔的领域，没有弄清楚的问题很多，特别是用马克思主义观点研究云南民族史，并写出系统的科学的教材，还是一个全新的课题。马曜不满足于把现成的书本知识传授给学生，而致力于把科研和教学结合起来，用科研的成果充实教学的内容。因此，他的授课有创见，富新意，受到学生的欢迎。1975 年，他撰写了《庄蹻起义与开滇的历史功绩》和《诸葛亮安定南中》两篇论文发表，对云南历史上的两个重要问题进行探讨，引起学术界的很大兴趣，《光明日报》随即开展了关于庄蹻起义问题的讨论。1977 年，马曜主编的《云南各族古代史略》出版。这是一部包括资料有 90 万字的巨著，以类似“纪事本末”体的形式，叙述了云南各民族从远古到鸦片战争前夕的历史。全书力求用历史唯物主义观点，理出云南历史上几千年重大事件发展的脉络和内部联系，把云南各族史放在全国历史发展总体中加以考察，是一部有特色的云南地方史和民族史的力作，也是一部很好的历史教材和教学参考资料。书的绪论，是马曜执笔写的《云南各民族的由来和发展》。此文对云南 20 多个民族各自的族源和族属，从古迄今的发展，各民族之间的关系，条分缕析，提出了系统的见解。日本学者长谷川清、栗原悟在《东南亚历史与文化》杂志 1983 年第 12 期上著文评价此书说：“在研究民族体系的出版物中，以《云南各族古代史略》为最好。……我们应将马曜先生在该论文（指绪论）中提出的见解与过去许多有关民族分类问题的研究进行比较，并加以严密的研究。我们认为该论文已包括了许多重要问题，并摆出了许多当前中国民族学界的基本见解。”在这部著作的基础上，马曜又主编了一部《云南简史》，于 1983 年出版。该书 1984 年获全国爱国主义优秀通俗历史读物奖。由全国著名历史学者所组成的评委会对此书给予很高评价：“我国有 55 个少数民族，而云南占了 25 个。本书题名《云南简史》，实际上是云南各民族的简史。它从历史上各兄弟民族的形成、发展、迁徙、分布及与内地各王朝的联系，包括了政治往来、军事战争、经济合作、文化交流各个方面的事态，说明他们在云南的休养生息、开发建设以及相互之间的融合、同化……本书简明扼要，条理清楚，学术性与通俗性结合得较好，是地方史中不可多得的一部著作。”这本简史不但在青年学生中拥有许多读者，而且被列入《云南丛书》，成为广大干部的读物。

特别值得称道的是，马曜运用民族学资料，比较研究先秦历史，于考古学、文献学之外另辟蹊径，为国内学者所重视。早在 20 世纪 50 年代，马曜在西双版纳地区对傣族社会经济情况进行调查时，发现这里的经济形态，既不同于内地的封建地主经济，又不同于欧洲中世纪的农奴制，而是一种封建份地制，和文献记载中所反映的西周时期中原地区的井田制有许多类似之处。他从这些类似之处领悟到，不同民族的历史发展处于同一阶段时，往往会出现重复性和常规性；解剖了西双版纳封建领主制这一活的

"社会化石"，就找到了一把解开古代西周社会之谜的钥匙。他从多方面比较研究中，得出了西周社会是建立在农村公社基础之上的封建井田制的结论。他与缪鸾和合作，发表了长达10万字的《从西双版纳看西周》的论文。马曜70年代重回教育战线后，由于历史教学的需要，他重新整理发表了旧作，在此基础上，又完成了《傣族封建领主制与周秦社会的比较研究》、《西双版纳份地制与西周井田制比较研究》等长篇论文和专著。徐中舒、杨向奎、匡亚明等著名学者充分肯定马曜的研究成果。匡亚明教授在《孔子评传》中说："关于中国西周社会性质问题，至今尚有争论。如果现有文献资料和考古资料还不够作为解决问题的充分论据的话，那么，在一定程度上正和摩尔根所做的那样，马曜、缪鸾和二同志把新中国成立前西双版纳所处的领主封建社会的活生生的现实丰富材料，从民族学的角度，向我们提供了更为有力的解开西周社会性质之'谜'的钥匙，不也同样可以说是一个很有价值的贡献吗?"

由于马曜在先秦史、民族史的研究上取得突出成绩，日本、美国留学生慕名而来，要求长期或短期进修。马曜悉心指导了这些外国访问学者和研究生的学习。

马曜通过多年民族教育的实践，形成了自己的对进一步发展云南民族教育的见解和主张。他认为，云南边疆约有400万人口的少数民族，大体上是从封建领主制、奴隶制以至原始公社末期等社会母体脱胎进入社会主义的。这些民族不仅没有跨越商品经济关，而且没有跨越文化启蒙关。旧社会的历史痕迹和传统意识不是短时期可以消失的。经过20世纪50年代的民主改革和社会主义改造，云南各少数民族在党的领导下，跨越一个到几个社会历史发展阶段，进入社会主义，这确乎是了不起的深刻变化。但是，过去这方面的宣传有片面性。这种跨世纪的飞跃，单单以社会制度的变革即消灭阶级来衡量，是很不全面的。没有与社会制度变革相适应的社会生产力的发展，没有经济、文化的繁荣，民族地区已经建立起来的社会主义制度是不巩固的。马曜认为，要发展经济，必须教育先行。新中国成立以来，国家在财政和物资上给了云南少数民族以巨大帮助，但至今大多数少数民族的经济生活还不富裕，边疆和山区几百万人口仍处于穷困状态。重要原因之一，是没有高度重视发展民族教育，提高人口素质，少数民族自己的人才没有大批培养出来，还不能做到“用自己的脚走路”。文化落后限制人们接受新鲜事物。不久前，边疆某县发生过一件事，县上奖给某生产大队一部拖拉机，由于柴油发动机发动起来后不会关闭，只好找几个小伙子用棍棒把机器砸烂。马曜常引用这个例子说明一个道理：对于教育文化落后的少数民族，多教给他们一些知识和本领，比多给他们物质的东西有效和重要得多。只抓生产，不抓教育，是违反经济发展规律，也是不符合民族工作发展规律的。马曜认为，民族教育大大落后于经济发展的需要，这是当前云南民族地区四化建设中的突出矛盾。要使少数民族迎头赶上汉族，必须把民族教育当作具有战略意义的头等大事来抓，致力于提高民族的素质，培养大批科学技术和经济管理专业人才。提高少数民族劳动者的素质包括提高他们的文化技术水平，用科学思想改变他们的传统观念，刺激和提高其对科学技术的需求和接受程度。这是发展民族经济的内在动力源泉。没有这一内在的源泉，即使有大批外部技术人才的进入，大量财力和物资的支援，也是收效甚微的。

马曜于20世纪80年代初在省党代会和县委书记会议上，多次提出对现行民族教育体制进行改革的建议，并在《光明日报》和《云南日报》上写过多篇论文加以阐述。他认为，现行民族教育体制，存在着照搬汉族地区做法的一般化、一刀切的弊病，必须改革。改革的指导思想，是要从不同民族的不同实际出发，实行分类指导，因地制宜地在学制、课程设置、修业年限等方面，采取切实有力的具体措施。他分析了全省1100多万少数民族人口当前教育水平的现状，认为大体分三种情况。第一类是主要居住于内地平坝及交通沿线的白、回、纳西、蒙古等族以及少数彝族和壮族，人口约200万，其文化发展水平和原有的教育基础接近汉族。发展这类地区的教育事业，可以放在发展整个国民教育中统一解决。第二类是哈尼、傣、拉祜、藏、阿昌、普米等族，还有大部分彝族和壮族，人口约500万。文化教育很落后，青壮年文盲、半文盲达60%—70%，拉祜族达80%以上。对这类地区的教育事业，国家要大力扶持，采取一些特殊措施，包括放宽入学年龄，尽量扩大招生人数，延长各类学校修业年限，解决入学低水平和毕业高要求之间的矛盾，等等。第三类是苗、瑶、傈僳、佤、景颇、布朗、怒、德昂、基诺等族及克木人以及部分高寒山区的彝族支系等，人口约300万。文化教育特别落后，有一些地区还停留在刻木结绳记事的原始文化阶段，12岁以上的人口绝大部分是文盲或半文盲。对这类地区，要由国家包下来，实行食宿包干的免费教育。经过几十年坚持不懈的努力，才有可能赶上现代化的文化教育、科学技术水平。

在民族地区特别是第二、三类地区发展民族教育，遇到一个尖锐的矛盾，就是师资奇缺。当地少数民族出身的师范生、大学生寥寥无几，外地汉族教师和大学生多不愿去边远地区从事教学工作，去了也不安心，生不下根来。怎样解决这个矛盾呢？马曜在1980年就提出，利用大、中城市师资密集、教学设备齐全和学习环境优良等优势条件，建议在昆明和大理、个旧等城市，办若干所“一条龙”的民族预科学校，学生人数由千名（专州）到万名（昆明）不等，每年从民族地区主要是特别落后的二、三类地区，挑选大批初小毕业的聪颖幼童入学，初中毕业后按各三分之一分别升入普通高中、中等师范和职业技术中学。毕业后，大部分回乡任小学教师和从事各种职业技术工作；一部分再升入大专院校深造。采取这种学生就老师，少数民族学生到先进地区“留学”的办法，师资问题容易解决，学生得到良好的学习条件，就能多出人才，快出人才。几年来，他多次在国家民委会议、省党代会和省的各种有关会议上宣传他的主张，希望引起有关领导部门的重视，采纳实行。

近年来，马曜已届高龄，退居二线，但他壮心不已。除了继续指导研究生学习外，还进一步扩大民族史的研究领域，并致力于中外学术交流。1983年，他担任云南民族教育考察团团长，率团访问美国康奈尔大学、弗吉尼亚大学、贝勒大学等五所高等学校。1986年9月，又率领中国西南民族学者访问团访问日本，同日本学者进行学术交流。1987年4月，他应香港中文大学中国文化研究所的邀请，赴香港讲学。他表示，一息尚存，要为发展祖国的文化教育事业尽绵薄之力。

（载《中国现代教育家传》第7卷，湖南教育出版社1988年版）

文艺随笔

林则徐游昆诗解读

中国近代史开篇第一大冤案，就是腐朽的清王朝把禁烟抗英有功的林则徐撤职查办，充军新疆伊犁。四年后，道光皇帝下旨赦免，起用林则徐为陕西巡抚，不久又升任云贵总督，算是官复原职。不去海疆去边疆，反映清朝廷对林则徐仍不放心。然而，我们云南由此和这位民族英雄结缘，又是一件幸事了。

林则徐饱受数载大漠风寒之苦，疾病缠身，于道光二十七年（1847年）来到云南时，已是风烛残年的老人，三年后便去世了。云南对于他并不陌生。嘉庆二十四年（1819年），林则徐正值34岁的壮年，以翰林院编修的身份，被钦点为云南乡试正考官，主持云南的乡试。28年后旧地重来，云南的父老乡亲热忱欢迎他，云南的淳朴民风、奇丽山水给了他最好的精神慰藉。在当时，云南是出名的瘴疠之区、蛮荒之地，人们视为畏途，而林则徐完全没有这种心态。他热爱云南，赞美这里的风物。这在他游览昆明风景区写下的诗中，得到了充分的表现。

道光二十九年（1849年）七月十五日中元节，云南学使孙梧江要到东部府县主持考试。之前的一天，雨后初晴，林则徐邀约巡抚程矞采（字晴峰）为孙梧江饯行。他们先游黑龙潭，继而泛舟近华浦，饮于大观楼下。林则徐兴致勃勃地写下两首律诗——

玉鉴悬秋欲采风，郊原联辔访龙宫。
松杉过雨垂髯碧，鱼鲔跳波弄眼红。
揽胜莫辞衣袂湿，临歧肯放酒杯空？
老梅认取陈根在，卅载鸿泥一梦中。

黑龙潭有唐梅二株。嘉庆己卯，徐使滇中尚见之。一株已枯，而旁出小茎引一大株犹极蟠郁之盛。今此株亦只剩枯根尺许，为之慨然。

这首游黑龙潭的七律，可注意的有两点：一是发挥丰富的想象力，直认黑龙潭就是“龙宫”，把雨后松树、杉树垂下的碧绿枝条，想象为龙的胡须，把潭水中跳跃的红鱼，想象为闪射金光的龙的眼睛。描写黑龙潭的景色，多么幽奇瑰丽！二是由唐梅的荣枯而发生的感慨。30年前，林则徐曾游黑龙潭，看到唐梅有两株，一株已枯，一株还很茂盛，而现在连这一株也已枯萎了。他由此联想到人世的沧桑，自己宦海浮沉，身心交瘁，壮志未酬，不由得发出“卅载鸿泥一梦中”的沉重叹息。幽深的“龙宫”景色和抑郁的心情相交织，这首诗有一种感伤的色调，诗的末联和52字的长注，是一曲对唐梅和时局的挽歌。

林则徐一行游完黑龙潭，由骑马改乘竹轿马车，穿城而过，来到大观楼。先是乘船在湖中游赏，接着登上大观楼远眺。近景是四厢怒放的鲜花，中景是千亩金稻飘香，远景是滇池烟波浩渺、西山如黛。面对如此美景，把酒临风，林则徐的心情一下子开朗起来，乐以忘忧，写下了一首热情奔放的律诗——

笋舆穿彻郭东西，载上轻舠息马蹄。
雨后浓园花四壁，水边香绽稻千畦。
阑干百尺横波立，楼阁三重压树低。
合乞文星留墨妙，长言休让昔人题。
大观楼有百八十言长对，故云。

林则徐是政治家，也是当之无愧的诗人。一个“浓”字颇见功力，把雨后大观楼的艳丽景色刻画得准确贴切，十分精彩。如果说，游黑龙潭诗的调子还比较压抑低沉的话，那么，游大观楼诗的基调则是昂扬明亮的了。两相对比，既反映了林则徐一天之内心情的变化，由阴转晴，也表现了他的鲜明性格。

林则徐是站在时代潮流前列的杰出历史人物。感时伤事，心情不畅，只是暂时的，他不会一直消沉下去，昂扬奋进才是他的本色和特色。这一点，从本诗的末联更得到生动的证明。“合乞文星留墨妙，长言休让昔人题。”他在大观楼前欣赏著名的孙髯翁长联，却不甘拜下风。不但自己带头作诗，而且鼓励同僚留下佳篇妙句，不要让孙髯翁专美于前。这就是林则徐的性格：自强自信，气魄宏大，不畏强手，敢于碰硬。在船坚炮利、如狼似虎的英国侵略者面前是这样，在文坛高手孙髯翁的长联面前也如此。大诗人李白游黄鹤楼看到崔颢的诗，废然搁笔，说“眼前有景道不得，崔颢题诗在上头”。就不服输这点而论，李白比林则徐就略逊一筹了。

同游的程巡抚、孙学使奉林总督之命作诗，优劣如何，是否配得上“文星”的雅号，史无记载，不得而知了。但是，我们却要深深感谢学使孙梧江先生，他什袭珍藏林则徐亲笔写给他的这两首诗的信，留下了一份对我们云南有特殊意义的珍贵历史文物。手迹辗转传承，最后归故宫博物院收藏，历经一百五十多年，安然渡过无数战乱劫火，完好如新。

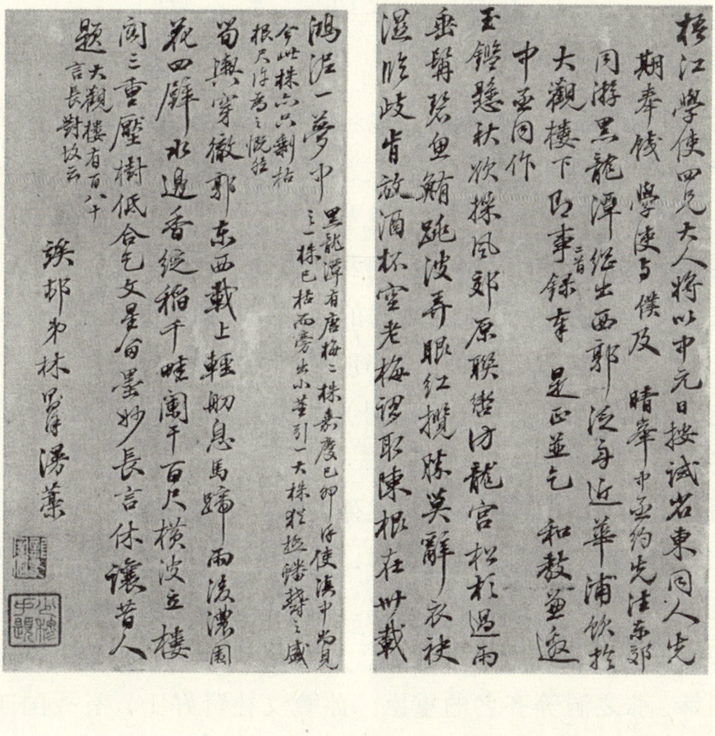
梧江学使四兄大人将以中元日挼试岩东同人先期奉饯 学使与仆及 晴峯中丞约先往东郊同游黑龍潭纵出西郭泛舟近华浦饮于大观楼下即事録奉 是正並乞 和教兼邀 中丞同作

玉镫悬秋欲探风 郊原联骑访龙宫 松杉过雨垂髯碧 鱼鲔跳波弄眼红 揽胜莫辞衣袂湿 昨歧肯放酒杯空 老梅谬取陈根在 卅载鸿泥一梦中

黑龍潭有唐梅二株嘉庆己卯仆使滇中尚见二株已枯而旁出小茎引一大株壮趣苍翠之盛 今此株亦只剩枯根尺许为之慨然

菊湖穿彻郭东西 载上轻舟息马蹄 雨後濛烟花四壁 水边香绕稻千畦 阑干百尺横波立 楼阁三重压树低 合乞文星留墨妙 长言休让昔人题

大观楼有百八十言长對故云

侯弟林则徐谨藁

（载《昆明日报》2005 年 7 月 30 日）

林则徐与孙梧江

民族英雄林则徐游黑龙潭、大观楼所赋诗，是亲笔写给云南学政孙梧江的。孙什袭珍藏，为我们云南留下了一件珍贵的历史文物，功不可没。因笔者首次公布林则徐手迹，有许多读者便来信询问孙梧江的生平，以及他与林则徐交往的情况。我们手边有一些史料，特做介绍，以飨读者。

状元郎“荣选”来云南

孙梧江是一个大有来头的人。他名毓溎，字梧江，山东济宁人。道光二十四年（1844 年）甲辰科状元，授翰林院修撰。修撰是为状元专设的官职，是大魁天下者独享的殊荣。道光二十六年十二月（1847 年 2 月）被钦点为云南学政。状元外放学政，时称“荣选”。意思是说，以科举考试第一人来主持一省的教育，是最理想的人选，是很荣幸的事情。这就如同今天某个大学聘请到荣获诺贝尔奖的顶尖教授一样。学政任期三年。孙梧江于道光二十九年八月（1849 年 9 月）任满去职。他离开云南后，宦游各地，最终官至浙江按察使。

孙梧江出身名门望族。他的祖父孙玉庭，是嘉庆末道光初年的两江总督、体仁阁大学士。他的父亲孙瑞珍，任户部尚书。他的伯父孙善宝，任江苏巡抚。他的弟弟孙毓汶更负盛名，咸丰六年（1856 年）丙辰科榜眼，官至兵部尚书，总理各国事务大臣，入直军机处。在光绪朝，是与李鸿章、翁同龢、张之洞等齐名的重臣。孙毓汶礼贤好士，有战国四公子之风。《清史稿》评述说，孙家四世并历清要，家门之盛，北方士族无与伦比。

孙林两家是世交旧谊。孙梧江的祖父任两江总督时，林则徐任杭嘉湖道、江苏按察使，是其下属，曾撰文赞扬孙玉庭在澄清吏治上的业绩。孙梧江的父亲与林则徐是同时期的朝廷大员，相知很深。道光三十年，林则徐在福州老家养病。孙瑞珍与大学士潘世恩一起上奏表，极力推荐林则徐"久历封疆，有体有用"，应征召回朝复职。孙梧江与林则徐则同是翰林院出身。清人很看重在翰林院任职的经历，翰林之间互相自称"同馆弟"。翰林见翰林，自是一家亲。更主要的，两人都是当时的大名人。一个是名震中外、禁烟抗英的英雄，一个是天下艳羡的年轻状元。惺惺相惜，彼此敬重。所以，尽管两人职位高低、年龄大小不同，但却是忘年交的知心好友。他俩在云南共事两年多的期间，关系密切，来往很多，时有诗歌唱酬。

任职初的鼓励

来云南任职，孙梧江比林则徐早三个月。当他得知林则徐任云贵总督的消息时，喜出望外。他为能够与这位素所景仰的世交长辈共事，深感庆幸。于是，他给林则徐写信、赠诗，对其道德文章、丰功伟业热情赞颂；期盼林则徐来云南大展宏图，再创辉煌。林则徐看到信和诗十分感动，动情地回信和答诗——

梧江四兄大人，以仆新被殊恩，枉诗见誉，读之愧汗无已。依韵寄答，即希斧正。

九隆山翠锁重重，蛮俗难驯旧数蒙。
愧乏龙韬摅胜策，翻叨凤綍奖边功。
频年芽蘖期除莠，半载驰驱笑转蓬。
臣力就衰无宠渥，感恩长此惕微躬。

这首诗，除了对孙梧江的赞誉表示惭愧和感谢以外，主要是向好友吐露了两个方面的心曲：一是任务艰巨，难操胜算。林则徐来云南的首要任务，是处理延续十几年的滇西汉回民族纠纷，以及少数人杀官吏、焚官署的作乱。他认为民族问题复杂，“蛮俗难驯”，自己缺乏高明的韬略，没有成功的把握（当然，这是林则徐的谦词。后来他解决民族矛盾很成功，任务完成得很出色）。二是精力渐衰，力不从心。在孙梧江心目中，林则徐仍是当年鸦片战争中叱咤风云的英雄人物，对他来云南的期望也就很高。实际情况是，林则徐充军新疆，饱受数载大漠风寒之苦，疾病缠身。他宦海浮沉，觉得人生如梦。皇上天威难测，雨露雷霆不知什么时候落到头上。因此，他委婉地向好友说明真相，自己“臣力就衰”，心身交瘁，难以再有大的作为了。林则徐从新疆释回，在若干方面失掉了一些锐气，这首诗就是真实的写照。

普朋夜话

道光二十八年（1848 年）二月，林则徐赴保山督师，夜宿祥云县普朋。真巧，孙梧江也在同一天先到，并在驿馆住下。林则徐不愿打扰，准备在远离驿馆的地方另找房舍。孙梧江得知，热情地坚持邀请林则徐来驿馆同住。当晚，两人秉烛长谈，直至深夜。林则徐曾写诗纪其事——

忆昨筹戎荷指南，驿亭官烛夜深谈。
司签喜见携银鹿，折柬先劳骋玉骖。
幸涤兰沧新浪净，待悬藻鉴曙光涵。
者番重过龙泉地，凭仗诗禅八景参。

林则徐为这首诗写了三段共 134 字的注释，使我们得以知道这次普朋相会的一些细节。

“驿亭官烛夜深谈”。谈了些什么呢？主要是三个内容：第一，滇西用兵。孙梧江虽是文人，对军国大事却有自己的见解和主张，林则徐感荷他的指教。第一句诗“忆昨筹戎荷指南”，即指此事。此后用兵，林则徐采取了只分良莠，不分回汉，惩办首恶，散其胁从的正确策略，很快平息了事态，“威德震洽，边境乃安”。（《清史稿·林则徐传》）这和听取了孙梧江的真知灼见，大有关系。第二，府考改期。因为用兵，滇西地区的府考不能按期进行，林则徐提出延期到第二年，同岁考合并举行，已上奏朝廷获准。“幸涤兰沧新浪净，待悬藻鉴曙光涵”，是说等待滇西局势平静以后再举行考试，期待主持考试的孙梧江学使像高悬的明镜一样识拔人才。此事与孙梧江的工作直接有关，当是谈话的一个主要内容。第三，赏析龙泉寺题诗。弥勒县龙泉寺有叶毅庵、汪云壑、顾南雅诸前辈所题八景诗。林孙二人是风雅之士，他俩热情评论，从诗中领略弥勒县的美景，参悟深邃的禅理。

这首诗颔联下林则徐加的注，讲了一件有趣的事：孙梧江是派管家张福，持柬骑马去邀请林则徐来驿馆同住的。张福风度翩翩，能跨快马疾驰，顷刻数十里。张福还能作诗，林则徐看到他写的《菊影》等诗，清丽可人，大加赞赏，感叹说，只有状元公才配得上用这样才兼文武的仆人！

保山去伪存真

林则徐于道光二十八年（1848 年）仲春来到保山督师，路过跌跏寺时口占一绝句，并未书写。好事者很快传开来，就有人将诗写在寺内屏风上，又未注明代书，鱼目混珠。第二年春天，孙梧江按计划来滇西主持考试，游跌跏寺看到，断定诗真字伪。于是亲自抄写一遍，和诗一首，题跋其后，说明原委，将伪书换掉。孙梧江将此事写信告诉林则徐，林则徐觉得很有意思，按原韵又写诗一首，表示感谢——

妙笔新词点石栏，旧吟应笑小虫寒。
何期拂却尘埃满，替写兰亭换骨丹。

仆于戊申春仲督师永昌，过跌跏寺见牡丹已开，口占一绝，不知何人书于屏间。次年春，梧江学使按试过之，以诗字显然不类，辄书易其处，且见和一绝并跋其后，感此盛意，仍用前韵报谢。

这首小诗写得很风趣。第一句，赞扬孙梧江的和诗写得好，装点跌踋寺，增光添彩。第二句是说，相比之下，自己去年吟的旧诗，像小虫寒夜鸣叫一样，贻笑大方。三、四两句说，没有想到孙梧江拂去跌踋寺屏风上的灰尘发现伪书，用王羲之《兰亭集序》那样精妙的书法抄写己作，换掉伪书，真像脱胎换骨一样。顺便说一下，林则徐所说不算过誉。孙梧江和他的弟弟，都是书法名家。

相约碧鸡台避暑和昆明同游

孙梧江在滇西途中，看见油菜花盛开，睹物思人，想起林则徐总督衙门东侧有一座菜花楼，便写信告之旅途见闻和思念之情，还询问林则徐准备在西山碧鸡关建简易房舍度假，进展怎样？说自己回昆明后想住此处，与林则徐一起避暑销夏。林则徐回信，爽快答应，并发出正式邀请——

梧江先生按试在途，因见菜花盛开，忆及敝署东偏之菜花楼，且询及碧鸡台侧新拓数弓，拟归来过从销夏，先以绝句见寄，即扣原韵奉邀并政。

碧鸡台畔拓荒庄，准备披襟共纳凉。
药笼知君搜采遍，间看秋士踏槐黄。

"药笼知君搜采遍"，需略作解释。林则徐身体一直不好，患喘咳、脾泄、疝气等多种疾病，道光皇帝曾两次批准他就地休病假。孙梧江很关心林则徐的健康，每到一地就求医问药，甚至亲自上山采药，以便对林则徐治病有所帮助。他想住碧鸡山庄，不仅是为了避暑销夏，也是准备对林则徐治病提供建议。足见他是一个热心和细心的人。

林则徐的这封信和诗，写于道光二十九年（1849 年）三月。到了七月中旬，孙梧江要到滇东主持考试，林则徐邀约巡抚程矞采（字晴峰）为孙送行，同游黑龙潭、大观楼并赋诗，手迹流传至今。这些报刊已有披露，这里就不多说了。要补充的是，这是林则徐离滇前两个月的事。当时，林则徐旧病复发，不能坚持工作，已上奏朝廷，请求开缺回籍养病，得到批准。所以，这次同游赋诗，既是为孙梧江送行，也是向大家告别。“苟利国家生死以”。林则徐是一心报国的人，现因病不能工作，自然很沮丧。他在同时写给友人袁甲三的诗中，就有“病榻呻吟忧未了，难祛痼疾剧伤神”之句。不仅如此，林则徐同甘共苦的结发妻子郑夫人，不久前在昆明病逝，此次回籍要带着棺木同行。病势加重，家庭变故，离职回乡，这些叠加在一起，可以想见林则徐此时的心情是很不好的。在这种情况下，他用了一整天时间，抱病陪同孙梧江游览了昆明两处风景名胜，精心写作了两首律诗，既表现了林则徐对孙梧江的深情厚谊，也表现了他对云南好山好水的无限眷恋。

（载《云南政协报》2012 年 2 月 24 日，与李丹丹合作）

时代的画卷　雄奇的风格

——马曜旧体诗初探

桌上摆着一本由著名的教育家、数学家熊庆来教授题签的诗集：《此湖精舍诗初集》（以下简称《初集》）。这是白族诗人马曜的250首旧体诗的结集，列入云南大学文艺丛书，于1948年出版。屈指算来，这本诗集问世已经35年了。

马曜作为民族工作者和历史学者，是人们所熟知的。但是，知道他能诗的人恐怕不多。这原因，同他在新中国成立以后致力于民族工作，而没有再拈诗笔有关；也同诗集没有再版，罕为人知有关。在读了这本存世不多的诗集以后，不能不惊喜地承认，马曜的确是一位热情奔放、功力甚深的诗人。

为诗集作序的有六位知名学者，其中包括已故的钱基博教授（钱钟书之父）、徐嘉瑞教授和刘文典教授。他们都交口称誉马曜的诗才。钱基博称马曜是"滇南诗人"，"因才抒藻，不乏遒响"。徐嘉瑞说马曜的诗"调理性情，上追风雅"。刘文典说："读其诗，则清丽芊眠，骎骎入唐代诸公之室，洵如前人所谓羚羊挂角、香象渡河者也。"这些评价是公允的，并非溢美之词。

本文拟谈谈读《初集》的一得之见，期望抛砖引玉，引起广大文艺爱好者阅读和研究马曜诗的兴趣。

时代风云入卷来

马曜字幼初，云南洱源县人，生于1911年。他幼承家学，14岁开始写诗，已楚楚可观。1927年，年仅16岁的马曜，写了一首气度不凡、格律严谨的七律：

孤芳曾记隐空林，屈宋当年意气深。
自爱幽香温晓梦，谁怜雪岭卧春心？
光风一接身前影，流水长过月下琴。
脉脉素馨成独媚，灵标玉𬶍竦苍岑。

——《盆兰》

这首诗借幽兰的高洁，抒发对人生的理想，憧憬成为像屈原那样不同流俗、品格高尚的人。马曜在此后的生活历程中，正是按照青少年时期就树立的人生信念，来砥砺自己的人品和诗品的。并且，由追求人品的高洁，很自然地走上了革命的道路。

1931年，马曜在上海求学期间，积极参加抗日救亡运动，并加入了中国共产党，从此以后，他便把自己的命运同党的事业紧紧联系在一起。即使在地下党组织遭受破坏，被迫失去组织关系的情况下，也始终不渝地坚持革命斗争。他的诗在政治内容上和艺术上日臻成熟。他以鲜明的立场，强烈的爱憎，敏锐的感觉，生动的形象，反映人民的疾苦，抨击腐败的政治，歌颂革命的斗争。

1935年初，马曜去江西芦林学校任教。江西曾经是中央革命根据地的所在地。由于第五次反“围剿”失败，中央红军在一年前开始了长征。如今，这里陷入了一片白色恐怖之中，人民遭受着深重的苦难。当然，革命的火种是扑不灭的，陈毅等率领的游击队，正在艰苦的条件下坚持斗争。马曜正是在这种历史背景下来到江西的。他所在的学校，是一所进步的学校。有许多学生陆续参加了游击队，有一些英勇牺牲了，有的奔赴延安。

这所学校后来被国民党当局查封。马曜在教书期间，生活是艰苦的。微薄的薪俸不足以维持生活，几个教员还一起伐薪烧炭，补助用度。1935 年除夕，竟没有米下锅。马曜在这时又染上严重的肺病。革命的挫折，人民的苦难和个人的不幸交织在一起，情发于中，不能自已，他写了许多深沉、愤激的诗篇。

乾坤坐闷闷，暮雪满天飞。
著地心难洁，依庐声转稀。
边荒迷白骨，陋巷有寒衣。
不惜寒衣薄，吾民况已饥。

——《暮雪和答任之》

凄其的风雪中，荒野上有累累的白骨，陋巷里有饥寒交迫的人民。这一切是怎样造成的呢？另一首五古做了回答：

干戈未云已，中怀诚难慰。
念彼沟壑人，动我恻然思。
不惜锱铢取，直与泥沙费。
食此民脂膏，得无易牙味？

原来，那暴骨荒郊，委身沟壑的惨剧，是国民党反动派连年发动反革命“围剿”造成的。人民啼饥号寒，陷于极度贫困，是因为被榨尽了血汗。“取之尽锱铢，用之如泥沙”（杜牧《阿房宫赋》）。当年秦始皇对人民敲骨吸髓的剥削，在 20 世纪 30 年代又在中国大地上重现了。诗人愤怒地质问那些剥削者和压迫者：你们沃甘餍肥，难道没有尝到这是人肉的滋味吗？

有压迫必然有反抗。人民的反抗是正义的、不可屈服的。在另一首五言古诗里，马曜热情地歌颂了人民的反抗斗争：

中州乱未已，民意难力拗。

饥寒不可待，可堪树根咬？
其直乃可原，何斥无礼绞？
视彼廊庙辈，居安而食饱。

要铲除人间的不平，消灭残害人民的“虎豹”，只有通过革命斗争，消灭阶级和剥削制度，最终实现共产主义。马曜满怀热情地歌颂共产主义的理想：

我愿此宇宙，复归于太极。
万物皆一体，亦无家与国。
虎豹尽潜形，日月咸隐匿。
块然而自存，无有亦无得。

在稍后写的一首长达146韵的古风里，马曜对国民党反动派的黑暗统治招致内忧外患，更进一步做了厉声的指责和鞭挞：“……记曾挥涕哀家国，夜长耿耿中怀悝。当今四海杀机盛，国脉如丝政如秕。自伐廿年遭外伐，割据纷纷犹未已。日暮城狐束尾时，国事传闻决床笫。笳鼓喧豗动地哀，落日旌旗生旖旎。……酒酣拔剑江可翻，羽箭在弦刀在鞬……”诗人难以抑制对祸国殃民的反动派的蔑视和愤怒，拔剑砍地，恨恨不已。他多么渴望手执武器，亲自投入血与火的战斗啊！1937年春，好友唐维恭秘密启程去延安，马曜扶病亲自送到九江，赋诗赠别：

市嚣初定黄昏后，伤心送客浔阳口。
舵工解缆乱鸣金，唐子登舟别故友。
君今泝洄我泝游，顷刻东西一挥手。
路灯夜冷参差光，悬旌初定离魂厚。
拂拂融风弄柳丝，落月沉江大如斗。

——《浔阳江口别子敬》

这首七古写得情景交融，意境壮美，充满了对友人的依依惜别之情，满怀激情地支持友人走上革命的征途。

1937年7月抗日战争爆发。马曜肺病加重，不得不回云南疗养。途经香港时，正遇郭沫若自日本回国参加抗战。郭老在船行途中写了那首著名的“又当投笔请缨时”的七律，一时和者甚众。马曜曾经去看望郭老，留赠步韵奉和的七律一首：

北征投笔想当时，杳杳星空鬓有丝。
异国深悲埋甲骨，十年文阵偃牙旗。
幽燕竟束城狐尾，江汉寻歌战士诗。
犹忆出门惊顾处，娇儿酣卧未牵衣。

——《香岛奉和郭沫若先生》

诗中对郭老别妇抛雏、毁家纾难的爱国主义精神，表示由衷的钦佩，痛斥北方的汉奸投降日寇，赞扬郭老将到武汉参加抗战的壮举。这首诗，表现了年轻诗人同老一辈诗人的声息相通和同仇敌忾。郭老曾把此诗发表在当时广州出版的《救亡日报》上。这也是诗坛上值得纪念的一则佳话。

1938年春，马曜历尽艰辛，回到云南。他在快到洱源的时候，写了一首五律：

西至逢春正，归程历季三。
鸟飞江树远，蜂语菜花酣。
古水浮朦日，遥帆破嫩岚。
故乡晨夕到，烽火忆江南。

——《红岩下关道中》

阔别八年，现在又踏上了故乡的土地，看到了熟悉的景色，心情的激动和喜悦可想而知。那一群鸟儿正越过波罗江一带的树木远远飞去，可能是把游子快要回家的消息赶着告诉亲人吧；那在盛开的菜花丛中喧闹的蜜蜂，也正在絮语相告这一喜讯吧；那洱海上空的一轮骄阳为何悬浮不动呢？它大约正在端详游子清癯的面容吧；那划破苍山春色迎面驶来的远帆，也许是迎接诗人的归舟吧……在诗人笔下，故乡的山水花鸟竟是这样富有感情！接下去，应当写家人团聚的欢乐了，不料笔锋陡转，赫然以“烽火忆江南”的警句结束，真是异峰突起，别开生面。它表明，诗人无时无刻不在惦念烽火连天的江南前线，他的心始终与浴血奋战的抗日战士们跳动在一起。

1940 年 10 月，蒋介石开始发动第二次反共高潮，对坚持敌后抗战的八路军、新四军大肆污蔑，强迫命令黄河以南的抗日部队限期撤至黄河以北。中共为顾全大局，除据理驳斥蒋介石的污蔑以外，答应将新四军北移。这便是皖南事变前夜一触即发的险恶局势。这时，马曜虽然僻处云南大后方，仍在病中，但他依然关注着时局的变化。就在这时，他忧心忡忡地写了一首七绝：

南来已怯吴江冷，北去犹欣塞草温。
禹域峥嵘风雨瞑，忍能携梦到昆仑！
——《题〈曲石诗录〉》

“南来”句，痛斥国民党反动派排挤、镇压江南的新四军，叹息新四军去后吴江冷落了；“北去”句，歌颂延安革命运动蓬勃发展，虽居塞外而草木温暖如春；“禹域”两句，对外有强敌，内有巨奸，造成抗日战争风雨如晦的困难局面，表露满腔的悲愤。

解放战争时期，昆明地区蓬勃发展的民主运动，是全国革命斗争的一个重要方面。马曜当时在云南大学任教，参加了中国民主同盟。他根据民盟领导人闻一多的意见，和杨青田一起竞选，任省参议员，利用合法身份，进行反美蒋的斗争。1948 年夏，马曜同中共地下党取得了联系，接着回到了党的队伍。在国民党省参议会内成立了以杨青田、唐锡畴和他所组成的党的统战工作小组，在地下党省工委的直接领导下，更加积极地开展革命工作。这个时期，他的诗作繁富，情绪昂扬，唱出了时代的强音。值得指出的是，许多诗篇的锋芒直指国民党反动派，成为刺向敌人的匕首、投枪；生活在反动高压统治下面，敢于不计个人安危，表现了可贵的革命胆识。

1946年1月，国共两党和其他党派以及无党派人士的代表，在重庆举行政治协商会议，通过了五项决议。蒋介石一方面表示承认这些协议，企图以此进行和平欺骗，另一方面则积极备战，准备发动全面内战。当时许多国统区的人们还没有识破蒋介石的骗局，存有幻想。马曜这时写了一首七律：

商陆销香欲破寒，百年念聚已心殚。
玉衡脉脉悬更尽，檠影摇摇压岁阑。
左右逢源湍可决，东西高会雾愁看。
八春喋血河山在，医国终须换骨丹。

——《除夕书怀》

这首诗表现了诗人对时局敏锐的洞察力。他估计国民党反动派决无诚意，所以说政协会议笼罩着“愁雾”。尾联“八春喋血河山在，医国终须换骨丹”，是全诗的精彩所在。诗人毫不含糊地认为，不能对国民党抱有幻想，要医治中国的创伤，使其走上富强之路，就必须脱胎换骨，彻底革命。

1947年人民解放军由防御转入进攻，消灭了国民党大量的有生力量。蒋介石为了挽救即将覆灭的命运，给其喽啰们壮胆打气，于1948年3月召开了“国大”，经过所谓“选举”，当上了“总统”。在这前后，国民党当局开动宣传机器，大造舆论，闹得沸沸扬扬。马曜就此事写了一首七律：

阛阓纷传欲帝秦，沙飞海立一逡巡。
春回梦破花争艳，石凿天开气几新。
万灶烟寒噤硕鼠，千门雪压偃悬鹑。
填胸看割乖龙耳，雷霆砰訇尺蠖伸。

——《丁亥除夕书怀》

这首诗对眼前发生的事态，做出了有远见的评论，指出尊帝的闹剧不过像飞沙海浪一样，顷刻间就要消失的。而怒气填胸的革命人民很快要杀掉蒋介石这条乖戾的孽龙；革命人民这隐形的尺蠖就要变成矫健的巨龙，乘着风雷，飞腾在云霄之上。这首诗笔锋犀利，气魄雄伟，长了人民的志气，灭了敌人的威风，真有振聋发聩的千钧之力。

1948 年夏天，昆明开展轰轰烈烈的爱国学生运动，抗议国民党政府的卖国行径。7 月 15 日，两千多名反动军警围攻逮捕罢课的学生，制造了有名的"七一五"事件。马曜积极支持学生的斗争，掩护和转移了一批地下党员到滇西工作。他还和唐锡畴一起，约了九个省参议员联名在《民意日报》上发表了由他执笔的《致何绍周的公开信》（何绍周是何应钦的侄子、蒋介石的亲信，当时任云南省警备司令，是镇压学生运动的主要刽子手），支持学生的正义行动，抗议对学生的镇压。信中义正词严地指出："美国不顾我国利益，扶植日本，八年之血迹未干，强邻之野心复起。……青年抗议游行，动机极为纯正"，要求"迅将无辜被捕学生，一律予以释放"。在"七一五"事件发生的当天，他怒不可遏地写了题为《七月十五日即事》的诗：

正气真存不帝秦，刀光剑影警鸡晨。
悬空万目睽睽处，知是田横五百人。

把反抗美蒋的青年学生比作义不帝秦的鲁仲连，比作杀身成仁的田横五百壮士，对学生的英勇斗争，做了热情的歌颂。

是的，反动派的横暴行为是在雄鸡唱晓的时候发生的，他们的日子不长了，天很快要亮了。在《偶成》一诗里，马曜用西方红霞处的仙乡，比喻位于西北的革命圣地延安，充满喜悦地指出希望所在：

嫩晴初透一痕凉，向夕虬枝压满廊。
抉眼乱山争落照，断霞红处是仙乡。

在《柬友人》的一首七言律诗里，马曜进一步用"春回洗梦人间世，无数桃花掷雨新"的清词丽句，描绘了革命即将在全国胜利的壮丽前景，鼓舞人们满怀信心地去迎接祖国的桃花灼灼的春天。

“百炼深情铸莫邪”

这是马曜的诗句，我借来说明他的诗在艺术上的一些特色。

《初集》虽是马曜青年时代的作品，但它并非率尔成章，而是下了很深的锤炼锻造的功夫。他的诗，早年学李贺、李商隐，后来学杜甫、黄庭坚。许多诗篇得其神似，置诸这些古代著名诗人的集子中几可乱真。这便是刘文典教授所说的“骎骎入唐代诸公之室”。但是，马曜在创作实践中认识到，单纯模仿是不行的，要写出好的诗来，还必须有自己的创新。他在诗集的《后记》中说：“夫举生平已读之书，欲采前人未辟之境，自非脱弃陈袭，不能戛造。然而境遇殊途，性分各异，文如其人，乌能强同？信之一家之文，当从千古之心思才力中变化而出，安可师心一代一人，强效其歌哭耶？”基于这样的认识，马曜转而师法自然和生活，在现实生活中觅取诗的素材，然后像传说中的干将、莫邪夫妇铸造宝剑一样，对自己的作品下千锤百炼的功夫，努力把自己在生活中独特的感受和思考，通过独特的形式表现出来，这样，他的诗就不能不具有自己的风格和特色。

通读《初集》，我觉得马曜诗歌艺术中以下三个方面的特色是突出的：

第一，感情的真挚：文学艺术的生命在于真实。唯其真实，才能感人，才具有永久的生命力。虚假的东西，言不由衷的东西，其存在毕竟是短暂的。《初集》里的诗篇，都倾注了作者炽热的感情，喜怒哀乐，直抒胸臆，因此，读来使人感到情真意切，引起共鸣。诗集卷首白之瀚的题词中，有一联说：“语出肺肝自亲切，意非剿袭故峥嵘”，确切地反映了这一特点。诗集中无论感时伤事，还是忆念亲情，无论朋友赠答，还是遨游山水，都表现了感情真挚的特点。如：“儿时干气象，枣花矜秀发。口角斗涎香，神寒竦天骨。画地拟攻战，濯水弄绿发。凝眸系迥空，游心驰兔窟。坐跃慈母怀，攘臂擒芳月。欻掠耳边声，笑指惊鸿没。萦搅羡仙情，深夜梦竹筏。百年将万日，坐叹芳华歇。世态交填豗，秋阳旦旦伐。天网浩而该，持盈慎竭蹶。”（《儿时》）这是作者回忆在母亲怀里挥动小手要去捉月亮等儿时往事，我们可以感受到在亲切的微笑后面跃动着一颗赤子之心。又如："之子行将别，孤灯一泫然。联吟深夜雨，起视未明天。寒意生愁外，相思落梦边。毋忘山半宿，曾共饮高前。"(《送张天民之昆明》)这是赠别朋友的，阳关三叠，若不胜情，可以同李商隐诗中"巴山夜雨"的意境相媲美。再如："……是地属花马（古国名），居民杂夷爨。沆瀣成一家，语俗颇殊判。深耕擅渔猎，勇决极犷悍。在昔筚路初，辟壤积冰炭。割江争雄长，边徼频遘难。猖狂极恣睢，杀戮如切蒜。一朝释怨嫌，相安尽冰涣。山市日中喧，蹙沙满江畔。载驱马如狗，雀步挥惶汗。郎当摇箭箙，睥睨挟丸弹。醉卧塞山途，狂呼乐且衎。亦有长腰妇，奇装炫烂漫。细绿共团红，杂沓簪首粲。巨珠充臃耳，大镯盈肥腕。含笑弄藏钩，行歌露骿骭。悠然乐生事，浑忘秦与汉。令人忆无怀，缅思桃源逭。蓦波窥远古，临江坐三叹。"(《桥头村》)这是作者1947年游历中甸桥头村时描写一次少数民族集市的情景。诗中的情趣，不是旅游者的猎奇，不是过路人的旁观，而是洋溢着作者和兄弟民族水乳交融、休戚与共的感情。作者自己是少数民族的一员，对于当地的民族关系由历史上的纷争变为眼前见到的和睦相处，感到由衷的喜悦，然而作者又有很深的感慨——"临江坐三叹"。他感叹什么呢？没有明说，但读者能够领会诗人的深意：当时的云南，像桥头村这样实现了民族和睦的地区是很少的，更多的民族地区，还笼罩着民族不和的乌云。对民族压迫和民族纷争有切肤之感的诗人，多么盼望所有民族地区都出现"一朝释怨嫌，相安尽冰涣"的局面！这首诗，在表面上是典型的汉族诗歌形式，但他发自一个少数民族诗人的内心深处，是真正具有民族特色的真挚的抒情。

第二，形象的生动：马曜的诗，有鲜明的思想倾向，有许多诗本身就是政治诗，但它们绝不是枯燥的说教，概念的罗列，而是通过诗的语言创造出生动、鲜明和有特色的艺术形象，而予以表现出来的，因此，具有很强的艺术感染力。前面引过的《丁亥除夕书怀》是一首倾向鲜明的政治诗，但是诗中找不到一句政治术语和抽象的概念。诗人成功地运用比喻、联想、夸张、对比、想象等手段，塑造了两种形象：一种是僭称帝号的秦昭王、贪婪的老鼠、压顶的巨石、肆虐的风雪、作孽的乖龙、即将消失的飞沙海浪；另一种是没有炊烟的寒灶、鹑衣百结的群众、严寒中孕育着的春蕾、高压下聚积着的反抗力、隐介藏形的尺蠖变成的乘风雷直上云霄的巨龙。这两种形象交错出现，形成强烈对比，产生了撼人心魄的力量，令人信服地揭示了“一切反动派都是纸老虎”、“真正强大的力量不是属于反动派，而是属于人民”的真理。

像这样以形象思维见长的诗篇，在诗集中比比皆是。“空余彩笔干绚昼，小住魂销堕马妆”，这是用东汉妇女偏垂一侧的发式，来形容倾欹凋残的牡丹，比喻多么精彩！“溪声一夜走长虵，钻蚀千峰未是家”，这是用到处乱窜、没有找到洞穴的长蛇，来描写雨后暴涨、发生径流的山溪，联想何等奇妙！“蛛丝穿雨劫，蚁垤聚花殇”，这是写蛛丝零落、落红委地的雨后园林小景，刻画何等入微！“山花烂漫如村妇，细绿团红簪满头”，这两句把我们带入了浓如醇酒的云南山区特有的春景之中。用鲜花与妇女相比，是习用的套语，而马曜用少数民族妇女大红大绿的盛妆，来形容云南色彩绚丽、怒放如潮的花卉，于陈言套语中翻出了新意，使人感到贴切生动，野趣盎然。“大地不平山突兀，苍天有泪雨滂沱”，大地胸中有不平之气，所以鼓出了突兀不齐的山峰；老天眼中有悲愤的泪水，因此下起了滂沱大雨——奇思异想，构成了天地同悲的感人形象。读马曜的诗，犹如徜徉在由众多的艺术形象组成的长廊里，真有山阴道上应接不暇之感。

第三，风格的多样与统一：有一类诗人，具有多方面的才能，能根据描写不同题材的需要，运用几副笔墨，既能写“骏马秋风塞北”的豪壮之美，又能写“杏花春雨江南”的柔媚之美，从而表现出多样化的风格。马曜诗的风格，正表现了多样化的特点。他有一些诗有王维式的恬淡隽永：

流水荡悬旌，溪光沐晚晴。
涧声喧石动，云影傍人行。
一树怀春意，扁舟遗世情。
筇还千嶂合，遥磬澈心清。

——《文芦桥晚步》

有一些诗，有着李贺式的幽奇瑰丽：

白日不系亦不堕，姮娥千载还枭娜。

黄尘日夜东西飞，回风故作不平簸。
征尘躃躃羲和御，旦暮经营向归处。
守株缘木交纷纭，杨子当年哭歧路。
朱唇皓齿雪花骢，头颅十万购英雄。
雪衫溅污泪光热，眼前世界惊初瞥。

——《浩歌》

有一些诗，又有着李商隐式的缠绵悱恻，一往情深：

文君不见冷幽琴，留与深杯伴浅斟。
离恨新添萍涨绿，相思一夜蓼抽心。
渐来生事双眉重，不碍愚夫万口瘖。
细雨微吟消永夕，短檠明灭梦飞沉。

——《无题》

但是，如同交响乐中有主旋律一样，马曜的诗也有一个主要的基调和风格，这就是雄伟奇峭。试读下面三首：

窄咽奔流一箭穿，玉龙倒挂啮青天。
挐空霹雳惊弦断，犹见江心虎眼旋。

——《题虎跳江图》

……悠悠玉龙山，积雪弥天耀。迢递叠银盘，万里抟霜鹞。削成十二峰，极空穷窈窕。金江抱麓回，石鼓据津要。灵气之所钟，扬激镇荡掉。洪波涌如山，晚霞烘远烧。掩映半江赤，划明天四照。置身大化中，忽忆鲸鱼钓。

——《关上江边道中》

岁尽抟魂挟万钧，短檠长榻自嶙峋。
葆真合证参同契，终古神交形影神。

桃李劫余寻入画，头颅兴掷可沽春。

诸生有命谁能惜？食肉犹夸饲虎驯。

——《除夕书怀》

前两首是写云南山水的，后一首是写1945年“一二·一”事件的。这些诗有一种雄伟的气魄，遒劲的力量，飞动的态势，读来有天风海雨扑面来的感觉。这一类诗，最能代表马曜诗歌风格的主要特色。他的诗之所以形成雄伟奇峭的风格不是偶然的，除了作者本身的气质以外，同他所处的时代和环境有密切的关系。20世纪30至40年代，是动荡的年代，战斗的岁月，柔弱的笔墨，难以勾画出时代的风貌。随着时代的步伐前进的诗人，他的作品中很自然地会发出激越的雷鼓之声。另外，作者生活、工作在山水之区的云南，这里的山水不是“水是眼波横，山是眉峰聚”的柔山媚水，而是莽莽高山，惊湍激流。没有巨刃摩天的笔力，也是不足以称山水之雄怪的。正是伟大的时代、雄奇的山水，陶冶和造就了马曜诗歌雄伟奇峭的风格。

当然，《初集》也不是无疵可求的。少数病中的诗作，流露了一些消极情绪。个别诗篇对人物的评价不尽允当。另外，作者为了追求奇拗雄健的意境，喜用僻字，使人索解为难，等等。但是，瑕不掩瑜，总的看来，《初集》确实是很有特色的优秀诗集，是作者通过二十多年呕心沥血的劳动所取得的成果。我们应当重视它，研究它，努力发掘蕴藏于其中的珍贵东西。

（载《山茶》1983年第6期）

第一个为“下里巴人”疾呼的学者

——读《徐嘉瑞全集》

《徐嘉瑞全集》的出版，是云南省学术界、文艺界的一件盛事，可喜可贺。它不仅保存了一份重要的历史文化遗产，而且对当前“文化强省”的建设事业也有重要的意义。

从本书执行主编徐演先生的《后记》中得知，本书出版经历了艰难曲折的过程。亲属们盼望整理出版先人的遗著，其急迫的心情，大约就像鲁迅所说的，“收存亡友的遗文真如捏着一团火，常要觉得寝食不安，给它企图流布的。”遗憾的是，徐演先生他们在 20 多年的长时间里，先后五次向有关部门申请出版徐嘉瑞先生的遗著，但均无结果。后来，12 位专家、学者联名上书，奔走呼吁，终于得到了原省委副书记丹增和原省委常委、省委宣传部部长晏友琼的重视、支持，批示资助出版。省委宣传部和省社会科学规划办公室认真贯彻落实领导的批示，从有限的经费中拨出专款作为成本经费。拨款的额度，相当于全省全年社会科学课题总经费的三分之一。可以说是尽了最大的努力。课题立项之后，徐嘉瑞先生的亲属们全体总动员，和专家、学者、出版部门一起，在遗著的搜集整理、校订标注、誊写打印、编辑出版等方面，做了大量艰巨细致的工作。经过两年多的努力，终于以精美的形式出版问世。

我受省社科规划办委托，在《徐嘉瑞全集》清样终审时，承担了部分审读工作。审读的过程也是学习的过程。我的第一印象，是徐嘉瑞先生的博学多才，令人惊叹和钦佩。徐先生的学术研究领域，涉及中国文学史、地方文化史、民族民间文艺、诗歌、音乐、舞蹈、戏剧、小说、语言，乃至甲骨文、敦煌文书等等方面。徐先生又是诗人、剧作家，创作了大量的诗词和戏剧。徐先生还是翻译家，精通英文、日文，翻译了大量外国文学作品，包括莎士比亚的戏剧。真是通今博古，学贯中西。这样的通才、全才，不要说是在云南，就是在全国也不多见。现在，徐先生370多万字的四大卷著作摆在我们面前。读者可以从中学到自己所需要的知识，获得多方面的教益。我就一个问题谈谈学习体会，这就是徐先生所反复论述的“平民文学”。

人们提到中国文学史，往往想到的就是汉赋、唐诗、宋词、元曲、明清小说，也就是文人文学。对于人民群众所创作的民间文艺，则比较忽视和轻视，这是自古以来就有的倾向。而徐嘉瑞先生则与众不同，他在1923年28岁时出版的学术专著《中古文学概论》，首先鲜明地提出了“平民文学”的命题。书中对搜集、发掘得来的翔实史料进行梳理，满腔热情地论述了平民文学的产生和发展，内涵和价值，赞叹平民文学“真实自然，美不胜收”，充分肯定平民文学在文学史上的重要地位。徐先生总结说：“我们所反对的文学，不是文人文学的全体，而是文人文学中的贵族文学。我们所崇拜的文学，固然是民间文学，而尤其崇拜的是文人文学中的倾向于平民（平民化）的文学。”这里，对平民文学和文人文学的关系也做了明确的论断。胡适先生在为这本书写的序言中，称赞这“是一部开先路的书”，“一部提纲挈领，指出大趋势和大运动的书”。徐先生在此后的《近古文学概论》、《大理古代文化史》、《云南农村戏曲史》、《云南民族民间文学概论》等著作中，一以贯之地重视平民文学，并进一步做了更为系统、更为深入的阐述。徐先生重视平民文学，不限于学术研究，他还在创作实践中身体力行他的学术主张。20世纪40年代，徐先生在昆明郊区福海村写作《云南农村戏曲史》时，搜集了大量的民歌民谣、花灯小调以及花灯调的曲谱，在《后记》中说：“民谣是人民的声音。民声，神声也。”字里行间，表现了他获得这些民间瑰宝的喜悦心情。新中国成立后，徐先生利用他担任省教育厅长、省文联主席的有利条件，组织领导并亲自参加了大规模搜集、整理民族民间文学的活动，成为我省搜集、整理民族民间文学的先驱。他根据民间传说故事创作的长诗《望夫云》，以及在长诗的基础上和作曲家郑律成合作创作的同名歌剧，在国内外产生了广泛的影响。纵观徐嘉瑞先生的一生，重视平民文学，像一根红线一样贯穿于他的学术研究和创作实践之中。据本书主编马曜先生在“序”中的介绍，毛泽东主席在延安时曾读到徐先生的《近古文学概论》，评价说这是“第一个为下里巴人疾呼的学者”，并批转给延安鲁艺作为学习材料。“第一个为下里巴人疾呼的学者”，这个评价是很高的。

徐嘉瑞先生逝世已32年，其著述年代也已久远。那么，徐先生重视平民文学的理论和实践是否已经过时了呢？没有。恰恰相反，它仍然具有很强的现实指导意义。这是因为，徐先生对待平民文学是一种科学的态度，他正确地揭示了文学艺术的本源和发展的客观规律。我们知道，19世纪德国经济学家卡尔·布肖在他的《工作与节奏》一书里，最初提出了歌和诗原始于劳动的观点。后来，马克思主义经典作家和许多有识之士，认同和发展了这个观点，形成了文艺起源的科学理论。明确指出人民群众的劳动、生活和创作，是文学艺术的源泉。德国大诗人歌德说：“我愈久愈相信，诗是人类公有的财产，它随时随地盈千累百的自群众中产生出来。”鲁迅在《门外文谈》这本通俗的文艺理论著作中，专门写了“不识字的作家”这一章，生动地说：“到现在，到处还有民谣，山歌，渔歌等，这就是不识字的诗人的作品；也传述着童话和故事，这就是不识字的小说家的作品”，“旧文学衰颓时，因为摄取民间文学和外国文学而起一个新的转变，这例子是常见于文学史上的。不识字的作家虽然不及文人的细腻，但他却刚健、清新”。鲁迅还说过：“我相信在唱本说书里可以产生托尔斯泰。”毛泽东主席《在延安文艺座谈会上的讲话》中，精辟地论述说：“人民生活中本来存在着无限艺术原料的矿藏，这是自然形态的东西，是粗糙的东西，但也是最生动、最丰富、最基本的东西；在这点上说，它们使一切文学艺术相形见绌，它们是一切文学艺术的取之不尽、用之不竭的唯一的源泉。”这些论述，是和徐嘉瑞先生的观点相一致的。要指出的是，《门外文谈》发表于1934年，延安文艺座谈会召开于1942年，在时间上均晚于徐先生《中古文学概论》出版的1923年。

实践也充分证明，民族民间文艺的源头活水，滋养哺育了许多有成就的文学家、艺术家。饮水思源，在他们的“成绩单”上，理应首先记上民族民间文艺的功劳。比如我省诗人晓雪先生，著作等身，创作了许多好作品，而我印象很深的是他的《大黑天神》，那个一口吞下全部瘟疫种子的大黑天神使我感到震撼。这篇优秀的叙事长诗，就是取材于白族民间故事。还比如青年舞蹈家杨丽萍根据民族民间舞蹈素材编导的大型歌舞《云南映象》，久演不衰，创造了罕见的社会、经济双效益；我省原生态歌手在全国电视青歌赛上大放异彩，艺惊四座，显示了民族民间文艺强大的生命力。所以说，徐嘉瑞先生重视平民文学的理论和实践决没有过时。时间的推移，不能磨灭它的真理性的光辉。

我不是做文艺工作的，对文学艺术是门外汉。作为一个读者，一名观众，我热切地希望我们省的文学家、艺术家们，通过《徐嘉瑞全集》出版的契机，认真学习徐先生眼睛向下的精神，学习他对待平民文学，即民族民间文艺的尊崇、热爱、真诚和执著的精神，以徐先生为榜样，坚持不懈地深入群众，深入生活，从无限丰富的民族民间文艺宝藏中汲取营养，挖掘素材，用以丰富自己的创作，提高创作水平，做一个徐嘉瑞先生所提倡的“平民化的作家”。这样，我们省的文艺创作道路，必然会越走越宽广。

（载《文艺评论》2009 年第 10 期）

平和温煦　玉润珠圆

——序《翁月卿自撰自书作品选》

继《翁月卿书法作品集》问世以后，翁先生新近又整理出版了多年来她自己创作撰写、且绝大部分是2010年春上书写的作品选集，从而给读者送来了一份厚礼—— 一份不可多得的审美愉悦。

翁月卿先生其人其字有三奇：

一奇是她的传奇家世。翁先生出身于中国近代史上赫赫有名的常熟翁氏家族。她的曾祖父翁心存，是前清咸丰朝大学士、上书房总师傅。她的祖父翁同爵任湖北巡抚，署理湖广总督，这也是翁先生一家落籍湖北的原因。她的伯祖翁同书任安徽巡抚。她的叔祖翁同龢更负盛名，咸丰丙辰科状元，官至军机大臣兼总理各国事务大臣，同治、光绪两朝的帝师。翁氏父子先后担任三个皇帝的老师。这样一个“鲜花着锦之繁，烈火烹油之盛”的名门望族，其衰落之快，犹如流星划过夜空。先是翁先生的伯祖在太平军进攻时，失守定远获罪，被曾国藩参奏革职，充军新疆，死在西北。她的叔祖因积极支持光绪皇帝戊戌变法，引起慈禧太后的震怒，斥责他对皇帝“辅导无方”，“力陈变法，滥保匪人，罪无可逭，深堪痛恨”，差一点和谭嗣同等“六君子”一起做了刀下鬼；看在当过同治帝老师的份儿上，姑免一死，革职回籍，永不叙用，交由地方官严加管束。翁同龢狼狈回到常熟，晚景凄凉，看着地方官的脸色过日子，郁郁而终。翁先生这一房，侥幸没有受到政治上的打击，但却天不假年。她的祖父没有等到致仕退休便病死在任上，她的父亲也是英年早逝。失去了“顶梁柱”，家境一落千丈。后来，到了一贫如洗的地步，全靠她母亲做针线活度日。翁氏家族大起大落的兴衰史，有心人可以用来写一部类似于《红楼梦》的小说。

二奇是翁先生学习书法的传奇经历。翁先生出生时，翁家已经败落，她一天也没有享受过“千金小姐”的风光，从呱呱坠地之时起，就备尝生活的艰辛。因为家贫，她幼时没有上过正规学校。幸而她母亲文化素养很高，在忙生计之余，亲自教她读书识字，教给她各种知识和道理，还指导她学习书法。写字无钱买纸笔怎么办？她父亲生前曾给武昌“伍华楼”、“柏华楼”等文具店写过招牌匾额，店老板感念旧情，把切下的纸头和压坏了的本子送给她；邻居吕老伯是小职员，把机关丢弃但还勉强可用的毛笔捡回来供她使用。可以说，翁先生今天书法学问的造诣，追本溯源，完全得益于她母亲的教诲和在艰苦环境中的磨砺。宋朝欧阳修四岁丧父，其母亲诲之学，家贫至以荻画地学书，终成大家。翁先生的经历与之十分相似。

三奇是翁先生晚年的书法，奇迹般地突破了“过老则衰”的常规。当代书法家启功先生，总结了中国书法史上一个带规律性的现象：不老不成，过老复衰。分析其原因是，只有到了相当年纪，积累了丰富的经验，书法才会成熟，所谓人书俱老。但是，年纪太大了，精力不济，书法又必然退步。他举米芾为例。说米芾中年的书法，神采丰腴，转动照人，不愧是北宋四大书法家之一；而米芾晚年的字如《虹县诗》、《破羌帖赞》等，枯干无韵，形同朽骨，“虽欲为贤者讳而有所不能也”。我们知道，米芾去世时才五十六岁，不到六十的低龄老人，书法竟然就不行了，这规律是何等残酷。然而，翁先生却是例外。她今年高寿八十七岁，望九之年。人们公认，她八十岁以后写的字，不仅丝毫未显衰颓，反而越来越精彩，锋芒内敛，玉润珠圆，平和温煦，使观赏者如坐春风。这样的年龄越大字写得越好的特例，书法同道无不啧啧称奇。

有此三奇，读者朋友们一定会怀着寻幽探奇的浓厚兴趣，去欣赏、研读翁先生的书法及其创作的诗词楹联，也一定会从中获得多方面的教益。

笔者远在云南，鱼雁往还，得知翁先生整理出版自撰自书作品选的盛事，十分高兴。临风驰想，吟成一律，以表示祝贺之忱：

汉皋一树号常青，绿影婆娑沐晚晴。
遥念春晖温稚女，不堪荆棘说前尘。
艰难画荻欧阳子，风范临池王右军。
我自天南三祝酒，长拈彩笔写兰亭。

（原署名曹良和，载《书屋》2010 年第 10 期）

想到杜牧的话

晚唐诗人杜牧写的《阿房宫赋》，是唐代短赋中著名的珍品。千百年来脍炙人口，深得人们的喜爱。值得玩味的是赋的结尾的警句："秦人不暇自哀，而后人哀之，后人哀之而不鉴之，亦使后人而复哀后人也。"说得真好！

这里，杜牧提出的是一个如何正确总结历史经验的重大问题。秦王朝灭亡得太快了，秦人还来不及哀叹自己的灭亡；后代人如果只是停留在对秦王朝的灭亡表示哀叹惋惜上面，而不以其教训作为借鉴，那就一定要重蹈秦王朝的覆辙，又要由更后代的人来表示哀叹惋惜了。

总结经验，力矫前失，才能避免重犯相同的错误，我们要永远记住这个真理。

"文化大革命"的灾难，把我们国家拖到了崩溃的边缘。党中央一举粉碎"四人帮"，挽狂澜于既倒，使我们党、我们国家转危为安。人们痛定思痛，理所当然地要求认真总结经验教训，彻底清算极左路线，以避免灾难的重演。

极左路线必须彻底摒弃，但是摒弃它并不那么容易。前一段，出现了两种错误思潮，特别是那股"左"的思潮甚嚣尘上，他们攻击十一届三中全会方针是什么"右了""修了"。十一届三中全会的方针是正确的，把正确的说成右，当然就是要回到极左。极少数人恶意诽谤，是妄图改变党的正确路线，倒退到粉碎"四人帮"以前的那种状况中去。对此，当然要予以揭露批判。

然而，我们有一些同志，过去也吃够了极左路线的苦头，大都各有一段极左路线造成的"哀史"，而他们竟也对十一届三中全会的方针心存疑虑，附和那种“左”的错误思潮，自觉不自觉地还在那里走老路。借用杜牧的话来说，这些同志还是“哀之而不鉴之”。他们没有认真地去总结历史经验，没有坚持用实践的标准去检验、判别是非，同极左路线划不清界限，甚至还不知道自己过去是怎么吃了苦头的，思想上处于一种很盲目的状态，不能摆脱错误的东西，坚持正确的东西。造成这种状况，可能有多方面的具体原因。有的是受极左路线的流毒影响太深，看问题、办事情总是跳不出极左的圈子；或者是批右批怕了，成了惊弓之鸟，生怕犯“右”的错误；或者是出于某种个人利害得失的考虑等等。这种盲目状态不改变，极左路线的阴魂就可能附在这些同志身上重新出现，成为贯彻十一届三中全会精神、实现四个现代化的障碍。不懂得总结历史经验，“哀之而不鉴之”，就不能实现由错误到正确的转化，就会重犯前人的错误，也就不可避免地要出现“亦使后人而复哀后人”的历史悲剧。

历史经验必须认真汲取，极左路线必须彻底摒弃。读一读《阿房宫赋》，很可以从中领悟一些有益的道理。

（原署名星辉，载《云南日报》1979 年 7 月 28 日）

缠足的兴革

我的家乡是偏僻山区，到20世纪30年代，还盛行妇女缠足之风。女孩子到了七八岁，就由她的母亲或其他年长妇女进行“原料加工”：在女孩的脚上遍撒明矾，用力把四个脚趾朝下弯曲，一边喷烧酒，一边紧缠裹脚布，最后，用针线密密地缝起来。这时，女孩的脚便像油煎火燎一般，痛苦是不言而喻的。过了几个月，肌消骨断，四个脚趾硬被折到了脚底板之下，于是一双小脚便炮制成功了。我的一个亲戚家的女孩，性情暴烈，由于不堪痛楚，几次剪开裹脚布，自己解放自己，无奈每一次都被抓小鸡似地拎了回来，按在床上重新裹起。这个女孩把两只脚抵在墙上，日夜号哭。儿时的我目睹了这一幕惨剧，感到惊心动魄，深深庆幸自己不是一个女孩子。

若问这种戕害妇女的陋习何以历久不衰呢？回答是成了传统，成了习惯。代代如此，家家如此。是妇女就得缠足，不缠足不成其为女人。那时候，人们的审美标准很明确：小脚才美。女孩子到了提亲的年龄，小脚的重要性便格外突出起来。媒婆子介绍女方品貌，头一桩就是脚的大小。恐口无凭，有物为证，通常是带一双女方穿过的半新不旧的绣花鞋，以证明脚小并非虚言。那些合乎三寸金莲标准的，更要炫耀一番，媒婆子常常把鞋子放在一只饭碗里端到男家，就像端一碗菜一样。男家看到这碗“菜”，就可以放心地断定女方必定是秀色可餐。于是亲事容易说合，下一步便是定亲、送彩礼、迎亲、闹洞房等繁文缛节了。

我们家乡缠小脚的陋习是怎样革除的？说起来颇有点曲折。从孙中山当临时大总统颁布劝禁妇女缠足的法令算起，我们家乡人抵制这项改革大约有30年之久。其间，不时有消息传到乡下，说城里出现了大脚婆娘，乡下人当成了奇闻逸事，摇头叹气者有之，讽刺嘲笑者有之，扼腕痛恨者亦有之。一致的结论：决不跟城里人学。后来，有一批在外面读书的青年学生，接受了新风尚，深感自己家乡缠小脚太落后，立志进行这项改革，宣传天足的好处。这一下，搅乱了小脚王国的秩序，乡下人群起而攻之，用甘蔗头把他们轰下讲台，指着鼻子骂他们不是东西。学生们看到触犯了众怒，有的害怕了，动摇了，有的被家长关在家里不让出来，但也有少数开顶风船的角色，硬着头皮干。他们最见效的一手，是通知未婚妻，如果缠足就解除婚约。在小脚和夫婿二者不可得兼的情况下，居然出现了个别不缠足的青年女子，起先孤立得很，不敢上街，不敢见人，好像做了什么大逆不道的亏心事。后来，不缠足的多了几个，形成了一个客观存在。不久，出现了一段既有缠足的，又有不缠足的，还有缠了又放、放了又缠的僵持不下的时期。再后来，人们的观念发生了根本变化，以小脚为丑，以天足为美，到这时，天足派终于占了上风，轮到小脚派不敢上街、不敢见人。临近新中国成立前夕，我们那里的青年妇女已经没有缠足的了。去年，我回到暌别四十载的家乡，同子侄辈谈起缠足兴革的往事，他们像听《天方夜谭》一样。

大凡一种陈规陋习形成了传统，人们习非成是，要革除它是很难的。这就需要改革者有一股锲而不舍的韧劲，特别要致力于人们观念的变革。试想，如果当年改革缠足陋习的志士们没有一股韧劲，遇到阻力就退下来，那么，缠小脚的旧传统必定还要延续到今天，我们的女同胞必定还在一瘸一拐地走路，订婚的时候还得准备一只饭碗装绣花鞋呢！

（载《云南日报》1988 年 6 月 1 日）

江行遐想

历史上有“江源于岷”的记载，那是古人误把支流当主流。明代地理学家徐霞客发现长江的上游是金沙江而不是岷江。新中国成立以后，经过科学工作者的实地考察，终于弄清楚了长江的正源是唐古拉山脉中段主峰各拉丹冬雪山西南侧的沱沱河。看图片，沱沱河不过是一泓貌不惊人的小溪，竟变成了一条气势磅礴、奔腾万里、举世闻名的大江。她激发和启迪人们的，是诗情，也是哲理。

沱沱河流经巴陇地区以后，就叫通天河。名字很有气魄，如果认为她有“通天”的本事，那就错了。小溪变大江的奥秘其实很简单，就在于她兼容并蓄，不断地壮大自己的队伍。长江接纳的大小支流众多，单大的支流就有七百余条。正因为长江有囊括众水的气魄，对于百水千川来者不拒，多多益善，所以她就有取之不尽的力量源泉，她才能浩荡东征，长驱万里。很有兴味的是，长江在完成了她的万里长征、行将入海的时候，还接纳了黄浦江加入自己的队伍，让这个来得很晚的伙伴分享了入海的喜悦和光荣。这种容人（啊，应该是容水）的雅量不是很值得称道的么？“泰山不辞土壤故能成其大，河海不择细流故能就其深。”——这是真理。

论征途的艰难险阻，长江在名川大河之中是数一数二的。她从“世界屋脊”发源，三分之二的流程都在崇山峻岭之中。山高谷深的横断山脉，重峦叠嶂的云贵高原，丘陵起伏的四川盆地，雄伟险峻的巫山山脉，像一道道难关横阻在面前。“江出西陵，始得平地”，到了中下游平原，在湖北荆州地段，她还遇到了著名的“九曲回肠”；在长江口，强大的海潮一天两次倒灌几百公里，硬是把江水顶托回去，不让入海。她百折不回、顽强地战胜艰难险阻的勇气确是值得钦佩的。

“众水会涪万，瞿塘争一门。”杜甫笔下的这个“争”字，把长江与困难搏斗的英勇风姿给写活了。瞿塘峡的山岩上刻有“夔门天下雄”五个大字，据说，早先并没有这个“门”。因为此处的巫山山脉是东北—西南走向的，恰好同长江的流向垂直，像一道屏风横挡在前；正如《水经注》中所说的：“两岸连山，略无阙处。”在远古的地质年代，江水流到这里无路可走了，于是她集合自己的队伍，向大山勇猛冲击，同大山拼命。一天两天，一年两年，亿万斯年，坚持不懈地战斗下去。精诚所至，金石为开，终于劈开了一道大门。就在今天，舟行三峡，我们还可以感受到这场惊心动魄的山水激战的雄威。那前赴后继不停地向岩石冲击，喷玉溅珠般的千堆雪浪，使人联想到那冲向敌阵，不惜粉身碎骨的战士；那山水相击，在峡谷中回荡的巨响，使人联想到金鼓齐鸣的吼杀之声……

记得我在丽江石鼓，听到纳西族老人讲的一则寓言故事：金沙江、怒江、澜沧江是一母所生的三姊妹。雪山妈妈打发她们到东洋大海去寻找自己的前程。三姊妹收拾打扮得漂漂亮亮的，高高兴兴地结伴东行。走了一阵，遇到凶恶的山神——横断山挡住去路。山神告诉她们去东海的路太遥远，太艰难，太危险，连吓带骗地强迫她们朝南走。大姐金沙江总没有忘记东海才是她的归宿，走到石鼓，她挣脱了山神的巨掌，来了一个大转弯，扭头独自向东跑去，这才在石鼓形成了“长江第一湾”。是呵，长江多么像一个坚定的勇士，她立志勇往直前，永不回头，一路上召唤志同道合的伴侣，结成了无坚不摧的铁流，穿山越岭，斩关夺隘，终于胜利地达到了自己的目的地——浩瀚的海洋！

“不尽长江滚滚来”，“长江后浪推前浪”，象征着中华民族的伟大力量，象征着历史潮流不可抗拒，象征着革命事业的继往开来。我们今天为实现四个现代化而进行的新的长征，不正是像伟大的长江开始她的万里征途吗？我们在四化的进程中，也会遇到成山的问题，成山的困难。万里长征本不是平坦的大路，艰难险阻原在意料之中。像长江汇集众水，我们要团结一切可以团结的力量，组成最广泛的大军；像长江劈开崇山峻岭，我们要以无畏的英雄气概，敢于战胜困难。“艰难困苦，玉汝于成”。长江终于高唱凯歌胜利入海，四化的宏图也一定会在中国大地实现。

（载《云南日报》1980年1月6日）

俭与奢

古话说："由俭入奢易，由奢返俭难。"我们现在就遇到了这个"难"字。

这几年，超前消费的胃口吊得很高。家具讲高档，办事讲排场。吃喝玩乐，穿衣戴帽，小车更新，一掷千金万金者并不少见。某些农村，红白喜事，大操大办，愈演愈烈。某些城镇的一些场所，从华灯初上到启明星眨眼睛，歌啭玉堂春，舞回金莲步，成了不夜之城……仿佛我们已经进入了一个享乐的时代。现在要猛喝一声：这样不行了，要艰苦奋斗，要过几年紧日子！对于一些人来说，这在思想上，在生活习惯上，是一个急转弯，于是，难以理解，难以适应。由这个"难"又引出另一个"难"，那就是许多治理整顿的措施，包括严格控制消费基金增长和工资奖金以外的个人收入增长等，由于遇到思想阻力，不免增加了贯彻的难度。

为什么奢侈之风很容易刮起来，提倡节俭却很困难呢？其原因恐怕在于两者性质不同。节俭是一种美德，但实行起来却意味着生活的俭朴；奢侈是一种恶行，它意味着生活的放纵和过度的享受。从善如登，从恶如崩。难易现象的背后，确有一个人情好恶的道理存在。

宋朝理学家提出"存天理，灭人欲"的主张，那是维护封建统治、反对农民造反的说教，是我们所反对的。但是，人们的物质生活欲望，的确有一个需要节制而不可放纵的问题。因为人们的消费水平，归根结底是要受生产发展水平制约的。生产没有发展到那一步，消费却无限制地超前膨胀，那必然要导致经济生活的紊乱。到头来，不仅难以为继，还要自食苦果。再从思想道德建设的角度说，不加限制地放纵物质生活的欲望，必然消磨人们的意志，滋生腐败现象，是与培育"四有"新人的目标相违背的。一位领导人曾经引用枚乘的《七发》来教育干部，其中警句有："且夫出舆入辇，命曰蹶痿之机；洞房清宫，命曰寒热之媒；皓齿蛾眉，命曰伐性之斧；甘脆肥脓，命曰腐肠之药。”意思是说，衣食住行过分奢侈，是腐败的根源。那位领导人说，这些话一万年还将是真理。

奢侈之风不可长，节俭美德需培养，培养之道在于教育。20 世纪 50 年代中期，市场物资比较丰富，价钱便宜，人们很过了几年好日子。不料接着进入了三年困难时期，由舒服生活一下子跌入缺吃少穿的困境，那个弯子难转，不亚于今天。但是，依靠坚强有力的思想政治工作，依靠共产党员的先锋模范作用（包括行政十七级以上党员干部减工资），亿万人民同心同德，克勤克俭，艰苦奋斗，渡过了难关。可见“由奢返俭难”这个难，还是可以克服的，关键就是要提高人们的思想认识，增强自觉性。

行文至此，当然要划一个界限。我们不是苦行僧，不是禁欲主义者。不断满足人民物质文化生活需要是社会主义生产的目的；追求美好的生活，是我们的理想。事实上，改革开放以来，群众的生活有了大幅度改善，人们欢欣鼓舞。但，切不可忘记两条：一是生活的改善要以生产的发展为前提，生活改善的幅度要低于生产发展的幅度；二是生产发展了，生活改善了，也不可丢掉节俭的美德，艰苦奋斗的作风。“成由勤俭败由奢”——让我们永远记住这个古老而又新鲜的真理。

（载《理论辅导》1990 年第 1 期）

后　记

当我第一次到宣传部门报到上班时，还是一个懵懂无知的16岁少年。不曾料到，这一干竟是46年，直到退休，基本上没有离开爬稿纸格子的生活。我很幸运，一路走来，遇到了一些有学问、有才干、热心助人的领导和同事。我的第一位领导和老师，是沈阳军区空军政治部宣传部部长王宝功。抗战时期，他是山东八路军中有名的秀才，翻开延安《解放日报》，可以看到他写的许多精彩的战地通讯。起初，他口述文稿全篇，要我记录；后来，列出提纲或仅出个题目，要我写作，由他修改。修改处由多渐少，我居然能独立成篇了。就这样，我慢慢知道了写文章是一回什么事情。

转业到云南后，我有幸与马曜先生结交，成了忘年交的好朋友。20世纪50年代末，我俩同在省委机关工作，相识。70年代中期，他任云大校刊《思想战线》主编，省委写作小组是合办单位，我与他共事三年。他调任云南民族学院院长以后，学术活动很多，如编写《云南简史》、《民族问题五种丛书》，整理注释他的《茈湖精舍诗集》等，他都热情邀我参加。《中国现代教育家传》编委会决定收入他的传记，他极力推荐由我执笔。马曜是一位学识渊博、为人忠厚的长者。我在与他交往中，耳濡目染，学到了为人处世的道理，也学到了多方面的知识，在民族理论、云南地方史、古典文学等方面，得到了较大的提高。我自认是他的私淑弟子，在赠给他的诗中，有“程门我立盈阶雪”之句，他虽连说不敢当，在我则是真心实意的确认。

这些师友，多已故去。望着他们远去的背影，总有人天永隔的惆怅；对于他们给我的教诲和帮助，我心存感激，永远难忘。

由于工作岗位的关系，我写的东西，基本上是配合形势任务的需要的。形势任务发展变化了，写作的内容和形式也随之改变。收入这本集子里的几十篇文章，涉及民族理论、哲学、经济学、历史、文学以及实际工作等多个领域，内容很杂。唯其杂，难免浅。比起术业有专攻的专家学者们的大著来，这本“杂拌儿”式的论文集，显得轻飘飘的，分量不足。说实在话，入选“学术名家文丛”，我还真有点忐忑不安。

有一点聊可自慰，那就是不论写哪种内容和形式的文字，我都是认真思考下笔的，没有率尔操觚之作。有时候甚至是心急如焚地想去认真探索和试图解决某个问题。比如，民族问题与阶级斗争的关系，是一个长期困扰人们的大问题。极左路线猖獗时，“阶级斗争”的大棒在边疆民族地区横扫一切，把纯朴勤劳、可敬可爱的少数民族干部和群众打得头破血流。每想起德宏州副州长、景颇族优秀干部雷春国，在“文革”中不堪凌辱，亲手杀死妻儿四口然后自尽的惨剧，我的心就战栗不已。十一届三中全会提出停止使用“以阶级斗争为纲”的口号，我深切认识到澄清民族问题上大是大非的紧迫性。从调查研究入手，于1979年春写出了收入本文集的第一篇文章《试论民族问题与阶级斗争》，从理论上否定了“民族问题的实质是阶级斗争”的错误观点。国家民委《民族团结》杂志于同年11月以带头文章发表，产生了较大影响，在当时拨乱反正中起到了一定作用。这是适应形势任务的需要而写作的一例。集子中这类文章还较多。翻开这本文集，如果能依稀看到历史前进脚步的些许浅浅印记，我就心满意足了。

收入文集中的文章，时间跨度几十年。受到当时认识上的局限，缺点错误在所难免，盼望读者不吝指正。

最后，对关心、支持和帮助本书出版的领导和同志们，一并表示感谢。

作　者

2012年2月20日

图书在版编目（CIP）数据

李文辉学术文选 / 李文辉著．—昆明：云南大学出版社，2014
（云南文库·学术名家文丛）
ISBN 978－7－5482－1741－1

Ⅰ.①李…　Ⅱ.①李…　Ⅲ.①社会科学—文集—　Ⅳ.①C53

中国版本图书馆 CIP 数据核字（2013）第 282858 号

出 品 人：周永坤
统筹编辑：柴　伟　陈　曦
责任编辑：宋　武
责任校对：段建堂
封面设计：郑　治

书　名	李文辉学术文选
作　者	李文辉　著
出　版	云南大学出版社　云南人民出版社
发　行	云南大学出版社　云南人民出版社
社　址	昆明市翠湖北路 2 号云南大学英华园内
邮　编	650091
网　址	www. ynup. com
E-mail	market@ ynup. com
开　本	787mm×1092mm　1/16
印　张	19. 5
字　数	300 千
版　次	2014 年 12 月第 1 版第 1 次印刷
印　刷	昆明卓林包装印刷有限公司
书　号	ISBN 978－7－5482－1741－1
定　价	59. 00 元